普通高校军训的组织原则与过程研究

PUTONG GAOXIAO JUNXUN DE ZUZHI
YUANZE YU GUOCHENG YANJIU

关娟茹　胡　彦　编著

中国出版集团

研究出版社

图书在版编目（CIP）数据

普通高校军训的组织原则与过程研究 / 关娟茹，胡彦编著 . -- 北京：研究出版社，2022.4

ISBN 978-7-5199-1235-2

Ⅰ.①普… Ⅱ.①关…②胡… Ⅲ.①军事训练－教学研究－高等学校 Ⅳ.①G641.8

中国版本图书馆 CIP 数据核字（2022）第 063508 号

出 品 人：赵卜慧
出版统筹：张高里　丁　波
特约编辑：吴素莲
责任编辑：安玉霞

普通高校军训的组织原则与过程研究
PUTONG GAOXIAO JUNXUN DE ZUZHI YUANZE YU GUOCHENG YANJIU

关娟茹　胡　彦　编著
研究出版社 出版发行
（100006　北京市东城区灯市口大街 100 号华腾商务楼）
廊坊市海涛印刷有限公司　新华书店经销
2022 年 4 月第 1 版　2022 年 4 月第 1 次印刷
开本：710mm×1000mm　1/16　印张：19.75
字数：280 千字
ISBN 978-7-5199-1235-2　定价：78.00 元
电话（010）64217619　64217612（发行部）

编 委 会

前　言

　　高校国防教育是增强全社会国防意识、推进国防事业发展的重要措施，事关国家安全和国防建设全局，是"强军梦"战略目标的组成部分。习近平主席指出："我们的国防是全民的国防，推进国防和军队建设改革是全党全国人民的共同事业。"习近平主席同时也要求："要加强国防教育，增强国防观念，强化全民的国家意识、国防意识和国土意识，筑牢中华民族伟大复兴的精神长城。"

　　高校国防教育着眼培育和践行社会主义核心价值观，以提升学生国防意识和军事素养为重点，为实施军民融合发展战略和建设国防后备力量服务。为了适应国防和军队改革的全面推进，与时俱进地提高高校国防教育质量和水平，2019 年，教育部和中央军委国防动员部联合下发了《普通高等学校军事课教学大纲》（以下简称《大纲》），再次详细规范了普通高等学校军事课教学的性质、目标、要求和具体内容，为新时代高校国防教育教学提供了具体标准和实施依据。

　　新版《大纲》规定，高校国防教育的主要内容包括军事理论和军事技能两部分。其中，军事技能训练极为重要，且内容不可或缺，其训练时间占大学生军事训练总学时的 75% 左右，训练活动由学校和承训教官共同组织实施，训练成绩根据大学生参训时间、现实表现、掌握程度综合评定，成绩不及格者需要补考，补考合格后才能取得相应学分。本书依据新版《大纲》规定编撰而成，所阐述和讲解的大学生军训特指大学生军事技能训练，不涵盖军事理论教学。

本书共有四个专题、十二章内容，主要探讨和回答了新时代的大学生是否需要军训、大学生军训训练什么、大学生军训怎么训练三个核心问题，在此基础上，增加了大学生军训拓展与发展的相关内容。总体框架和纲目由关娟茹和胡彦拟定，具体撰写人员分别为：关娟茹负责撰写第一章和第二章；李海明和杨俊江负责撰写第三章；杜江和许金根负责撰写第四章和第五章；欧凯和李晓峰负责撰写第六章和第七章；胡彦负责撰写第八章和第九章；赵秋梧负责撰写第十章和第十一章；代加燕、焦萍和王佩伦负责撰写第十二章；关娟茹和赵秋梧负责全书统稿工作。

由于掌握材料的有限和认识水平的不足，所编写内容难免有不尽如人意之处，恳请广大读者不吝批评指正。

编者

2020 年 3 月

目录

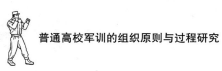

第四专题　拓展与发展

第一专题

新时代的大学生还需要军训吗?

【导言】

　　大学和军队是完全不同的两个领域。大学是聚集人才、传播知识、拓宽视野、解放思想的知识殿堂,是传承人类文明与智慧的地方。军队是舞枪弄炮、时时琢磨防御、绷紧防范之弦、始终高度警惕战争,随时需要准备面对搏杀和死亡的群体。一文一武,一张一弛,究竟应该各司其职,还是相互影响?"象牙塔"中的莘莘学子,需要抽出宝贵的学习时间,去关注世界军事风云变幻和国防战略格局吗?经历过高考艰辛拼搏才成为天之骄子的大学生还需要接受军训的新洗礼吗?

　　答案是肯定的,新时代的大学生必须经历严格而规范的军训洗礼,才能成长为有担当、有责任心的一代新人。对稚嫩的大学生而言,军训不仅是其成长过程中重要的里程碑,是弥足珍贵的"成人礼",还是国防建设赋予新时代大学生的责任和义务,更是国家安全和发展的战略需要。通过军训,大学生会潜移默化地承担起责任与担当,学会遵纪守法,真正实现人生的成长和蜕变。

军训是大学生的"成人礼"

第一章

　　"成人礼"是一种普遍存在的文化现象，指少男少女达到一定年龄时举行的象征迈向成人阶段的仪式。新入校的大学生在经历了严格、艰苦的军训磨炼之后，迎来了盛大的军训会演和隆重的开学典礼。盛大而隆重的仪式标志着大学生活的开始，也标志着稚嫩的高中生已正式走向成熟，是大学生成长过程中不可或缺的。

　　军训中的大学生着装相同、训练内容相同、生活条件相同、管理模式相同，军训中，几十人甚至几百人整齐画一地同时做同一个动作，同一宿舍人员床铺的整理，脸盆的摆放，牙缸、牙刷、毛巾摆放的角度都一模一样。可以想象，军训在短时间内剥离了每一个大学生过去生活留下的痕迹，隐去了所有个体间的不同和差异，建立了一种平等、同质的亲密关系，形成了集体观念，塑造了集体荣誉感。军训中，大学新生最先听到的命令就是"服从"，在服从中学习控制自己的情绪和意志力，学习为争取集体荣誉而努力，学习关于未来生活的成功经验，学习一步步脱离过去的稚嫩，学习如何担负成人的责任和义务。

第一节　大学生军训的起源与发展

学生军训伴随国家和军队的产生而出现，在不同历史时期，发挥着不同的作用，产生着不同的影响。

一、学生军训的起源

在我国，学生军训最早可追溯到古代奴隶社会。据《礼记》《周礼》等记载，西周时的学校教育内容是学习礼、乐、射、御、书、数"六艺"，以礼、乐、射、御为主。"礼乐相须为用"，所以学校既学习礼也学习乐。射箭和驾车是用于战场的必要技能，也是学习的重要内容。在学校举行的射礼，并不单纯是学习和训练骑射技术，还是天子考察和选择军事人才的有效方式。各诸侯国每年从地方挑选优秀的人才贡给天子，天子就在学校的射宫测试其技能，并按照才能高低授予爵位和官职。西周比较完备的教学形式和教学内容对后世产生了较大影响，进而奠定了中国两千年封建正统教育的基础。

进入春秋时期，周王室衰微，直接导致了"礼崩乐坏"的局面，许多原本服务于周王室宫廷、身通"六艺"的人士纷纷离开王室，流散各地，自谋发展。这种人才下移流动的现象促成了"学在私门"现象的出现。春秋中期，随着兵役、军赋制度的变革，专门的军事训练机构开始设立，并由有一技之长的人负责不同科目的教练。这个时期，公私学校的军事教育进一步加强。诸侯国及卿大夫的采邑，也设有"庠""序""校""塾"等学校。贵族中流行着"射礼"："大射""燕射""宾射""乡射"所用的弓、箭、靶和伴奏音乐均不相同，其目的是通过表彰善射、御者，提高射、御之术，加强军队的战斗力。一些私人开设的学校也秉承"官学"传统，向学生传授军事技艺。如孔子本人就是通晓并掌握"射""御"之术的高手。到了春秋战国交替之际，随着战争方式改为步骑兵的野战和包围战，原来的"大览礼"和"射礼"已不能作为练习武艺的主要手段。庠、序、校等教育机构也逐渐消亡，学生军训逐渐淡出。军事将领的培养、选拔和任用更多地依靠实战检验，部分家庭背景好的将领则可以通过良好的家学渊源来获得系统的军事教育，譬如赵奢之子赵括、王翦之子王离等。

二、近代学生军训的发展

我国近代学生军训可以追溯到清末民初以"救亡图存"为主题的"军国民运动"。"军国民运动"是一种产生于清末的社会思潮和教育实践，其目的是通过兵操、军训等方式，提高年轻人的素质，使其掌握基本军事技能，激发和恢复中华民族的尚武精神，促进中华民族由弱变强。

在我国，学生军训开始被重点关注始于民国时期。民国时期国防教育的最大亮点就是对学校国防教育的重视，学校的军事训练统一由国民政府军事委员会下设机构训练总监部主管。公立和私立的学校一样，均配有专职的军事教官。小学一般不设教官，每个中学或高中学校均配备一名教官，大学更多一些。军人到地方中学担任军事教官，公立学校需要当地政府同意；非公立学校，如民办、私立、侨办等凭私人关系，只要校长同意即可。教官在各级学校中担负的军事教育任务基本相同：一是负责学校纪律管理，二是负责政治教育中的军事化管理部分。公立学校早上要出早操，有正式的军事表演和战术演练。私立学校没有早操，但有朝会。军事化管理带来的一大好处就是学生们的纪律性非常强，这也是国防行为能力培养中非常重要的部分。

民国时期学校的国防教育是分阶段进行的。小学是爱国主义教育，初中阶段是童子军教育，高中和大学阶段是军事教育。初中阶段的童子军教育内容很多，有生活礼仪、常识教育，同时配发训练装备，如木棍、哨子、刀、帽子、军装等。训练按照教导处的安排，按不同的年段安排不同的课时。童子军在全面"抗战"的初期发挥了一定作用。他们主要承担战场后方的交通维持、伤员救护等工作。童子军中最著名的当属杨惠敏。1937 年"八一三"淞沪会战爆发时，杨惠敏是上海润州中学初二的学生，也是一名童子军。在战斗最激烈的 8 月 28 日午夜，她冒着生命危险游过苏州河，把裹在身上的国旗献给守卫四行仓库的"八百壮士"，她无畏的壮举震撼了国人。

高中阶段专门开设有军事学课程，配有《军事学》课本，根据教导处规定，安排一个小时在教室里由军事教官负责军事学科与术科教学。军事训练则是每星期一次，训练内容有立正稍息、向左转向右转、跑步、报告、如何行军等基本军事常识，时间为一两个小时。

全面"抗战"爆发以后，为了增加兵源，国民政府调整了军事教育机构，学生军事训练工作改由军事委员会政治部主管。1938年改隶于军训部，由军训部统一规划学校的军事教育和训练，教育部仅协助办理。1939年教育部又规定，专科以上学校设立训导处，处以下分设生活指导、军事管理、体育卫生等三组，主要开展在校学生的军事训练。1942年，国民政府提出"各级教育应以军事化为中心目标"，实行教育军事化，要求学校教材与课程要配合军事要求进行修订。1944年开展高中以上军训、受训的学校，有四川、浙江、贵州、陕西、湖南等17省的1117所，受训学生超过13万人。

为了进一步推进全民"抗战"，毛泽东同志于1937年首次提出了"国防教育"的口号，并将洛川会议通过的《中国共产党抗日救国十大纲领》第8条明确规定为"抗日的教育政策"，指出："改变教育的旧制度、旧课程，实行以抗日救国为目标的新制度、新课程"，实行全国学生的武装训练。1938年，陕甘宁边区政府制定的《边区国防教育的方针与实施办法》，指出国防教育原则包括："应以政治（抗日民族统一战线）、军事（游击战术）和战时知识（防空、防毒、救护等）为中心，一切课程内容都应与抗战联系，不适应战时需要的课程，应取消或减少钟点。"实施办法即军事训练规定："第一，要行动军事化——集合、解散迅速，在山野、田间随时随地可以上课；第二，采取军队编制；第三，加强军事学习——如爬山、赛跑、掷手榴弹、射击、野战、游击战术、防空防毒演习等。"[①]在此《办法》的指导下，延安时

---

① 陕西师范大学教育研究所编：《陕甘宁边区教育资料：教育方针政策部分》（上册），教育科学出版社，1981年版，第2页。

期的小学教育的内容十分注意适应战争的需要，体育课以军事训练为主；中等教育承担着培养现任干部和未来干部的双重任务，其军事课包括军事常识、军事训练、游击战术等内容；高等教育在课程设置中普遍开设有军事课程，且军事训练课所占比重较大。以中国人民抗日军政大学为例，遵循少而精的原则，根据培养对象的实际需要设置课程体系。在军事队课程中，军事技术战术训练和军事操练占 2/3 课时；政治队课程中，军事训练课只占 1/3。教学方式坚持一边学习，一边工作，一边战斗，在战争的第一线学习，且战且训，且训且战，成功地培养了大批能文能武的优秀抗日军政干部。

三、现代大学生军训的形成和发展

中华人民共和国诞生之后，我国大学生军事训练才真正走向正轨，其发展过程按时间节点梳理如下。

1955 年 7 月，我国第一部《兵役法》正式颁布，第一次从法律层面提出在大学生、高级中学学生中进行军事训练的规定。

1955 年 8 月，中央军委依据《兵役法》规定和广大学生的要求，向毛泽东主席和党中央请示了关于在高等院校进行学生军事训练，为部队培养预备役军官的相关问题。

1955 年 11 月 1 日，毛泽东主席批准了在高等院校进行军事训练的报告。

1955 年冬季起，首先在北京体育学院和北京钢铁学院进行军训试点。1956 年暑假后，经国务院批准，又增加了北京邮电学院等 12 所高等院校进行试点。两批 14 所高等院校进行了 21 种军事专业课题的训练，受训学生总计 1 万多人。

1955—1957 年，教育部、国防部依据《兵役法》规定，又先后批准全国 127 所中等学校进行军训试点，训练时间为 100 小时，受训学生共 7 万余人。当时，高等院校重点进行预备役技术军官训练，高级中学重点进行基础军事训练。

20 世纪 60 年代初，经国务院批准，全国 53 个大、中城市的 38 所高等院校和 70 所中专学校的一年级新生进行了军训试点。"文革"期间，尽管学生军训工作陷入低谷，但在"学军"口号的影响下，部分学校也组织过一些军训活动。

党的十一届三中全会以后，我国政治、经济形势出现了中华人民共和国成立以来少有的大好局面，开展学生军训时机日趋成熟。1984年 5 月，六届人大二次会议通过并颁布的新《兵役法》中，高等院校和高级中学学生军事训练单列一章，以法律条文的形式进行了详细的阐述。同时，严格要求各高校大学生在其大学学习过程中必须经过军训，充分体现了国家对大学生军训的重视。

1985 年，根据新颁布的《兵役法》，教育部、劳动人事部、财政部和解放军三总部等 6 个部门，联合下发了《关于在高等院校、高级中学进行军事训练试点问题的通知》，明确了在 52 所高等院校、102 所高级中学（含中等专业学校）设立军事训练试点的决定。

1986 年，军训试点的高等院校增加到 69 所，1987 年扩大到 105 所。为了进一步搞好大学生军训试点工作，国家教委、原总参谋部明确规定了大学生军训的训练时间、训练内容、训练经费、物资保障，以及军事教员配备，推动了学生军训工作迅速发展。截至 2001 年，全国军训试点高等院校已发展到 157 所，每年受训学生超过 30 万人。很多非试点院校也根据自身情况组织学生进行了各种形式的军事训练，使年受训大学生占全国普通高等院校入学新生的 70% 左右。

1997 年 3 月 14 日，第八届全国人民代表大会第五次会议通过的《中华人民共和国国防法》，在第七章中从法律层面规范了国防教育工作。

1999 年，被列入国家计划的高等学校军训试点院校有 157 所，参训大学生有 29 万多人。此外，许多非试点学校也积极自筹经费，创造条件，自行组织学生军训。据不完全统计，加上非试点学校，当年参加军训的大学生超过百万人次。

2001 年 4 月 28 日，中华人民共和国第九届全国人民代表大会常务委员会第二十一次会议通过了《中华人民共和国国防教育法》，进一步规范了我国大学生军训工作，标志着我国大学生军事训练进入了一个新的历史时期。

第二节 军训是大学生成长的重要里程碑

军训的时间节点非常具有象征意义，恰好是大一新生刚入学，开启大学生活的新起点。这个阶段的大学生刚满18周岁，虽然在法律意义上已经成年，但是心理上仍处于懵懂的状态。一方面，在长期应试教育熏陶下，大学新生自我意识尚未觉醒，对于"成人"的责任、义务、权利等还不明确；另一方面，大学新生第一次远离父母和家乡，独自面对与之前截然不同的大学生活时，紧张和焦虑的情绪在所难免。对这个阶段的大学生而言，军训的开始并不只是新生入学的一项仪式，还意味着与之前生活的正式告别。军训的结束也并不只是大学生活的开始，还意味大学生完成了以训代役的法定义务，真正成为一个需要履行法定义务的中国公民。

一、有效促进大学生角色的转变

当前在校大学生多为独生子女，从小得到家长和长辈的娇惯和宠爱，部分大学生存在自私、性格孤僻、脾气古怪、生活自理能力差等问题。同时，由于高考"指挥棒"的引导和影响，重智育、轻德育的现象在大学生中普遍存在。刚进校的大一新生生理发育已经成熟，心理正趋于成熟，人生观、价值观和世界观正在逐步形成。这个阶段的新生刚经过高考紧张激烈地角逐，身体和精力严重透支，虽然有了暑假的缓冲，仍然难以从高中的学习生活状态真正进入大学生活中。军训有序地组织和严格的管理不仅有助于提高大学生身体素质，锻炼大学生思维灵敏度，而且可以使大学生从心理上、生理上对高校生活有一个迅速的适应过程，及时转换角色，尽快融入大学生活。

二、全面提升个人综合素质

军训是培养大学生综合素质的教育活动。《中华人民共和国国防教育法》第 13 条明确规定："学校国防教育是全民国防教育的基础，是实施素质教育的重要内容。"

（一）提升大学生身体素质

新入学的大学生多年忙于课堂学习，锻炼时间少，参加社会实践活动更少，整体身体素质指标呈明显下降趋势。严格有序的军事技能训练和超强度的体能训练恰好可以弥补其不足，对大学生锻炼身体、增强体质起到立竿见影的效果。

（二）促进大学生智力发展

国防建设内容不仅涵盖由复杂的科学原理发展起来的现代技术，也涵盖其发现和发展原理所涉及的新技术和新知识。高校国防教育既强调自然科学，也强调历史、地理等与国防相关的人文科学。完整的大学生军训过程不仅是大学生了解与国防相关的知识、技术和军事技能的过程，也是大学生积极参与思考并在思考中发展智力的过程。

（三）提高大学生心理承受能力

大学新生普遍存在身心尚未成熟、依赖性强、自理能力差等问题，加上刚刚进入新的环境，骤然面对一系列学习、交友和竞争等方面的问题与困惑，往往感到无所适从。在军训过程中，高强度的军事训练不仅可以磨炼大学生的意志，提高其承受能力，促使其勇于克服困难，而且可以拓宽大学生视野，培养良好的心理素质。例如，部队长期形成的"以最小的代价换取最大的胜利""在问题面前制定整改措施，在错误面前拒绝理由""以智使力"等生存法则对大学生处理复杂情况具有重要的指导和启发作用，有助于提升他们解决问题的能力，增长其生存智慧。

（四）培养大学生政治品德

有序有力的军事训练和富于现实意义的军事教育，有助于快速培养大学生的政治品德。一方面，这可以有效地激发大学生强烈的历史使命感和爱国主义情感，培养民族自尊心和自信心，培养为国奉献的自觉性，提高思想政治素质和水平；另一方面，每个参训者必须共同遵守军训制度和条令条例，参加各种不同的竞赛活动。这种具有整体性和一致性的集团作业和集体训练，既可以培养大学生之间和平共处、团结协作的良好关系，也可以培养大学生积极进取、敢于竞争、遵章守纪的集体精神。

三、培养良好的团队意识和集体主义精神

对于大学生而言，军训不仅仅意味着身体的磨炼，更意味着思想和意志的磨炼。军训是一个团队平台，这个平台遵循"一人犯错，集体受罚"的训练原则，要求所有的参训者都具有团队精神，在训练中做到团结协作、互帮互助，以为集体争光为荣。

团队精神是集体在长期共同生活及社会实践中形成和发展的一种内在精神文化，反映集体共同的心理特征和思想感情，是维护集体稳定和发展的强大精神支柱。当代大学生独生子女的比例高，多数人从小被娇生惯养，集体主义精神、团结互助观念比较薄弱，独立性较差。在紧张的军训生活和严格的军事训练中，大学生们同吃同住、同练同罚。同学之间、同学与教官之间培养了真挚的感情，团结友爱、相互尊敬的风气自然形成。尤其是军训中你追我赶的竞赛氛围，为培养大学生团结协助意识和集体荣誉感提供了平台和契机。如"方块豆腐被"、内务卫生、军容军姿和队列训练等评比活动，能促使大学生走出自我的小圈子，为集体利益而努力。不管是平时训练，还是各项军事活动，如队列、拉歌、内务、方队训练等，都是一种集体行为，都会以集体形式出现和存在。全体学生一起在炎炎烈日下站军姿、踢正步，一起唱军歌、练军体拳、做值日。"一人犯错，全班受罚""一人不用心，集体受影响""集体得荣誉，大家共分享"等观念越来越成为参训大学生的共识，为集体争得荣誉也成为军训学生共同的心声。在比、争、创中，大家相互帮助，相互促进，增进团队友谊，克服自由散漫行为，逐步建成一个团结向上的坚强堡垒。不仅如此，大学生还

从中逐步认识到集体之于个人的重要性，潜移默化地增强了集体意识，并将这种军事化生活管理方式带回校园，如寝室被子叠放、卫生打扫、物品摆放、环境保持等，对其后的班级建设和优秀班集体的形成有着重大意义，也对大学生圆满度过大学生活和快速适应社会秩序奠定了良好的基础。

四、增强国防意识，培养爱国主义情怀

刚走进大学校园的大学生，需要接受法定的军事训练和国防知识教育。在系统的学习中，原本距离自己很遥远的战争、国防、军人等词汇，逐渐鲜活生动起来。战争不再是遥远的故事，国防不再是虚幻不可触摸的，而是与自身密切相关、休戚与共的实体。大学生在学习中会逐步认识到，人类生存的大部分时间都与战争相伴存在。战争伴随着国家的诞生而产生，国防是国家的防务，是独立自主的国家为保卫国家主权、领土完整和安全，防御外来侵略和颠覆所采取的以军事为主体，包括与军事有关的政治、经济、科技、外交、文化等一切措施的总和。国防的兴衰与国家的兴亡、国民的生死紧密相连。从1840年到1949年的109年，我国国防处于衰弱状态，共遭受外敌入侵470余次，世界上大大小小的帝国主义国家几乎都欺凌、侵略过我们，几乎每次都是以中华民族的失败而告终。我们曾向入侵者赔款白银达13亿两，仅1895年中日甲午战争由于中国战败被迫向日本赔款白银就高达2亿两，相当于日本当时3年国民收入总和。同时，我们还失去了150万平方公里的国土，我们死于战火的同胞有1亿多人。血淋淋的事实告诉大学生国防衰弱的危机和残酷。有稳固国防的国家才有资格谈论尊严，才能够获得生存与发展的权利。没有国防，国将不存，生存与发展又从何谈起？大学生是国家未来建设和发展的中坚力量，经过系统的军事训练和国防教育之后，所获取的不仅仅是国防知识，更多的是国防意识。只要每一个大学生能意识到国防建设的重要性，能够诚挚地热爱自己的国家，心系国家生存危亡，将自己看成国家的一分子，在国防建设中尽己所能，我们的国防才能坚如磐石、稳如泰山。

五、增强忧患意识，培养强烈的社会责任感和事业心

军训中，在充分了解了中华民族历尽磨难的历史，从精神到文化等各个层面全面传承先驱们的民族忧患意识之后，大学生会清楚认识到，尽管当前我国正处在迈入伟大复兴的关键时刻，但是国家的生存与发展仍然面临着诸多挑战。一是外国敌对势力利用并制造我国民族矛盾，借此大搞分裂我国的活动；二是一些周边国家企图霸占我领土和领海，掠夺我国的资源，企图使某些领土、领海的划分问题国际化，如南海问题、钓鱼岛问题、东海大陆架划分问题等；三是一些霸权主义和反动势力勾结在一起，支持纵容"台独"，妄图把我国台湾地区从中国版图中分裂出去；四是我国周边仍然存在着直接或潜在的威胁，我们尚有数千千米的边界线、海岸线还没有与有关国家划定等问题。一系列的内忧外患在很长的一段时间内仍将继续存在，直接影响到我们的国家安全。

大学生是中国特色社会主义事业的建设者和接班人，大学生是否具有强烈的民族忧患意识不仅对于中国特色社会主义建设事业的得失成败有着重大的影响，而且这种强烈的民族忧患意识可以转化为强大的民族精神力量，激励大学生增强责任感和事业心，自觉地将自身的学习与中华民族复兴的伟大事业紧密相连。美国西点军校把"责任、荣誉、国家"这三个词作为校训和建校的理念，不断唤起西点人为国家利益、民族理念服务的献身精神和责任意识，激励着一代又一代的西点人竭尽所能去报效祖国。中国的当代大学生是国家未来建设的核心力量，其社会责任感和事业心的有无及强弱，将直接影响国家建设的成败与得失，将关系到国家全面建设的进程，关系到他们能否或在多大程度上肩负起实现中华民族伟大复兴的历史使命。军训可以引领大学生全面认识国防，重新思考人生的价值，把自己与祖国命运紧密联系在一起，自觉而勇敢地担当起时代赋予当代大学生的历史使命和重任。

第三节 军训是国家赋予大学生的法定义务

大学生军训依据我国相关法律规定组织实施，是国家培养和储备后备兵员及预备役军官，壮大国防力量的有效手段，是大学生接受国防教育的基本形式，也是国家从法律层面赋予大学生的神圣使命。

一、国防法规明确要求大学生必须军训

国防法规的主要功能是调整国防和武装力量建设领域的各种社会关系，这些社会关系所涉及的行为主体并不仅仅限于军队和军人，还涵盖政治、经济、外交、科技、文化、教育等部门，以及社会各阶层与国防有关的内容。这些国防法规中，与高校国防教育关系最为密切的《中华人民共和国国防法》《中华人民共和国兵役法》《中华人民共和国国防教育法》等法律文件，均明确要求高等院校学生都必须参加军训。

（一）《中华人民共和国国防法》

作为国防建设的基本依据，《中华人民共和国国防法》是国防建设诸方面关系的协调者，也是保证国家军事利益不受侵害的有力武器。关于大学生军训问题，《中华人民共和国国防法》明确规定如下。

第 40 条：普及和加强国防教育是全社会的共同责任。

第 42 条：国务院、中央军事委员会和省、自治区、直辖市人民政府以及有关军事机关，应当采取措施，加强国防教育工作。

一切国家机关和武装力量、各政党和各社会团体、各企事业单位都应当组织本地区、本部门、本单位开展国防教育。

学校的国防教育是全民国防教育的基础。各级各类学校应当设置适当的国防教育课程，或者在有关课程中增加国防教育的内容。军事机关应当协助学校开展国防教育。

（二）《中华人民共和国兵役法》

作为规范中华人民共和国公民履行兵役义务的基本法律依据，《中华人民共和国兵役法》是国家关于公民参加军事组织或在军事组织之外承担军事任务、接受军事训练的法律。关于大学生军训问题，新修订的《中华人民共和国兵役法》明确规定如下。

第 45 条：普通高等学校的学生在就学期间，必须接受基本军事训练。

根据国防建设的需要，对适合担任军官职务的学生，再进行短期集中训练，考核合格的，经军事机关批准，服军官预备役。

第 46 条：普通高等学校设军事训练机构，配备军事教员，组织实施学生的军事训练。

（三）《中华人民共和国国防教育法》

《中华人民共和国国防教育法》是国防领域内，调整实施国防教育、培养国防人才等活动中所产生的各种社会关系的法律规范。关于大学生军训问题，《中华人民共和国国防教育法》明确规定如下。

第 15 条：高等学校、高级中学和相当于高级中学的学校应当将课堂教学与军事训练相结合，对学生进行国防教育。

高等学校应当设置适当的国防教育课程，高级中学和相当于高级中学的学校应当在有关课程中安排专门的国防教育内容，并在学生中开展形式多样的国防教育活动。

高等学校、高级中学和相当于高级中学的学校学生的军事训练，由学校负责军事训练的机构或者军事教员按照国家有关规定组织实施。军事机关应当协助学校组织学生的军事训练。

可见，大学生军训是高校落实《中华人民共和国国防法》、《中华人民共和国兵役法》和《中华人民共和国国防教育法》的实际行动，是我国依托国民教育培养现代化军事人才的必由之路。大学生军训不仅有利于国家重点储备一大批既掌握一定军事理论和军事技能，又精通现代科学技术的专门人才，而且对于加强我国国防后备力量建设具有十分重要的战略意义。

二、军训是大学生履行兵役义务的基本形式

兵役制度是国家关于公民参加军队、承担军事任务或在军队外接受军事训练的一项重要的军事制度。它随着国家的出现而产生，随着国家的经济情况、政治制度和军事需要而变化。世界各国都非常重视大学生军训工作，将大学生军训视为兵役制度的重要内容之一，认为大学生军训是大学生履行兵役义务的主要方式之一。例如，美国制定了专门针对青壮年的《普遍军训与兵役法》，要求公民在规定的年龄必须参加军训，履行兵役义务。波兰高等院校男生以参加军训代替服现役。中国同样非常重视大学生军训工作。中华人民共和国成立初期，毛泽东同志亲自批准在高等学校学生中开展军事训练；邓小平同志多次强调，国防教育要从娃娃抓起。

在我国，军训是国家赋予在校大学生的一项光荣的使命，也是履行兵役义务、依法服预备役的一种基本形式。大学生是国家优秀青年的代表，是巩固国防、抵御外敌入侵、捍卫国家独立、维护国家主权和领土完整的重要后备力量。《中华人民共和国兵役法》中明确规定了公民履行兵役义务主要有服现役、服预备役、民兵和参加军事训练四种形式。其中，参加军事训练包括预备役人员的军事训练和高等院校与高中学生的军事训练，其中便涵盖大学生军训。《中华人民共和国兵役法》第3条明确规定："中华人民共和国公民，不分民族、种族、职业、家庭出身、宗教信仰和教育程度，都有义务依照本法的规定服兵役。"公民履行兵役义务主要有三种形式：一是服现役，二是服预备役，三是参加学生军事训练。《中华人民共和国兵役法》中还规定："高等院校和高中学生在就学期间，必须接受基本军事训练，对适合担任军官职务的学生，还要进行短期集训，经考核合格后服军官预备役。学生军事训练，由有关院校配置的专业机构或配备的专职人员组织实施。"可见，在校期间接受军事训练，学习掌握基本的军事理论知识和军事技能，依法履行兵役义务，自觉接受军事训练，既是法律赋予大学生的神圣义务，也是大学生义不容辞的光荣责任。

《中华人民共和国兵役法》第43条规定："高等院校的学生在就学

期间，必须接受基本军事训练。"并要求：根据国防建设的需要，对适合担任军官职务的学生，再进行短期的集中训练，考核合格的，经军事机关批准，服军官预备役。

第 44 条规定："高等院校设军事训练机构，配备军事教员，组织实施学生的军事训练。"

第 46 条规定："高等院校和高级中学学生的军事训练，由教育部、国防部负责。教育部门和军事部门设学生军事训练的工作机构或者配备专人，承办学生军事训练工作。"这些规定均表明，接受军事训练是大学生必须履行的兵役义务。同时，为了保证大学生在校期间能够集中精力学习，培养造就出大批建设祖国、保卫祖国的高素质优秀人才，《中华人民共和国兵役法》还规定"可以缓征"其服现役，但必须接受基本的军事训练。

《中华人民共和国国防教育法》第 15 条也明确规定："高等学校，高级中学和相当于高级中学的学校应当将课堂教学与军事训练相结合，对学生进行国防教育。高等学校应当设置适当的国防教育课程。"可见，军训是既能保证大学生圆满履行基本兵役义务，又能保障大学生顺利完成学业的最适合的一种国防教育模式。

三、军训是大学生依法接受国防教育的主要途径

国防教育是国家为防御和抵抗侵略，制止武装颠覆，保卫国家的主权、统一、领土完整和安全，对全体公民所进行的一种具有特定目的和内容的教育活动，是国家教育事业的组成部分。《中华人民共和国国防法》第 52 条第 1 款规明确定："公民应当接受国防教育。"

国防教育关系到一个国家的兴衰存亡，当今世界各国无一不把国防教育纳入国家发展大战略之中。大学生是国家的未来、民族的希望，肩负着建设祖国、保卫祖国的历史重任。军训可以提升大学生国防意识和军事素养，培养大学生积极向上、勇于开拓的进取精神，敢于吃苦、不惧困难的坚强意志。实现军训育人目标是新时代高校国防教育的根本任务，是培养有理想、有道德、有文化、有纪律的社会主义新

人的客观要求，也是国家强盛、民族发达的战略要求。对大学生而言，自觉接受国防教育，认真学习国防理论、军事知识、军事法制、国防历史、国防精神、国防体育等知识，既是依法履行法定义务的具体表现，也是真正成长为国家栋梁之材的必然选择。

作为大学生依法接受国防教育的主要途径，军训不仅可以磨炼大学生的意志，增强其斗志，培养其组织纪律性，树立起修身立人的标准，也丰富了大学生头脑，拓宽了大学生眼界，增强了大学生体魄。因此，大学生军训是造就国家国防现代化建设优秀人才的重要途径，是国家加强国防后备力量建设、培养和储备高素质后备兵员的战略举措。

第二章　大学生军训是国防建设的 **重要内容**

习近平总书记在党的十九大报告中强调："我们要加强全民国防教育，巩固军政军民团结，为实现中国梦强军梦凝聚强大力量。"大学生军训作为国防教育的核心内容，不仅有助于全面提升大学生的综合素质，也是开展国防教育、强化国防意识、培养高素质后备军事人才的有效措施，对提升我国国防力量具有重要的战略意义。

第一节　大学生军训是国家储备后备兵员的战略举措

强大的国防力量既是建设跨世纪现代化国防的坚实基础，又是威慑和遏制战争的重要力量。这种力量不仅包括强大的常备军，还包括高素质的后备力量。我国国防建设要求在加强常备军现代化建设的同时，必须加强国防后备力量建设。大学生军训就是我国通过寓兵于民、寓官于校，储备一大批高素质后备兵员和军官的重大战略举措。

一、大学生军训事关国家安全和国防建设全局

"人才是兴军之本"，"大学生作为高技术人才队伍的主体，无论在

19

年龄、知识还是素质方面都是高素质新型军事人才的首选培养对象"。高校蕴含着丰富的后备兵员资源，加之高校学生居住集中、思想端正、素质较高，是预备役部队建设的理想之地。2011 年修订的《兵役法》也从多个层面反映了国防建设对普通高校"准高素质新型军事人才"的迫切需求，充分肯定了大学生军训在培育高素质新型军事人才和高素质国防后备力量方面的重要地位和作用。2001 年 5 月 29 日，教育部、中国人民解放军原总参谋部、原总政治部联合颁发的文件《关于在普通高等学校和高级中学开展学生军事训练工作的意见》（国办发〔2001〕48 号）中明确规定："学生军训工作的目的是：通过组织学生军训，提高学生的政治思想觉悟，激发爱国热情，增强国防观念和国家安全意识；进行爱国主义、集体主义和革命英雄主义教育，增强学生的组织纪律观念，培养艰苦奋斗的作风，提高学生的综合素质；使学生掌握基本军事知识和技能，为中国人民解放军培养后备兵员和预备役军官，为国家培养社会主义事业的建设者和接班人打好基础。"可见，大学生军训事关国家安全和国防建设全局，是"强军梦"战略目标的重要组成部分。

二、大学生军训是培养国防后备力量的有效途径

世界许多国家把高等院校学生军训作为培养和储备现役和预备役军官的重要途径，在组织领导、训练形式、时间内容、物资保障等方面，都有一套比较完整的规章制度。如苏联高等院校学生军事训练，由国防部军外训练部、高等教育部、国家职业技术教育委员会、全苏支援陆海空军志愿协会和地方兵役部门共同负责，由院校军事教研室或军事系组织实施。大多数高等院校设有军事教研室或军事系，教员从现役军官、预备役军官或退休军官中选配，按军事训练大纲和苏军条令对学生进行训练与教育。训练包括政治教育、技术训练、战术训练、民防训练，以及其他共同科目的训练。训练时间一般为 360～450 个小时，毕业前进行一个月的野营，并进行考试，合格者授予预备役少尉或中尉军衔。美国大学生军训由国防部负责人力和

后备事务的助理国防部长领导，由后备军官训练团具体负责学生军训。地方高等院校设有后备军官训练团，吸收学生自愿参加。后备军官训练团的学制分两年制和四年制两种。其中，四年制的前两年每周训练2～3个小时，学习基础军事课目；后两年每周训练5个小时，并参加1次为期6周的军事夏令营。两年制学习主要为专科院校或本科院校中未参加前两年军训的学生开设，参训前必须先经过6周的基础军事训练，然后直接学习高级军事课程。在后备军官训练团结业的大学生，授予后备役少尉军衔，并可调服现役。另外，英国、印度、越南等国也对高等院校学生实施军训，一般都有固定的训练管理机构和较完善的规章制度。

　　未来战争是技术的抗衡，是人才的较量。走精干常备军与强大后备力量相结合的国防建设之路，已成为世界各国的共同选择。我国同样把大学生军训作为培养国防后备力量的重要手段，尤其随着信息技术的飞速发展，战争形态和作战形式发生了质的变化，建设强大国防后备力量的重要性更加凸显。后备力量强大的关键在于有适应信息化战争要求的高素质后备兵员。大学生文化程度高，思维敏捷，接受新事物快，具有一定的专业知识，有目的、有计划地组织大学生军训，使其掌握一定的军事知识和军事技能，并通过军事训练作为后备兵员储备起来，成为战时组、扩建部队的骨干，达到寓军于民、寓军于校的目的。

第二节　大学生军训是推进国防事业发展的重要举措

　　"天下虽安，忘战必危""居安思危，思则有备，有备无患""国家兴亡，匹夫有责"，这些千古名言是前人历史经验的总结和人类智慧的结晶。公民国防观念的强弱，是一个国家向心力和凝聚力的重要象征，关系到国家的兴衰成败和长治久安。

　　如果一个国家全民关注国防建设，则国家固若金汤，安全无虞。

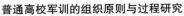

如果一个国家只有军人关注国防安危，其余民众漠不关心，国家势必危如累卵，朝不保夕。在校大学生是当代社会最生动、最具有活力的群体，朝气蓬勃，奋发向上。有较高素质和较强国防观念的大学生，对全社会国防观念的增强起着巨大的"辐射"、促进和推动作用。当前，我国长期处于和平发展阶段，对没有经过战争洗礼的大学生来说，很难理解国防兴衰与国家兴亡、国家兴亡与国民生死紧密相连的关系，也很难清醒地认识到当今世界战略格局和安全形势复杂多变、国际竞争日益加剧对国家安全带来的危害。军训期间，大学生零距离接触同龄官兵，通过每日在训练场上摸爬滚打地锻炼，对军队"一不怕苦，二不怕死"的革命英雄主义精神，"全心全意为人民服务"的建军宗旨，"国家利益至上"的责任心有了具体而深刻的理解。在此基础上，通过系统全面的国防知识和国际安全形势教育，培养大学生的忧患意识，使大学生对全球博弈时代国家安全形势的严峻性有了进一步认识，从而激发大学生爱国之心和报国之志，树立把个人前途和国家的命运紧密联系在一起，积极为国家强盛做贡献的责任意识，增强建设祖国、保卫祖国的使命感，自觉担负起时代所赋予的历史重任。

大多数发达国家和发展中国家都十分重视大学生军训，并将其作为增强整个社会国防意识、推进国防事业发展的重要措施。例如，美国在全美非军事院校开办"军官训练团"，使学生在完成学业的同时，接受必要的军事训练。英国国防部预备役局在全国数十所大学中设立了陆军军官训练团、海军训练中心和空军飞行中队，分别负责所在地区几所大学的大学生军事训练和宣传工作。在法国，每年的4月8日，17岁以下的男女青年都要到设在全国各地的2200个国家军事中心报到，参加武装部队举办的全民教育日活动。日本自卫队在全国范围内定期募集大学生到部队参加军事夏令营活动，日本多所大学与日本防卫厅共同策划研究课程，让自卫队军官到大学里讲课，青年大学生和日本自卫队进行各种军事研究，举行模拟演习，探讨世界战事局势。可见，军训已经普遍成为世界各国青年人必须经历的一次洗礼式教育。

第三章

军训教会大学生遵纪守法

大学生军训的时间、内容、组织结构，包括实施方式等均完全依照相关法律规定执行。严格的条令条例和规章制度规范着大学生的一言一行，引导大学生知法懂法，教会大学生严于律己、严格守法，帮助大学生养成遵章守纪的良好品格。同时，正规严格的军训要求大学生必须服从命令，听从指挥。服从命令的意识是军人区别于普通老百姓的最基本的标准。对大学生而言，在军训中养成服从命令的意识，培养健康的生活态度和积极向上的人生观，是成长过程中的重要蜕变，对拓展其人生格局具有重要的促进作用。

第一节　军训引导大学生知法懂法

大学生军训是依据相关法律规定组织实施的国防教育活动。作为国防教育的主体，大学生在进行军事训练时，首先必须明白在军训过程中，哪些事可以做，如何做，做到什么程度；哪些事不可以做，违反了要接受什么惩处；等等。也就是说，要先明确军训所依何法。

一、了解规范军训内容和标准的法规文件

关于大学生军训的训练内容，国家相关法律文件有着非常明确的规定。2019 年，教育部和中央军委国防动员部联合下发了《普通高等学校军事课教学大纲》（以下简称《大纲》），详细规范了普通高等学校军事课教学的性质、目标、要求和具体内容，为高校军事课教学提供了具体标准和实施依据。《大纲》是大学生军训的教学规范和指导，也是全体参训人员应该了解和熟知的法规文件。

新版《大纲》在肯定了多年军地各级积极推进大学生军训的成就，及其产生的良好政治、国防和社会效益的基础上，针对国家经济社会深入发展，国防和军队改革全面推进，教育领域综合改革不断深化，以及大学生军训内容滞后等问题日益突出的现状进行了全面修订。《大纲》修订在深入贯彻习近平强军思想，全面落实党的教育方针和新时代军事战略方针的同时，再次强调了军事课作为普通高等学校学生的必修课程列入学校人才培养方案和教学计划，课程考核成绩记入学籍档案，军事课纳入国家教育督导体系的决定。进一步要求各高校严格按纲施教、施训和考核，严禁以任何理由和方式调减训练内容，占用教学时间。

《大纲》紧紧围绕立德树人根本任务和强军目标根本要求，构建了与后备力量建设相融合、与中学军训有机衔接、与新兵训练相结合的教学内容；详细规范了大学生军事课由《军事理论》和《军事技能》两部分组成。其中，《军事理论》教学内容由中国国防、国家安全、军事思想、现代战争和信息化装备五大板块构成，从国家战略角度出发，引导大学生认识现代战争，明确国家安全和公民个人的关系，增强国防观念、国家安全意识和忧患危机意识，培养爱国主义思想，提高综合国防素质；《军事技能》训练内容由共同条令教育与训练、射击与战术训练、防卫技能与战时防护训练、战备基础与应用训练四大板块构成，在充分吸收五届全国学生军事训练营和四届军事课教学展示的教育教学改革实践成果的基础上，保留了射击与战术训练，强化了分队队列动作训练，增加了格斗基础、战场医疗救护、核生化防护和走进

军营、学唱军营歌曲等内容，拓展了识图用图、电磁频谱监测等训练科目，在保持军味、体现战味、突出兵味的同时，帮助大学生掌握必备军事技能，提高军事素质，培养高素质后备兵员。

同时，为进一步加强督导考核，军事课被纳入国家教育督导体系、高校人才培养评估体系和学校课程评价体系，学生军训情况也作为学校年度教学质量和综合办学水平的重要指标进行评估。

二、熟知规范大学生军训组织实施的法规文件

大学生军训的组织实施同样有法可依，最基本的依据是教育部、中国人民解放军原总参谋部和中国人民解放军原总政治部在 2007 年联合下发的关于《学生军事训练工作规定》（以下简称《规定》）的通知和具体内容。《规定》是学生军训工作的指导性法规，是大学生在参训过程中必须熟悉并严格遵循的法规文件。《规定》主要包括学生军训总则、组织领导与实施、军事技能训练和军事理论教学、军事教官和派遣军官、学生军事训练保障、奖励和惩处、附则七个板块，涵盖了学生军训工作的方方面面，对包括大学生军训在内的学生军训的性质、目的、组织方式以及军事教师和派遣军官、奖惩等都进行了明确的规范。尤其是将普通高等学校军事技能训练和军事理论课教学作为大学办学水平评估的重要内容，必须重点抓好，从而有效地推动和促进了大学生军训工作顺利开展。

《规定》明确提出，军事理论课是在校大学生的必修课程，军事理论课考试成绩要载入学生本人学籍档案。要求学校统一规划、实施和管理，"加强军事理论课程建设，提高军事理论课教师的教学水平和科研能力，实施规范化课程管理"。这些规定极大地提高了大学生军训在高校教学中的地位。

此外，《规定》将"军事教师和派遣军官"专列一章，进一步强调了军事教师和派遣军官在高校军事课教学中的重要作用，特别指出专职军事教师在军事课教学中的责任。明确规定："普通高等学校专职军事教师配发基层人民武装干部工作证和制式服装，佩戴基层人民武装

干部领章、帽徽和肩章"，"专职军事教师在组织实施军事理论课教学时应当着制式服装"。《规定》要求派遣军官"应当具有普通高等学校教师的基本条件，具有良好的军事素质，掌握军事教育理论，熟悉军事理论课教学方法"，对派遣军官管理的归属、在任教期间的补助及承训院校所应当提供的教学保障、教学与工作经费等问题也有专门规定，为派遣军官和军事教师队伍建设提供了保障和依据。

第二节　军训教导大学生严格守法

"共同条令"是中国人民解放军颁发最早、修改次数最多的条令，也是全军将士必须共同遵守的基本法规，至今已走过了80多年的历程。2018年5月1日，作为新时代深化国防和军队改革的重大制度成果，最新修订的《中国人民解放军内务条令（试行）》《中国人民解放军纪律条令（试行）》《中国人民解放军队列条令（试行）》（统称"共同条令"）正式施行，标志着我军正规化建设进入新的历史阶段。"共同条令"同样是大学生军训中每日生活制度和行为的准则和依据，不仅要求大学生按照条令规范日常的一言一行，也指导大学生自觉养成严于律己、遵纪守法的良好品格。

一、《内务条令》规范大学生一言一行

《中国人民解放军内务条令》（以下简称《内务条令》）是中国人民解放军内务建设的基本依据。依据《内务条令》，可使军人明确和认真履行职责，维护军队良好的内外关系，建立正规的战备、训练、工作、生活秩序，培养优良的作风和严格的纪律。

新版《内务条令》共15章325条，充分体现了人民军队的建军宗旨和原则。其内容包括：总则，军人宣誓，军人职责，内部关系，礼节，军人着装，军容风纪，与军内外人员的交往，作息，日常制度，

日常战备，军事训练和野营管理，日常管理，国旗、军旗、军徽的使用管理和国歌、军歌的大合唱，附则等。与旧版《内务条令》相比，新版《内务条令》修订完善了六个方面的内容。一是更新内务建设指导思想和原则。将"党在新时代的强军目标""全面从严治军"等重要思想和论述写入条令。二是规范新时代军人职责。规范新时代义务兵、士官、军官的基本职责，充实了不怕牺牲、提高打仗本领、忠诚勇敢、敢于担当、清正廉洁等内容。三是调整和完善了军人的着装规范。根据军人服饰变化，规范了军装、军帽配套穿着，对"营区内"是否戴军帽进行了授权性规范，将"军人非因公外出应当着便服"修改为"军人非因公外出可以着军服，也可以着便服"。四是进一步规范战备训练秩序。将规范内容延伸到训练场、野外和战场。五是从严规范军人行为举止。严格规范官兵关系、礼节礼仪、军容风纪等制度。六是着眼保障官兵权益，调整休假安排、人员外出比例和留营住宿等规定。

大学生军训中，无论军容军纪、礼节礼貌、人际交往，还是作息、日常制度、值班、零散人员管理、紧急集合等军训内容，都应依据《内务条令》的相关规定操作和管理。《内务条令》严格规范大学生军训期间的一言一行，使其行为得体，言谈守规，进退有据。

二、《纪律条令》激发大学生遵纪守法的热诚

《中国人民解放军纪律条令》（以下简称《纪律条令》）是中国人民解放军维护纪律、实施奖惩的基本依据，对大学生军训的纪律管理同样具有一定的指导和制约作用。

新版《纪律条令》共 10 章 262 条，其内容包括总则、纪律的主要内容、奖励、表彰、纪念章、处分、特殊措施、控告和申诉、首长责任和纪律监察、附则、附录等。与旧版相比较，新版《纪律条令》聚焦备战打仗，对不适应形势发展变化的内容进行了创新性修订。

新修订的《纪律条令》主要包括六个功能板块。一是总则。总则是条令基本精神和原则的高度概括。二是纪律的主要内容。包括十个方面的军队纪律及其规范要求。三是奖励。奖励是条令的主体

内容，包括奖励的目的和原则，奖励的项目、条件、权限、实施程序和要求、待遇等。四是处分。处分也是条令的主体内容，包括处分的目的和原则，处分的项目、条件、权限、实施程序和要求，以及对个人待遇的影响等。五是维护纪律的其他措施。内容包括行政看管、士官留用察看等特殊措施，控告和申诉，首长责任和纪律监察等。六是"附则"和"附录"。这六个板块前后呼应，构成完整闭合的纪律规范功能模块。

大学生军训中，《纪律条令》不仅具有相当的权威性和严肃性，能够有效管控大学生军训行为，而且丰富完善的激励规定能有效激发大学生的荣誉感和自豪感，促使大学生主动地以积极向上的态度认真参训，提升军事综合素质。

三、《队列条令》规范队列训练的尺度和标准

《中国人民解放军队列条令》（以下简称《队列条令》）规范中国人民解放军的队列动作、队列队形和队列指挥，是其队列生活的准则和队列训练的基本依据，也是与大学生军训关系最密切的法规文件。

新版《队列条令》共10章89条，其内容包括总则，队列指挥，队列队形，单个军人的队列动作，分队、部队的队列动作，分队乘坐交通工具，国旗的掌持、升降和军旗的掌持、授予与迎送，阅兵，仪式，附则，附录等。

与旧版相比，新版《队列条令》主要对三个方面内容进行了修订。一是充实完善仪式规范。按照聚焦实战、立足实际、注重实效的原则，条令将三种仪式整合为包括升国旗、誓师大会、码头送行和迎接任务舰艇等在内的17种仪式，同时规范了组织各类仪式的时机、场合、程序和要求等。二是调整队列活动的基准单位属性。以不体现军兵种属性的班、排、连、营、旅级建制单位代替陆军属性的摩托化（装甲）步兵建制单位为基准，规范日常队列活动。三是增加营门卫兵执勤动作规范。明确了营门卫兵查验证件、交接班、武器操持等执勤动作规范，为部队卫兵正规化执勤提供依据。

大学生军训中，《队列条令》严格规范了大学生队列动作和队列纪律，无论队列指挥，队列队形，单个军人的队列动作，分队、部队队列动作的训练，还是国旗的掌持、升降和军旗的掌持、授予与迎送，以及阅兵仪式，都是需要重点训练的内容，要求大学生不仅要熟知《队列条令》的具体内容，还必须学会和掌握各训练要素，在训练中严守纪律，令行禁止，成功锻造出色军人仪态和形象。

第三节　军训教会大学生服从命令

克劳塞维茨在《战争论》中写道："军人的勇敢必须摆脱个人勇敢所固有的那种不受控制和随心所欲地显示力量的倾向。它必须服从更高的要求：服从命令、遵守纪律。"[①] 军人以服从命令为天职，这是古今中外一切军队都认可的准则。我军在建军之初就把"一切行动听指挥"列为"三大纪律"之首，提倡令行禁止。大学生不是真正的军人，但是从军训开始的那一刻，首先要求大学生必须坚决做到的，就是像真正军人一样服从命令、听从指挥。

一、服从命令是大学生军训第一课

新时代的大学生既有思想，又有个性，在面对"服从命令"的具体要求时，他们最喜欢提出的疑问有两点。一是大学生不是军人，要完全按照军人的要求坚决"服从命令"吗？二是命令不一定都是正确的，错误的命令也要服从吗？正确认识和理解这两点疑问直接关系大学生军训心态，影响大学生军训效果。

---

① 克劳塞维茨著，盛峰峻译：《战争论》，武汉大学出版社，2013 年版，第100 页。

（一）大学生军训需要"服从命令"吗？

尽管大学生不是真正的军人，在军训期间，一样要像军人一样服从命令，听从指挥，这是由大学生军训的性质所决定的，具体依据如下。

一是大学生军训的定位。依据新版的《普通高等学校军事课教学大纲》对其课程定位的规定："军事课是普通高等学校学生的必修课程。军事课要以习近平强军思想和习近平总书记关于教育的重要论述为遵循，全面贯彻党的教育方针、新时代军事战略方针和总体国家安全观，围绕立德树人根本任务和强军目标根本要求，着眼培育和践行社会主义核心价值观，以提升学生国防意识和军事素养为重点，为实施军民融合发展战略和建设国防后备力量服务。"可见，作为普通高等学校学生的必修课程，大学生军训要以提升学生国防意识和军事素养为重点，为实施军民融合发展战略和建设国防后备力量服务。军事素养的提升绝不可能单纯依靠理论用讲解来实现，必须以真正军人的标准，从技能、技术到素质的养成，一步一个脚印，扎扎实实、脚踏实地地训练，才能逐步达成目标。而达成目标的前提是像真正军人一样，服从命令、听从指挥。二是大学生军训的性质。《学生军事训练工作规定》第 5 条规定："开展学生军事训练工作，是国家人才培养和国防后备力量建设的重要措施，是学校教育和教学的一项重要内容。"可见，大学生军训是国防后备力量建设的重要措施。现在的大学生是未来国防后备力量的重要成员，如果现在不养成服从命令的意识，未来某一天，当国家需要的时候，他们能否具备准军人的能力，能否担负起国防建设的重任，令人担忧。

综上所述，尽管大学生不是真正的军人，但是，在军训期间仍然要以军人的标准严格要求大学生，服从命令，听从指挥。

（二）不正确的命令也要坚决服从吗？

军队是一个特殊的群体，服从命令是最基本的准则。军队中，一旦下级不服从上级命令，各行其是，军队必然"散"不成军，没有丝毫战斗力。不可否认，指挥员的命令不可能完全正确，难免会出现失误和偏颇。但是，正确也好，错误也好，都必须完全服从，不折不扣地去执行，容不得丝毫懈怠和抵触。

二、服从命令是大学生人生的重要蜕变

日本人素来以服从、坚韧著称。在日本特种部队训练中，往往会把符合要求的准特战队员带到千丈悬崖之上，明确地告诉他们下面是一条湍急的河流，你们要做的就是从这里跳下去，且生存概率仅有25%。这时你会看到一个又一个准特战队员身影排着队从悬崖上跳下去，促使他们跳下去的力量就是对命令的绝对服从。在他们的理念中，服从命令是没有条件的，不服从命令就是不尊重自己。

对大学生军训而言，如果真正认识到服从命令的重要性，将合理的命令看作训练，不合理的命令看作磨炼，才能真正达成军训的目的，实现人生的成长和蜕变。一方面，服从命令、听从指挥意味着大学生能够严守条令，尊重和了解教官及上级领导，同时也是尊重自己。另一方面，意味着大学生在军训中快速成长起来，能以平等谦和的态度融入集体，在抛弃狭隘的个人主义的过程中，培养了集体主义精神，逐步成为年青一代中勇于担当、责任心强的佼佼者。

第二专题

大学生军训训练什么？

【导言】

　　回答"大学生军训训练什么？"的问题，首先需要厘清的思路是：我们希望大学生通过军训学到什么。在"坚持全民国防"的新时代，加强后备力量建设是推进国防动员现代化建设的战略举措。大学生是国防后备力量的重要组成部分，对大学生进行严格规范的军训教育不仅是为了提升大学生整体的军事素质，也是着眼于国家发展需要，为国防建设培养和储备大批优秀的国防后备力量。鉴于这两个基本目的，我们希望大学生通过军训，能够具备军人的体格和仪态，掌握军人最基本的军事技能，了解初级指挥员实施指挥的内容和要求等。明确的教育目的直接决定了大学生军训的四个基本内容：一是锻造军人气质和仪态的队列训练；二是军人必备的轻武器射击技能训练；三是由初级指挥员组织实施的单兵和分队训练；四是提升军人身体素质的体能训练和擒拿格斗训练。

锻造军人的气质和仪态

第四章

军人的气质和仪态的养成不是一朝一夕的事，而是日积月累地从动作、语言到行为、心理的自我规范和约束，是长期军营生活和训练的潜移默化。大学生军训是一个短期的强化训练过程，从单个军人队列动作，到分队队列动作，再到最后的阅兵训练，前后仅一个多月的时间。短短的一个多月不可能让大学生成为一名真正的军人，但是，完全可以通过规范、认真的队列动作训练，使大学生进退有序、言行得体，一举一动更接近军人，使大学生的气质更加磊落出众、仪态更加端庄大方。

第一节　单个军人队列动作训练

良好的军姿，严整的军容，协调一致的动作，是单个军人应具备的最基本素质，是日复一日地在严格、规范的队列训练中养成的。作为军人最基本的队列动作，单个军人队列动作是其他队列动作和技战术训练的基础，也是锻造军人气质和仪态的入门功课。大学生军训中的单个军人队列动作训练内容主要包括站法、停止间转法、行进与立定、行进间转法、敬礼、脱帽、戴帽等。

一、站法

单个军人站法的基本动作有立正、跨立和稍息。

（一）立正

立正是军人的基本姿势。军人在宣誓、接受命令、觐见首长和向首长报告、回答首长问话、升降国旗、迎送军旗、奏唱国歌和军歌等严肃庄重的场合，均应自行立正。

动作要领：听到"立正"口令后，两脚跟靠拢并齐，两脚尖向外分开约60°；两腿挺直；小腹微收，自然挺胸，上体正直，微向前倾；两肩要平，稍向后张；两臂下垂自然伸直，手指并拢自然微屈，拇指尖贴于食指第二节，中指贴于裤缝；头要正，颈要直，口要闭，下颌微收，两眼向前平视（见图4-1）。参加阅兵时，下颌上仰约15°。

图 4-1　立正姿势

动作要点：精神振奋，姿态端正，军容严整，表情自然，做到"三挺、三收、一平、一睁、一顶、一准、一正"。

三挺：挺腿、挺胸、挺颈。

三收：收小腹、收臀部、收下颌。

一平：两肩要平。

一睁：眼睛自然睁大、有神，平视正前方。

一顶：身体正直向上拔，头向上顶。

一准：两脚尖向外分开的角度（60°）要准。

一正：站立的方向要正，使两脚尖连线中心点、衣扣线、鼻尖、帽徽成一条直线。

（二）跨立

跨立即跨步站立，主要用于训练、执勤和舰艇上分区列队等场合，可以与立正互换。

动作要领：听到"跨立"口令后，左脚向左跨出约一脚之长，两腿挺直，上体保持立正姿势，身体重心落于两脚之间；两手后背，左手握右手腕，拇指根部与外腰带下沿（内腰带上沿）同高；右手手指并拢自然弯曲，拇指贴于食指第二节，手心向后（见图4-2）。

图 4-2　跨立姿势

动作要点：姿势端正，动作准确协调。做到"两快、两准、一稳、一协调"。

两快：左脚跨出的速度要快，两手后背的速度要快。

两准：左脚跨出一脚之长的距离要准，左手握右手腕的位置要准。

一稳：上体要稳，保持立正姿势不变形。

一协调：左脚跨出同时两手后背动作要协调一致。

（三）稍息

稍息是队列动作中一种休息和调整姿势的动作，可与立正互换。

动作要领：听到"稍息"口令后，左脚顺脚尖方向伸出约全脚的2/3，两腿自然伸直，上体保持立正姿势，身体重心大部分落于右脚。稍息过久，可自行换脚，动作应当迅速。

动作要点：姿势端正，动作准确、自然，做到"两快、两准、一正"。

两快：出脚快，收脚快。

两准：左脚伸出的距离准，顺脚尖方向伸出全脚的2/3。脚收回的位置准，脚收回时，两脚跟靠拢并齐，成立正姿势。

一正：左脚伸出和收回肘，上体要始终保持立正姿势。

二、停止间转法

停止间转法是停止间变换方向的方法，分为向右（左）转、半面向右（左）转和向后转。

（一）向右（左）转

动作要领：听到"向右（左）——转"口令后，以右（左）脚跟为轴，右（左）脚跟和左（右）脚掌前部同时用力，使身体协调一致向右（左）转90°，重心落在右（左）脚，左（右）脚取捷径迅速靠拢右（左）脚，成立正姿势。转动和靠脚时，两腿挺直，上体保持立正姿势。

（二）半面向右（左）转

听到"半面向右（左）——转"口令后，按照向右（左）转的要领转45°。

（三）向后转

动作要领：听到"向后——转"口令后，按照向右转的要领向后转180°。

停止间转法的动作要点：保持上体正直，身体和脚协调一致地转动。做到"两快、两稳、一正、一准、一齐、一协调、一不变"。

两快：转体要快，靠脚要快。

两稳：转体时上体要稳，保持良好的军姿。转体与靠脚之间要稳。

一正：转体后方向要正（45°、90°、180°）。

一准：靠脚后两脚分开60°的角度要准。

一齐：脚跟靠拢要并齐。

一协调：转体时上、下体动作要协调。

一不变：上体保持正直不变。

三、行进与立定

行进的基本步法分为齐步、正步、跑步与立定，辅助步法分为便步、踏步和移步。

（一）齐步行进与立定

齐步是军人行进的常用步法。

动作要领：听到"齐步——走"口令后，左脚向正前方迈出约75厘米，按照先脚跟、后脚掌的顺序着地，同时身体重心前移，右脚照此法动作；上体正直，微向前倾；手指轻轻握拢，拇指贴于食指第二节；两臂前后自然摆动，向前摆臂时，肘部内弯，小臂自然向里合，手心向内稍向下，拇指根部对正衣扣线，并与最下方衣扣同高，向后摆臂时，手臂自然伸直，手腕前侧距裤缝线约30厘米。行进速度每分钟116～122步。听到"立——定"口令后，左脚再向前大半步着地（脚尖向外约30°），两腿挺直，右脚取捷径迅速靠拢左脚，成立正姿势。

动作要点：精神振作，姿态端正，两眼注视前方；腰部挺直，自然挺胸、挺颈，脚向前迈出时，腿要自然伸直，按脚跟至脚尖的顺序着地，步幅、步速准确；摆臂自然大方、定形定位，步法稳健，节奏分明。做到"两准、两稳、一协调"。

两准：步幅、步速准，臂摆出后定位准。

两稳：臂摆出后定位要稳，上体要稳。

一协调：腿臂动作要协调自如。

图 4-3　齐步姿势

（二）正步行进与立定

正步主要用于分列式和其他礼节性场合。

动作要领：听到"正步——走"口令后，左脚向正前方踢出约 75 厘米，腿要绷直，脚尖下压，脚掌与地面平行，离地面约 25 厘米，适当用力使全脚掌着地，同时身体重心前移，右脚照此样动作；上体正直，微向前倾；手指轻轻握拢，拇指伸直贴于食指第二节；向前摆臂时，肘部弯曲，小臂略成水平，手心向内稍向下，手腕下沿摆到高于最下方衣扣约 15 厘米处，离身体约 10 厘米；向后摆臂时左手心向右，右手心向左，手腕前侧距裤缝线约 30 厘米（见图 4-4）。行进速度每分钟 110～116 步。听到"立——定"口令后，左脚再向前大半步着地（脚尖向外约 30°），两腿挺直，右脚取捷径迅速靠拢左脚，同时将手放下，成立正姿势。

动作要点：姿势端正，精神振奋，动作准确、协调、自然大方，力度、节奏感强。做到"四快、四准、两直、两稳、一协调"。

四快：踢脚快，摆臂快，脚着地快，身体重心前移快。

四准：脚踢出的高度准，臂摆出的位置准，步幅准，步速准。

两直：两腿挺直，上体保持正直。

两稳：踢腿到位稳，脚着地后身体稳。

一协调：臂、腿协调一致。

图 4-4 正步姿势

（三）跑步行进与立定

跑步主要用于快速行进。

动作要领：听到"跑步"的预令时，两手迅速握拳（四指卷握，拇指贴于食指第一关节和中指第二节），提到腰际，约与外腰带同高，拳心向内，肘部稍向里合。听到"走"的动令后，上体微向前倾，两腿微弯，同时左脚利用右脚掌的力跃出约 85 厘米，前脚掌先着地，身体重心前移，右脚照此法动作；两臂前后自然摆动，向前摆臂时，大臂略垂直，肘部贴于腰际，小臂略平，稍向里合，两拳内侧各距衣扣线约 5 厘米；向后摆臂时，拳贴于腰际。行进速度每分钟 170 ～ 180

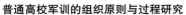

步。听到"立——定"口令后，再跑2步，然后左脚向前大半步（两拳收于腰际，停止摆动）着地，右脚取捷径靠拢左脚，同时将手放下，成立正姿势。

动作要点：跑步行进时，上体端正，两眼注视前方。摆臂自然大方，定形、定位，步伐轻快有节奏。做到"一快、一跃、一平、一合、两不露"。

一快：两手握拳提到腰际快。

一跃：利用脚掌的蹬力向前跃出。

一平：向前摆臂时，小臂略平。

一合：肘部稍向里合。

两不露：向前摆臂不露肘，向后摆臂不露手。

图 4-5 跑步姿势

（四）踏步与立定

踏步用于调整步伐和整齐。

动作要领：听到"踏步——走"口令后，两脚在原地上下起落（抬起时，脚尖自然下垂，离地面约15厘米；落下时，前脚掌先着地），上体保持正直，两臂按齐步或跑步摆臂的要领摆动。听到

"立——定"口令后，左脚踏1步，右脚靠拢左脚，原地成立正姿势。

动作要点：两脚垂直上下起落，两臂按照齐步或者跑步摆臂的要领自然摆动。上体保持正直（要收腹、提腹、挺胸、挺颈，头向上顶），两眼向前平视（见图4-6）。

图 4-6　踏步姿势

（五）便步

便步用于行军、操练后恢复体力及其他场合。

动作要领：听到"便步——走"口令后，以适当的步速、步幅行进，两臂自然摆动，上体保持良好姿态。

动作要点：队列人员要自觉地用适当的步速、步幅行进，从而达到恢复体力的目的。

（六）移步（5步以内）

移步用于调整队列位置。

动作要领：向右（左）跨步时，听到"右（左）跨×步——走"口令后，上体保持正直，每跨1步并脚1次，其步隔约与肩同宽，跨到指定步数停止；向前或后退时，其口令为"向前（后）×步——走"，向前移步时，应当按照单数步要领进行（双数步变为单数步）。向前 1 步时，用正步，不摆臂；向前 3 步或 5 步时，按照齐步走的要领进行。向后退时，从左脚开始，每退 1 步靠脚 1 次，不摆臂，退到指定步数停止。

动作要点：右（左）跨步时，身体重心要随脚移动，脚移到位身体重心同时移到位；向前 1 步时，左脚向正前向踢出，上体和两臂不动，脚着地，身体重心随之前移，右脚靠拢左脚，成立正姿势。

四、步法变换

步法变换，均从左脚开始。

齐步换踏步，听到口令，即换踏步。

跑步换齐步，听到口令，继续跑 2 步，然后换齐步行进。

跑步换踏步，听到口令，继续跑 2 步，然后换踏步。

踏步换齐步或者跑步，听到"前进"口令后，继续踏 2 步，再换齐步或者跑步行进。

（一）齐步、正步互换

1. 齐步换正步

动作要领：齐步行进中，听到"正步——走"口令后，右脚继续走 1 步，从左脚开始换正步行进。

2. 正步换齐步

动作要领：正步行进中，听到"齐步——走"口令后，右脚继续走 1 步，从左脚开始换齐步行进。

（二）齐步、跑步互换

1. 齐步换跑步

动作要领：齐步行进中，听到"跑步"的预令后，两手迅速握拳提到腰际，两臂前后自然摆动；听到"走"的动令后，从左脚开始换跑步行进。

2. 跑步换齐步

在跑步行进中，听到"齐步——走"口令后，继续跑 2 步，然后，从左脚开始换齐步行进。

（三）齐步（跑步）、踏步互换

1. 齐步、踏步互换

齐步换踏步：齐步行进中，听到"踏步"口令后，即从左脚换踏步。

踏步换齐步：在踏步中，听到"前进"口令后，继续踏 2 步，再从左脚换齐步行进。

2. 跑步、踏步互换

跑步换踏步：跑步行进中，听到"踏步"口令后，继续跑 2 步，然后从左脚开始换踏步。

踏步换跑步：在踏步中，听到"前进"口令后，继续踏 2 步，再从左脚开始换跑步行进。

变换要点：齐步换正步时，右脚继续向前 1 步的步幅，左脚换正步踢出的高度和摆臂的位置要准确，并保持原行进的步速不变；正步换齐步时，右脚继续向前 1 步，踢出的高度和脚着地的步幅要准确、及时，两臂自然；齐步换跑步时，听到预令，两手应迅速握拳提到腰际，两臂自然摆动，两腿继续按齐步行进，听到动令，从左脚开始换跑步行进；跑步换齐步时，要在左脚换、齐步迈出的同时，两臂换齐步摆臂，臂、腿动作协调一致；齐步换踏步后，要动作自然，保持原行进步速不变。

五、行进间转法

（一）齐步、跑步向右（左）转

动作要领：齐步（跑步）行进中，听到"向右（左）转——走"口令后，左（右）脚向前半步（跑步时，继续跑 2 步，再向前半步），脚尖向右（左）约45°，身体向右（左）转90°时，左（右）脚不转动，同时出右（左）脚按照原步法向新方向行进。

半面向右（左）转走，按照向右（左）转走的要领转45°。

（二）齐步、跑步向后转

口令："向后转——走"。

动作要领：齐步（跑步）行进中，听到"向后转——走"口令后，左脚向右脚前迈出半步（跑步时，继续跑2步，再向前半步），脚尖向右约45°，以两脚的前脚掌为轴，向后转180°，出左脚按照原步法向新方向行进。

动作要点：转动时，保持行进时的节奏，两臂自然摆动，不得外张；两腿自然挺直，上体保持正直。

六、敬礼、礼毕和单个军人敬礼

敬礼分为举手礼、注目礼和举枪礼。单个军人在距受礼者5～7步处，行举手礼或注目礼。

图4-7 敬礼姿势

（一）敬礼

1.举手礼

动作要领：听到"敬礼"口令后，上体正直，右手取捷径迅速抬起，五指并拢自然伸直，中指微接帽檐右角前约2厘米处（戴无檐帽或者不戴军帽时微接太阳穴，与眉同高），手心向下，微向外张约20°，手腕不得弯曲，右大臂略平，与两肩略成一线，同时注视受礼者（见图4-7）。

2.注目礼

动作要领：听到"敬礼"口令后，面向

受礼者成立正姿势，注视受礼者，同时目迎目送（右、左转头角度不超过45°）。

3.举枪礼

举枪礼用于阅兵式或执行仪仗任务。

动作要领：听到"向右看——敬礼"口令后，右手将枪提到胸前，枪身垂直并对正衣扣线，枪面向后，离身体约10厘米，枪口与眼同高，大臂轻贴右胁；同时左手接握表尺上方，小臂略平，大臂轻贴左胁；同时转头向右，注视受礼者，并目迎目送（见图4-8）。右、左转头角度不超过45°。

图4-8 举枪礼姿势

（二）礼毕

动作要领：听到"礼毕"口令后，行举手礼者，将手放下；行注目礼者，将头转正；行举枪礼者，将头转正，右手将枪放下，使枪托前踵（半自动步枪托底板）轻轻着地，同时左手放下，成持枪立正姿势。

（三）单个军人敬礼

动作要领：单个军人在距受礼者 5～7 步处，行举手礼或注目礼。徒手或者背枪时，停止间，应当面向受礼者立正，行举手礼，待受礼者还礼后礼毕；行进间（跑步时换齐步），转头向受礼者行举手礼并继续行进，左臂仍自然摆动（见图 4-9），待受礼者还礼后礼毕。

图 4-9　行进间徒手敬礼

携带武器（除背枪）等不便行举手礼时，不论停止间或者行进间，均行注目礼，待受礼者还礼后礼毕。

七、坐下、蹲下、起立

（一）坐下、起立

1. 徒手坐下、起立

动作要领：听到"坐下"口令后，左小腿在右小腿后交叉，迅速坐下。坐凳子时，听到口令，左脚向左分开约一脚之长（女军人着裙服坐凳子时，两腿自然并拢），手指自然并拢放在两膝上，上体保持正直。听到"起立"口令后，全身协力迅速起立，成立正姿势。

2.携便携式折叠写字椅坐下

动作要领：听到"放凳子"口令后，左手将折叠写字椅提至身前交于右手，右手反握支脚上横杠，左手移握写字板和座板上沿，两手协力将支脚拉开；而后上体右转，两手将折叠写字椅轻轻置于脚后，写字板扣手朝前，恢复立正姿势；听到"坐下"口令后，迅速坐在折叠写字椅上。听到"取凳子——起立"口令后，按照放折叠写字椅的相反顺序进行。

在使用折叠写字椅的靠背或者写字板时，应当按照"打开靠背"或者"打开写字板"的口令，调整折叠写字椅和坐姿；组合使用写字板时，根据需要确定组合方式和动作要领。

3.背背囊（背包）坐下、起立

动作要领：听到"放背囊（放背包）"口令后，两手协力解开上、下扣环，握背带，取下背囊（背包），上体右转，右手将背囊（背包）横放在脚后，背囊（背包）正面向下，背囊口向右（背包口向左）；按照口令坐在背囊（背包）上。携枪（筒）放背囊（背包）时，先置枪（架枪、筒），后放背囊（背包）。听到"取背囊（背包）——起立"口令后，按照放背囊（背包）的相反顺序进行。

（二）蹲下、起立

动作要领：听到"蹲下"口令后，右脚后退半步，前脚掌着地，臀部坐在右脚跟上（膝盖不着地），两腿分开约60°（女军人两腿自然并拢），手指自然并拢放在两膝上，上体保持正直（见图4-10）。蹲下过久，可以自行换脚。听到"起立"口令后，全身协力迅速起立，形成立正姿势。

蹲下动作要点：一是掌握好两腿分开60°的动作。蹲下时，左脚不动，并保持好脚尖向外分开30°的角度。右脚腕用力，向后退半步，脚尖向外分开30°。蹲下后两膝顺脚尖方向，两腿之间自然成60°。二是掌握好蹲下过程。蹲下时，右脚后退半步，前脚掌着地，重心落在两脚之间稍稳后由膝正直下蹲，同时两手顺大腿下滑，蹲下后，臀部坐在右脚跟上（膝盖不着地），两腿分开约 60°，手指自然并拢放在两膝上。

起立动作要点：起立时，全身协力，正直向上，迅速起立，稍稳后再靠脚成立正姿势。

图 4-10　蹲下姿势

八、脱帽、夹帽、戴帽

（一）脱帽、戴帽

动作要领：听到"脱帽"口令后，若是立姿脱帽，双手捏帽檐或帽前端两侧，将帽取下，取捷径置于左小臂，帽徽朝前，掌心向上，四指扶帽檐或帽墙前端中央处，小臂略成水平，右手放下（见图 4-11）。若是坐姿脱帽，则双手捏帽檐或帽前端两侧，将帽取下，置于桌（台）面前沿左侧或膝上（帽顶向上，帽徽朝前），也可以置于桌斗内。听到"戴帽"口令后，双手捏帽檐或帽前端两侧，取捷径将帽迅速戴正。

动作要点：脱帽、戴帽时，要迅速、准确，节奏明显。做到"两快、两准、两正、一稳、一明显"。

两快：脱帽和戴帽动作要快。

两准：两手捏帽檐的位置准，左手托帽檐的位置准（四指扶帽檐或帽墙前端中央处的位置要准）。

两正：将帽置于左小臂，帽徽向前的方向要正，两手将帽迅速戴正。

一稳：上体保持正直稳固。

一明显：动作节奏明显。

图 4-11　立姿脱帽姿势

（二）夹帽、戴帽

动作要领：听到"夹帽"口令后，双手捏帽檐或帽前端两侧，取捷径将帽取下，左手握帽墙，小臂夹帽自然伸直，帽顶向左，帽徽朝前（见图 4-12）。听到"戴帽"的口令后，右手捏帽檐右角，左手捏帽檐左角，两手协力将帽迅速戴正，两手放下，成立正姿势。

动作要点：迅速、准确。做到"两快、两准、两正、一稳、一明显"。

两快：夹帽和戴帽动作要快。

两准：夹帽时，军帽位于左侧腹部位置要准；左手握帽墙的位置要准。

两正：夹帽时，帽徽向前方向要正，两手取捷径迅速将帽戴正。

一稳：夹帽、戴帽时，上体要保持正直稳固。

一明显：动作节奏要明显。

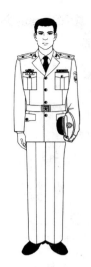

图 4-12　夹帽姿势

九、整理着装

整理着装，通常在立正的基础上进行。要求军姿端正，严肃认真，按整理军帽、妆带、领带、衣上兜、衣扣、衣下兜、腰带的顺序依次进行。

动作要领：听到"整理着装"口令后，两手（持自动步枪时，将枪夹于两腿间）从帽子开始，自上而下，将着装整理好。必要时，也可以相互整理。整理完毕，自行稍息。听到"停"的口令，恢复立正姿势。

十、宣誓

动作要领：听到"宣誓"口令后，身体保持立正姿势，右手握拳取捷径迅速抬起，拳心向前，稍向内合，拳眼约与右太阳穴同高，距离约 10 厘米；右大臂略平，与两肩略成一线，高声诵读誓词（见图 4-13）。听到"宣誓完毕"口令后，将手放下。

动作要点：右手抬起迅速、准确，身体保持立正姿势。做到"两

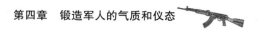

快、两准、一正、一稳"。

两快：右手握拳抬起速度要快，手放下速度要快。

两准：拳眼与右太阳穴同高定位准，拳眼距离右太阳穴 10 厘米位置准。

一正：头要正。

一稳：右手抬起和放下时，身体要稳。

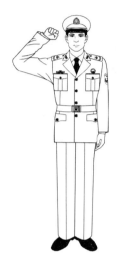

图 4-13　宣誓姿势

第二节　分队队列动作训练

军人在队列中必须严格遵守队列条令，做到令行禁止、姿态端正、军容严整、精神振作、严肃认真。按规定的位置列队，集中精力听指挥，动作迅速、准确、协调一致。保持队列整齐，人员出列、入列应当报告并经允许方可。

53

一、集合、离散

队列的基本队形为横队、纵队和并列纵队。需要时，可以调整为其他队形。队列人员之间的间隔约 10 厘米，距离约 75 厘米。需要时，可以调整队列人员之间的间隔和距离。

（一）集合

集合是使单个军人、分队、部队按照规范队形聚集起来的一种队列动作。集合时，指挥员应当先发出预告或者信号，如"全连（或 × 排）注意"，然后，站在预定队形的中央前，面向预定队形成立正姿势，下达"成 ×× 队——集合"的口令。所属人员听到预告或信号后，原地面向指挥员成立正姿势。听到口令后，跑步到指定位置面向指挥员集合（在指挥员后侧的人员，应当从指挥员右侧绕过），自行对正、看齐，成立正姿势。

1. 班集合

班的基本队形分为横队和纵队。需要时，可以成 2 列横队或者 2 路纵队。

动作要领：听到"成班横队（2 列横队）——集合"口令后，基准兵迅速到班长左前方适当位置，成立正姿势；其他士兵以基准兵为准，依次向左排列，自行看齐。此时，单数士兵在前，双数士兵在后。

动作要领：听到"成班纵队（2 路纵队）——集合"口令后，基准兵迅速到班长前方适当位置，成立正姿势。其他士兵以基准兵为准，依次向后排列，自行对正。此时，单数士兵在左，双数士兵在右。

2. 排集合

排的基本队形分为横队和纵队。排横队，由各班的班横队依次向后排列组成，排长的位置在第一列基准兵右侧。排纵队，由各班的班纵队依次向右并列组成，排长的位置在队列中央前。

动作要领：听到"成排横队——集合"口令后，基准班在指挥员前方适当位置，成班横队迅速站好。其他成班横队，以基准班为准，依次向后排列，自行对正、看齐。

动作要领：听到"成排纵队——集合"口令后，基准班在指挥员右前方适当位置，成班纵队迅速站好；其他成班纵队，以基准班为准，依次向右排列，自行对正、看齐。

3. 连集合

连的基本队形分为横队、纵队和并列纵队。

动作要领：听到"成连横队——集合"口令后，队列内的连指挥员或者基准排在指挥员左前方适当位置，成横队迅速站好。各排和连部成横队，以连指挥员或基准排为准，依次向左排列，自行对正、看齐。

动作要领：听到"成连纵队——集合"口令后，队列内的连指挥员或基准排，在指挥员前方适当位置，成纵队迅速站好；各排和连部成纵队，以连指挥员或基准排为准，依次向左排列，自行对正、看齐。

（二）离散

离散是使列队的单个军人、分队、部队各自离开原队列位置的一种队列动作。

1. 离开

动作要领：听到"各营（连、排、班）带开（带回）"口令后，队列中的各连（排、班）指挥员带领本队迅速离开原列队位置。

2. 解散

动作要领：听到"解散"口令后，队列人员迅速离开原列队位置。

二、整齐、报数

（一）整齐

整齐是使列队人员按规定的间隔、距离，保持行、列齐整的一种队列动作。整齐分为向右（左）看齐和向中看齐。

动作要领：听到"向右（左）看——齐"口令后，基准兵不动，其他士兵向右（左）转头，眼睛看右（左）邻士兵腮部，前四名能通视基准兵，自第五名起，以能通视到本人以右（左）第三人为度。后列人员，先向前对正，后向右（左）看齐。听到"向前——看"口令后，迅速将头转正，恢复立正姿势。

动作要领：听到"以×××为准"的预令后，指挥员指定的基准兵答"到"，同时左手握拳高举，大臂前伸与肩略平，小臂垂直举起，拳心向右。当听到"向中看——齐"口令后，其他士兵按照向右（左）看齐的要领实施。听到"向前——看"口令后，基准兵迅速将手放下，其他士兵迅速将头转正，恢复立正姿势。

一路纵队看齐时，可以下达"向前——对正"的口令。

（二）报数

动作要领：听到"报数"口令后，横队从右至左（纵队由前向后）依次转头（纵队向左转头）并以短促洪亮的声音报数，最后一名不转头。数列横队时，后列最后一名报"满伍"或"缺×名"。连集合时，由指挥员下达"各排报数"的口令，各排长在队列内向指挥员报告人数，如"第×排到齐"或者"第×排实到××名"。

必要时，连也可以统一报数。连实施统一报数时，各排不留间隔，要补齐，成临时编组的横队队形。报数前，连指挥员先发出"看齐时，以一排长为准，全连补齐"的预告，而后下达"向右看——齐"的口令，待全连看齐后，再下达"向前——看"和"报数"的口令，报数从一排长开始，后列最后一名报"满伍"或者"缺×名"。

三、出列、入列

单个军人和分队出、入列通常用跑步（5步以内用齐步，1步用正步），或者按照指挥员指定的步法执行。当进到指挥员右前侧适当位置或者指定位置，面向指挥员成立正姿势。

（一）单个军人出列、入列

1. 出列

动作要领：听到"×××（或者第×名）"口令后，出列军人听到呼点自己姓名或者序号后应当答"到"，听到"出列"的口令后，应当答"是"。

位于第一列（左路）的军人，按照本条上述规定，取捷径出列。

位于中列（路）的军人，向后（左）转，待后列（左路）同序号的军人向右后退1步（左后退1步）让出缺口后，按照本条的上述规定从队尾（纵队时从左侧）出列；位于"缺口"位置的军人，待出列军人出列后，即复原位。

位于最后一列（右路）的军人出列，先退1步（右跨1步），然后，按照本条有关规定从队尾出列。

2. 入列

动作要领：听到"入列"口令后，应当答"是"，然后，按照出列的相反程序入列。

（二）班、排出列、入列

1. 出列

动作要领：听到"第×班（排）——出列"口令后，由出列班（排）的指挥员答"到"，听到"出列"的口令后，由出列班（排）的指挥员答"是"，并用口令指挥本班（排），按照本条的有关规定，以纵队形式从队尾（位于第一列的班取捷径）出列。

2. 入列

动作要领：听到"入列"口令后，由入列班（排）指挥员答"是"，并用口令指挥本班（排），按照本条的有关规定，以纵队形式从队尾（位于第一列的班取捷径）入列。

四、行进、停止

横队和并列纵队行进以右翼为基准，纵队行进以左翼为基准（一路纵队行进以先头为基准）。

（一）行进

动作要领：听到指挥员下达"×步——走"口令后，基准兵向正前方前进，其他士兵向基准翼标齐，保持规定的间隔、距离行进。纵队行进时，排、连通常成三路纵队，也可以成一、二路纵队。行进中，需要时，用"一二一"（调整步伐的口令）、"一二三四"（呼号）或者唱队列歌曲，以保持步伐的整齐和振奋士气。

（二）停止

动作要领：听到指挥员下达"立——定"口令后，按照立定的要领实施，分队的动作要整齐一致。停止后，听到"稍息"的口令，先自行对正、看齐，再稍息。

五、队形变换

队形变换是由一种队形变为另一种队形的队列动作。

（一）横队和纵队的互换

横队变纵队：停止间口令，"向右——转"。

行进间口令："向右转——走"。

纵队变横队：停止间口令，"向左——转"。

行进间口令："向左转——走"。

动作要领：停止间，按照单个军人向右（左）转的要领实施。行进间，按照单个军人向右（左）转的要领实施。分队动作要整齐一致，队形变换后，排以上指挥员应当进到规定的列队位置。

（二）班横队和班纵队互换

1. 班横队变班 2 列横队

动作要领：变换前，先报数。听到"成班 2 列横队——走"口令后，双数士兵左脚后退 1 步，右脚（不靠拢左脚）向右跨 1 步，左脚向右脚靠拢，站到单数士兵之后，自行对正、看齐。

2. 班 2 列横队变班横队

动作要领：听到"间隔 1 步，向左离开"口令后，取好间隔。听到"成班横队——走"的口令后，双数士兵左脚左跨 1 步，右脚（不靠拢左脚）向前 1 步，左脚向右脚靠拢，站到单数士兵左侧，自行看齐。

3. 班纵队变班 2 路纵队

动作要领：变换前，先报数。听到"成班 2 路纵队——走"口令后，双数士兵右脚右跨 1 步，左脚（不靠拢右脚）向前 1 步，右脚向左脚靠拢，站到单数士兵右侧，自行对正、看齐。

4. 班 2 路纵队变班纵队

动作要领：听到"距离 2 步，向后离开"口令后，取好距离。听到"成班纵队——走"口令，双数士兵右脚后退 1 步，左脚（不靠拢右脚）站到单数士兵之后，自行对正。

（三）连纵队和连并列纵队的互换

1. 连纵队变连并列纵队

停止间口令："成连并列纵队，齐步——走"。

行进间口令："成连并列纵队——走"。

动作要领：连指挥员或者基准排踏步，其他排和连部逐次进到连指挥员或者基准排左侧踏步并取齐，然后，听口令前进或者停止。

连、排指挥员位置的变换方法：听到口令，连长左脚继续踏 1 步，右脚向右前 1 步，进到政治指导员前方仍踏步，政治指导员继续踏步，副连长向前 2 步（未编有副政治指导员时，副连长向左前 2 步）。进到连长左侧，副政治指导员向左前 1 步，进到政治指导员左侧，排长、司务长进到预定列队位置，继续踏步并取齐。

2. 连并列纵队变连纵队

停止间口令："成连纵队，齐步——走"。

行进间口令："成连纵队——走"。

要领：连指挥员或者基准排照直前进，其他排和连部停止间和行进间均踏步，待连指挥员或基准排离开原位后，各排按照排长、连部和炊事班按照司务长的口令依次跟进。

连、排指挥员位置的变换方法：听到口令，连长向左前1步，进到副连长前方踏步，政治指导员向前2步，进到连长右侧继续踏步，副政治指导员向右前1步，进到副连长右侧继续踏步（未编有副政治指导员时，副连长右跨半步并踏步），排长、司务长进到预定列队位置继续踏步，取齐后照直前进。

六、方向变换

方向变换是改变队列面对方向的一种队列动作。

（一）横队和并列纵队方向变换

停止间，通常是左（右）转弯或者左（右）后转弯，必要时可以向后转。

口令："左（右）转弯，齐（跑）步——走"，或者"左（右）后转弯，齐（跑）步——走"，或者"向后——转，齐（跑）步——走"［当需要向后转走时，应当先下"向后——转"的口令，待方向变换后，再下"齐（跑）步——走"的口令］。

行进间口令："左（右）转弯——走"，或者"左（右）后转弯——走"。

一列横队方向变换时，轴翼士兵踏步，并逐渐向左（右）转动。外翼第一名士兵用大步行进并同相邻士兵动作协调，逐步变换方向（越接近轴翼者，其步幅越小），其他士兵用眼睛的余光向外翼取齐，并保持规定的间隔和排面整齐。转到90°或者180°时，踏步并取齐，听口令前进或者停止。

数列横队和并列纵队方向变换时，第一列轴翼士兵停止间用踏步、行进间用小步，外翼士兵用大步行进，保持排面整齐，边行进边变换方向，转到90°或者180°后，听口令前进或者停止。后续各列按照上述要领，保持间隔、距离，取捷径进到前一列转弯处，转向新方向跟进。

（二）纵队方向变换

停止间，通常是左（右）后转弯，必要时可以向后转。

口令："左（右）转弯，齐（跑）步——走"，或者"左（右）后转弯，齐（跑）步——走"，或者"向后——转，齐（跑）步——走"（按照横队和并列纵队向后转走的方法实施）。

行进间口令："左（右）转弯——走"，或者"左（右）后转弯——走"。

要领：一路纵队方向变换时，基准兵在左（右）转弯时，按照单个军人行进间转法（停止间，左转弯走时，左脚先向前1步）的要领实施，在左（右）后转弯时，用小步边行进边变换方向，转到90°或者180°后，照直前进；其他士兵逐次进到基准兵的转弯处，转向新方向跟进。

数路纵队方向变换时，按照数列横队和并列纵队方向变换的要领实施。

第三节　阅兵训练

一、阅兵权限和阅兵形式

在重大节日或者组织重要活动时，可以举行阅兵。

（一）阅兵权限

阅兵是由党和国家领导人，中央军委主席、副主席、委员及旅

（团）级以上部队军政主官或者被上述人员授权的其他领导和首长实施。通常由 1 人检阅。

（二）阅兵形式

阅兵分为阅兵式和分列式。通常进行两项，根据需要，也可以只进行一项。

二、阅兵程序

阅兵分为上级首长检阅和本级首长检阅。当上级首长检阅时，由本级军事首长任阅兵指挥；当本级军政主要首长检阅时（由 1 人检阅，另 1 名位于阅兵台或者队列中央前方适当位置面向部队），由副部长或者参谋长任阅兵指挥。

大学生军训阅兵编制通常为团或大队（在此以团编制为例进行说明），有如下五个基本步骤。

（一）迎军旗

迎军旗在阅兵式开始前进行。

迎军旗时，主持迎军旗的团指挥员下达"立正""迎军旗"的口令，听到口令后，掌旗员（扛旗）、护旗兵齐步行进，由正前或左前方向本团右翼排头行进，当超过团机关队形时，主持迎军旗的指挥员下达"礼毕"口令，部队礼毕；掌旗员（由端旗换扛旗）、护旗兵换齐步。军旗进至团指挥员右侧 3 步处时，左后转弯立定，成立正姿势。

（二）阅兵式

团阅兵式队形，通常为营横队和团横队，或者由团首长临时规定。

1. 阅兵首长接受阅兵指挥报告

当阅兵首长行至本团队列右翼适当距离时或者在阅兵台就位后（当上级首长检阅时，通常由团政治委员陪同入场并陪阅），阅兵指挥在队列中央前下达"立正"的口令，随后跑步到距阅兵首长 5～7 步处敬礼，待阅兵首长还礼后礼毕并报告。例如："师长同志，步兵第 x 团列队完毕，请您检阅。"报告后，左跨 1 步，向右转，让首长先走，而后在其右后侧（当上级首长检阅时，团政治委员在团长右侧）跟随陪阅。

2. 阅兵首长向军旗敬礼

阅兵首长行至距军旗适当位置时，应立正向军旗行举手礼（陪阅人员面向军旗，行注目礼）。

3. 阅兵首长检阅部队

当阅兵首长行至团机关、各营部、各连及后勤分队队列右前方时，团机关由副团长或者参谋长，各营部由营长，各连由连长，后勤分队由团指定的指挥员下达"敬礼"的口令。听到口令后，位于指挥位置的军官行举手礼，其余人员行注目礼，目迎目送首长（左、右转头不超过45°）。当首长问候"同志们好！"或者"同志们辛苦了！"时，队列人员应当齐声洪亮地回答"首——长——好！"或者"为——人民——服务！"当首长通过后，指挥员下达"礼毕"的口令，队列人员礼毕。

4. 阅兵首长上阅兵台

阅兵首长检阅完毕后上阅兵台，阅兵指挥跑步到队列中央前，下达"稍息"口令，队列人员稍息。当上级首长检阅时，团政治委员陪同首长上阅兵台，然后跑步到自己的列队位置。

（三）分列式

团分列式队形由团阅兵式队形调整变换，或者由团首长临时规定。

团分列式，应当设 4 个标兵。一、二标兵之间和三、四标兵之间的间隔各为 15 米，二、三标兵之间的间隔为 40 米。标兵应携带 81 式自动步枪或者半自动步枪，并在枪上插标兵旗。

分列式程序如下。

1. 标兵就位

分列式开始前，阅兵指挥在队列中央前，下达"立正""标兵，就位"的口令。标兵听到口令，成1路纵队持（托）枪跑步到规定的位置，面向部队成持枪立正姿势。

2. 调整部（分）队为分列式队形

标兵就位后，阅兵指挥下达"分列式，开始"的口令，而后，跑步到自己的列队位置。听到口令后，各分队按规定的方法携带武器（掌旗员扛旗），团、营指挥员分别进到团机关和营部的队列中央前，下达"右转弯，齐步——走"的口令，指挥分队变换成分列式队形。

3. 开始行进

变换成规定的分列式队形后，团机关由副团长或者参谋长下达"齐步——走"的口令。听到口令后，团指挥员、团机关人员齐步前进，其余分队依次待前一分队离开约15米时，分别由营、连长及后勤分队指挥员下达"齐步——走"的口令，指挥本分队人员前进。

4. 接受首长检阅

各分队行至第一标兵处，将队列调整好。进到第二标兵处，掌旗员下达"正步——走"的口令，并和护旗兵同时由齐步换正步，扛旗换端旗（掌旗员和护旗兵不转头）。此时，阅兵首长和陪阅人员应当向军旗行举手礼。副团长或者参谋长和各分队指挥员分别下达"向右——看"的口令，队列人员听到口令后（可喊"一、二"），按照规定换正步（步枪手换端枪）行进，并在左脚着地的同时向右转头（位于指挥位置的军官行举手礼，并向右转头，各列右翼第一名不转头）不超过45°注视阅兵首长。此时，阅兵台最高首长行举手礼，其他人员行注目礼。

进到第三标兵处，掌旗员下达"齐步——走"的口令，并与护旗兵由正步换齐步，同时换扛旗；其他分队由上述指挥员分别下达"向前——看"的口令，队列人员听到口令后，在左脚着地时礼毕（将头转正），同时换齐步（步枪手换托枪）行进。

当上级首长检阅时，团长和团政治委员通过第三标兵后，到阅兵首长右侧陪阅。各分队通过第四标兵，换跑步到指定的位置。待最后一个分队通过第四标兵后，阅兵指挥下达"标兵，撤回"的口令，标兵按照相反顺序跑步撤至预定位置。

（四）阅兵首长讲话

分列式结束后，阅兵指挥调整好队形，请阅兵首长讲话。讲话完毕，阅兵指挥下达"立正"口令，向阅兵首长报告阅兵结束。当上级首长检阅时，由团政治委员陪同阅兵首长离场。

（五）送军旗

送军旗在阅兵首长讲话后或者分列式结束后进行。

步兵团送军旗时，主持送军旗的指挥员下达"立正""送军旗"的口令。听到口令后，掌旗员（成扛旗姿势）、护旗兵按照迎军旗路线相反方向齐步行进。军旗出列后，行至团机关队形右侧前时，主持送军旗的指挥员下达"向军旗——敬礼"的口令。听到口令后，掌旗员（由扛旗换端旗）、护旗兵换正步，全团按照迎军旗的规定敬礼。当军旗离开距队列正面40～50步时，主持送军旗的指挥员下达"礼毕"的口令，步兵团礼毕；掌旗员（由端旗换扛旗）、护旗兵换齐步，返回原出发位置。

从"菜鸟"到"神枪手"

第五章

我军头号"神枪手"是朝鲜战争中我志愿军战士张桃芳。1953年的三个多月中，张桃芳以436发子弹击毙214个敌人，创造了志愿军单人射击杀敌最好战果，因此获得志愿军特等功臣、二级英雄称号，并被朝鲜授予一级国旗勋章。"神枪手"并非天生，而是后天刻苦练成的。张桃芳在1952年9月入朝第一次实弹打靶中，3发子弹全部脱靶。此后，他开始玩命地练臂力和眼力，正是凭着一腔热情和不服输的韧劲，他一跃成为全连战果最好的"神枪手"。

军训中的大学生大多是第一次握枪、第一次练习射击，是标准的"菜鸟"。但是，通过系统学习枪械基本原理，不厌其烦地认真练习据枪、瞄准、击发等动作，"菜鸟"也可能成长为"神枪手"。

第一节　军训用轻武器的基本常识

轻武器是世界各国装备数量最多的装备种类，也称"轻兵器"，主要指单兵携带和使用的轻便武器，用于在近距离内杀伤或消灭敌有生力量。它具有体积小、重量轻、杀伤力强、性能稳定的特性。目前，我国大学生军事技能训练中使用的军用枪大部分是56式自动步枪、56

66

式半自动步枪和81式自动步枪。充分了解军训使用的轻武器的战斗性能、结构原理和保养方法等常识，掌握其基本操作方法，是大学生熟练使用轻武器的基础。

一、军训使用的轻武器的战斗性能

（一）56式半自动步枪

56式半自动步枪是我军历史上第一种制式列装的国产半自动步枪，也是苏联时期SKS半自动卡宾枪的仿制型。作为步兵使用的单人武器，56式半自动步枪使用7.62毫米×39毫米步枪弹，弹仓内装10发子弹，不能打连发，每扣动扳机1次，发射1发子弹，有效射程为400米，集中火力可杀伤800米以内集结之敌，精度较好。

图5-1 56式半自动步枪

（二）56式自动步枪

56式自动步枪，也称突击步枪，是我军装备较早的一种近战消灭敌人的自动武器。该枪使用7.62毫米×39毫米子弹，弹匣内装30发子弹，子弹射完后不挂机。可在300米以内对单个目标点射，400米以内单发射效果最好，必要时也可连续发射。射弹飞行到1500米处仍有杀伤力。

图5-2 56式自动步枪

（三）81式自动步枪

81式自动步枪是一种近距离消灭敌人的自动武器，是我国20世纪80年代初研制的一种自动步枪。81式自动步枪性能优良，精度好，动作可靠，操作维护简便，使用7.62毫米子弹，既可单发，也可连发。弹匣可装30发子弹，当弹匣的最后一发子弹发射出去时，滑机退回到后面挂机。该枪对400米以内单个目标射击效果最好，集中火力可射击500米以内集团目标，弹头在1500米处仍有杀伤力。

图5-3　81式自动步枪

二、军训用轻武器的结构和原理

（一）56式半自动步枪

56式半自动步枪由枪刺（刺刀）、枪管、瞄准具、活塞及推杆、机匣、枪机、复进机、击发机、弹匣和枪托10个部件组成（见图5-4）。另有一套附品。其中，枪刺用以刺杀敌人；枪管赋予弹头的飞行方向；瞄准具由表尺和准星组成，用以瞄准；活塞及推杆是导气装置，用来调节和承受火药气体的压力，推压枪机向后；机匣用以容纳枪机和复进机，固定击发机和弹匣；枪机用以送弹、闭锁、击发和退壳，

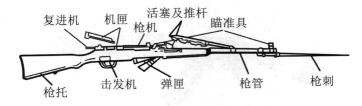

图5-4　56式半自动步枪结构图

并能使击锤向后呈待发状态;复进机用以使枪机回到前方位置;击发机用以使枪机相互作用形成待发和击发;弹匣用以容纳和托送子弹;枪托便于操作;附品用以分解结合、擦拭上油、携带和排除故障。

56式半自动的原理如下:扣扳机后,击锤打击击针,撞击子弹底火,点燃发射药,产生火药气体,推送弹头沿膛线向前运动;弹头一经过导气孔,部分火药气体便通过导气孔,涌入寻气箍,冲击活塞,推动推杆,使枪机向后,压缩复进簧,完成开锁、抛壳,并使击锤呈待发状态;枪机退到后方时,由于复进簧的伸张,使枪机向前运动,推送下一发子弹入膛,闭锁;此时,由于击锤已被击发阻铁卡住,不能向前打击击针。如若再次发射,必须先松开扳机,再扣扳机。

(二)56式自动步枪

56式自动步枪由枪刺(刺刀)、枪管、瞄准具、活塞、机匣、枪机、复进机、击发机、弹匣和枪托10个部件组成,另有一套附品(见图5-5)。其中,枪刺用以刺杀敌人;枪管赋予弹头的飞行方向;瞄准具由表尺和准星组成,用以瞄准;活塞用以传导火药气体压力,推压枪机向后;机匣用以容纳枪机和复进机,固定击发机和弹匣;枪机用以送弹、闭锁、击发和退壳,并使击锤向后呈待发状态;复进机用以使枪机回到前方位置;击发机用以与枪机相互作用形成待发和击发;弹匣用以容纳和托送子弹;枪托便于操作;附品用以分解结合、擦拭上油、携带和排除故障。

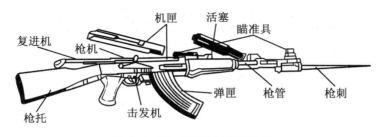

图5-5 56式自动步枪结构图

56式自动步枪原理如下:扣扳机后,击锤打击击针,撞击子弹底火，点燃发射药，产生火药气体，推送弹头沿膛线向前运动；弹头一经过导气孔，部分火药气体通过导气孔，涌入导气箍，冲击活塞，推动枪机向后，压缩复进簧、完成开锁、抛壳，并使击锤呈待发状态；枪机退到最后方时，由于复进簧的伸张，所以枪机向前运动，推送下一发子弹入膛，闭锁。此时，如保险机定在连发位置，扳机未松开，击发阻铁不能卡住击锤，击锤再次打击击针，形成连发；如保险机定在单发位置，击锤被单发阻铁卡住不能向前。如若再次发射，必须先松开扳机，再扣扳机。

（三）81式自动步枪

81式自动步枪由刺刀（匕首）、枪管、瞄准具、活塞及调节塞、机匣、枪机、复进机、击发机、弹匣和枪托10个部分组成，另有一套附品（见图5-6）。其中，刺刀用以刺杀敌人；枪管赋予弹头及枪榴弹飞行方向；瞄准具由表尺和准星组成，用以瞄准；活塞及调节塞是导气装置，用以引导和调节火药气体的压力，推压枪机向后；机匣用以容纳枪机、复进机、固定击发机和弹匣；枪机用以送弹、闭锁、击发和退壳，并能使击锤向呈成待发状态；击发机用以与枪机相互作用形成待发和击发；弹匣用以容纳和托送子弹；枪托用以操枪、据枪；附品用以分解结合、擦拭上油、携带和排除故障。

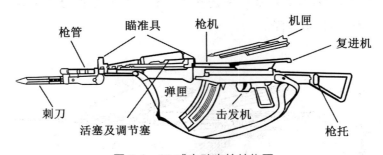

图5-6　81式自动步枪结构图

81式自动步枪原理同56式自动步枪。

三、军训用轻武器保养

枪械军训用轻武器与其他枪械一样需要保养。"勤检查、勤擦拭，不碰摔、不生锈、不损坏、不丢失"是最基本的保养要求。

（一）检查

枪械检查内容主要包括：枪械外部是否有污垢、锈痕和碰伤，准星和表尺是否弯曲和松动；枪膛内是否有污垢、生锈和损伤；各机件运行是否灵活，有无锈痕和损坏，特别是击针是否完好；检查附品是否齐全完好，子弹有无锈蚀、凹陷、裂缝和松动。

（二）擦拭上油

1. 擦拭的频率

按规定，在正常情况下，枪械每周至少擦拭一次。实弹射击后应用浸透油和碱水（肥皂水）的布将枪械内的烟渣、污垢擦洗干净并上油，在以后的三四天内应每天擦拭一次。训练、演习后，应用干布和油布进行擦拭。

2. 上油的要求和方法

枪械擦拭后要及时上油。在严寒的室外将枪带到室内时，应待枪出水珠后再擦拭上油。枪被海水浸过或遭受毒剂和放射性物质沾染后，应先用淡水先冲洗后再擦拭，擦拭上油后，应放在通风干燥处晾干，严禁火烤和暴晒。

擦拭前，应分解武器，准备擦拭用具。使用通条时，应将通条穿过筒盖或枪口罩，拧紧擦拭杆。然后，将通条与筒体、铣子或穿钉连接在一起。

擦拭枪膛时，把布条缠在擦拭杆活动部分，并插入枪膛，将筒盖或枪口罩套在枪口上，沿枪膛全长均匀地来回擦拭（弹膛应从后面擦拭），直到擦拭干净。而后，用布条或鬃刷涂油。

擦拭导气箍、活塞筒时，用通条或木杆缠布擦拭，擦净后涂油。

擦拭其他机件时，应先擦净表面的烟渣和污垢，对孔、槽、沟等细小部分，可用竹（木）签缠上布进行擦拭，而后薄薄地涂上一层油。

（三）分解和结合

分解、结合枪械是为了擦拭、上油、检查和排除故障。枪械分解、结合应注意五点：一是分解前必须验枪；二是应按顺序和要领进行，不要强敲硬拆；三是分解的机件应按次序放在干净的物体上；四是除规定的分解内容外，未经许可，不准分解其他机件；五是结合后，应拉送枪机数次，检查机件结合是否正确。

1.56 式半自动步枪的分解结合

分解步骤如下。

（1）拔出通条和取出附品筒。操作步骤：左手握护木，右手向下向外拉开枪刺约成45°，拔出通条，折回枪刺。然后，用食指顶开附品筒巢盖，取出附品筒，并从附品筒内取出附品。

（2）卸下机匣盖。操作步骤：左手握护木，拇指抵住机匣盖后端，右手扳连接销扳手向上成垂直状态，再向右拉到定位，向后卸下机匣盖。

（3）抽出复进机，即右手向后抽出复进机。

（4）取下枪机。操作步骤：左手握下护木，使枪面稍向右，右手拉枪机向后取出后，将机栓和机体分开。

（5）卸下活塞筒。操作步骤：左手握下护木，右手扳固定栓扳手向上，使固定栓平面垂直，向上卸下活塞筒（将固定栓扳手扳回或保持不动，以防推杆弹出），然后从筒内取出活塞。

结合步骤按分解的相反顺序进行。

（1）装上活塞筒。操作步骤：将活塞插入活塞筒内，活塞筒前端套在导气箍上，活塞筒后部对准固定栓垂直面按下，将固定栓扳手向下扳到定位。

（2）装上枪机。操作步骤：将机体结合在机栓上，从机匣后部放进机匣内，向下按压托弹板，向前推枪机到定位。

（3）装上复进机。操作步骤：将复进机（弯曲部向前）插入机栓上的复进簧巢内。

（4）装上机匣盖。操作步骤：将机匣盖放在机匣上，向前推到尽头，将连接销推入后向前扳到定位。

（5）装上附品筒和通条。操作步骤：将附品装入附品筒并盖好，再将附品筒（筒盖向外）装入附品筒巢内。然后，拉开枪刺，插入通条并使其头部进入通条头槽内，折回枪刺。

结合后，打开弹匣盖，拉送枪机数次，检查机件结合是否正确。关弹匣盖，打开保险，扣扳机，关保险。

2.56 式自动步枪的分解结合

分解步骤如下。

（1）卸下弹匣。具体步骤：左手握护木，枪面稍向左，右手握弹匣，拇指按压弹匣卡榫（也可右手掌心向上握弹匣，以手掌的肉厚部分推压弹匣卡榫），前推取下。

（2）拔出通条和取出附品筒。具体步骤：左手握护木，右手向下向外拉开枪刺约成45°，向外向上拔出通条，折回枪刺，然后用食指顶开附品巢盖，取出附品筒，并从附品内取出附品。

（3）卸下机匣盖。具体步骤：左于握枪颈，以拇指按压机匣盖卡榫，右手将机匣盖上提取下。

（4）抽出复进机。具体步骤：左手握枪颈，右手向前推导管座，使其脱离凹槽，向后抽出复进机。

（5）取出枪机。具体步骤：左手握枪颈，右手打开保险，拉枪机向后到定位，向上向后取出。左手转压机体向后，使导榫脱离导榫槽，再向前取出机体。

（6）卸下活塞筒。具体步骤：左手握下护木，右手扳固定栓扳手向上，使固定栓平面垂直，移握上护木后端，向上卸下活塞筒，然后从筒内取出活塞。

结合步骤按分解的相反顺序进行。

3.81 式自动步枪的分解结合

81式自动步枪分解的前五步与56式自动步枪动作相同，即卸下弹匣，拔出通条和取出附品筒，卸下机匣盖，抽出复进机，取出枪机。

其后面的动作有所不同。

第六步，卸下上护木。具体步骤：右手握上护木，左手食指和拇指捏握表尺轮并向外拉，使其脱离限制槽。然后，向前转动使表尺轮上的"0"对准表尺座上的白点，而后，左手移握下护木，右手向上向后卸下上护木。

第七步，分解导气装置。具体步骤：左手握下护木，右手拇指和食指捏握调节器并向右转动，使定位凸榫转向左边。再向后推压调节器，当调节器前端脱离导气箍后切面时，从右斜上方卸下调节器、活塞及活塞簧。

组合时，按分解的相反顺序进行。结合后，拉送枪机数次，检查机件组合是否正确。扣扳机，关保险。

（四）预防和排除故障

1. 预防故障的措施

做好预防枪械故障工作，是保养枪械的重要环节。一是严格按规则保管爱护和使用枪械。发现故障及时送修或更换，有问题的子弹不准使用。二是经常擦拭枪械，来不及擦拭时，应向活动机件注油。三是在寒冷条件下使用枪械时，不能过多上油，以防冻结，影响机件活动。在寒冷区，入冬后换用冬季枪油，并彻底清除夏用枪油。在装弹前，应将枪机拉数次或向活动部分注少量汽油（也可煤油或酒精）。

2. 排除故障的措施

射击中，若发生故障，通常拉枪机向后，重新装弹继续射击。如仍有故障，应迅速查明原因，及时排除；排除不了的，应及时上报。

第二节　射击的基本原理

枪械怎么发射子弹？怎么判断子弹速度和运动轨迹？怎样才能准

确命中目标？"菜鸟"级别的大学生要想成功晋级为"神枪手"，必须掌握射击基本原理，认真学习和训练射击技能，有效克服外界条件对射击精度的影响，才有可能成为"神枪手"。

一、发射与后坐

（一）发射

发射指火药气体压力将弹头从膛内推送出去的现象。其过程是：击针撞击子弹底火，使起爆药发火，火焰通过导火孔引燃发射药，产生大量火药气体，在膛内形成很大压力，迫使弹头脱离弹壳，沿膛线旋转加速前进，直到推出枪口。

子弹的发射过程时间极短，现象却很复杂，整个过程分四个阶段。

1. 准备阶段

自发射药开始燃烧起，到弹头开始运动止。此阶段，发射药在密闭的固定容器（弹壳）内燃烧并产生气体，随着气体的增加，压力逐渐增大，当压力足以克服弹头运动阻力时，弹头从静止转为运动，脱离弹壳，嵌入膛线。

2. 基本阶段

自弹头开始运动起，到发射药燃烧完止。此阶段，发射药在迅速变化的容器内燃烧，膛内压力迅速加大，弹头运动速度随之加快。当弹头在膛内前进 6～8 厘米时，膛内的压力最大，此压力称为膛压。由于弹头加速前进，弹头后面的空间迅速扩大，扩大的速度超过了气体增加的速度，导致压力开始下降。发射药燃烧完毕时，火药气体仍保持一定的压力，而弹头的速度随着火药气体对弹头作用时间的加长还在不断增加，使弹头继续加速前进。

3. 气体膨胀阶段

自发射药燃烧完起，到弹头底部脱离枪口前切面止。此阶段，弹头在高压灼热气体膨胀作用下运动，原有气体储存大量的能量继续做功，推动弹头加速运动，直到脱离枪口。

4. 火药气体作用的最后阶段

自弹头底部脱离枪口前切面起，到火药气体停止对弹头作用止。此阶段，弹头飞出枪口时，火药气体形成气流仍继续对弹头底部施加压力，并加大弹头的运动速度，直到火药气体压力与空气阻力相等时为止。此时，弹头飞行的速度最快。

分析子弹发射的四个阶段可知，膛压的变化规律是：由小急剧增大，而后逐渐下降。弹头速度的变化规律是：由静到动，由慢到快，始终是加速运动。

（二）后坐

后坐是发射时武器向后运动的现象。其形成原理是：发射药燃烧时，气体同时作用于各个方向，作用于弹头后部的压力推送弹头前进，作用于弹壳底部的压力通过枪机传送到整个武器，使武器向后运动，形成后坐。

后坐对单发（连发首发）射击的命中影响极小，对连发射击的命中有一定影响。因为连发射击时，第一发子弹射出后，枪身的明显后坐变动了原来的瞄准线，使第二发以后的射弹产生偏差。射手如果据枪要领正确，适应连发武器射击时的后坐规律，就能减小后坐对连发命中的影响，提高连发射击精度。

二、弹道及相关概念

（一）弹道

弹道指弹头运动过程中，其重心所经过的路线。弹头飞行时，一方面受地心引力作用，逐渐下降；另一方面受到空气阻力作用，越飞越慢，形成了一条升弧较长较直、降弧较短较弯曲的不均等弧线（见图5-7）。

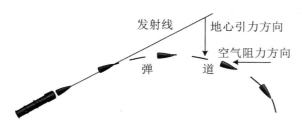

图 5-7 弹道的形成

（二）直射和直射距离

弹道是弧线，瞄准线是直线，二者不在一条水平线上。瞄准线上的弹道高在整个射击距离上不超过目标高的射击，称为直射，这段距离就是直射距离。用同一枪械射击时，目标高度不同，直射距离也不同。目标越高，直射距离越大；目标越低，直射距离越小（见图5-8）。用不同类型的武器对同一类型目标射击时，弹道越低伸，直射距离越大；反之，则越小。如人胸目标距离250米，81式自动步枪射手误测为300米，装定表尺"3"，瞄准目标中央射击，250米处的弹道高为0.21米，没有超过目标高，目标仍能被杀伤。

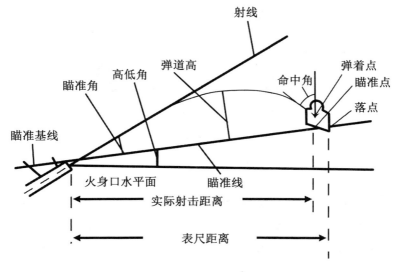

图 5-8 瞄准要素

（三）危险界、遮蔽界和死角

危险界指弹道高没有超过目标高的一段距离。目标暴露得越高，地形越平坦，弹道越低伸，危险界越大，目标越容易被杀伤；目标暴露得越低，地形越复杂，弹道越弯曲，危险界越小，目标不易被杀伤（见图5-9）。

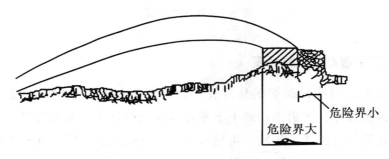

图 5-9　危险界

遮蔽界指从弹头不能射穿的遮蔽物顶端到弹着点的一段距离。死角指目标在遮蔽界内不会被杀伤的一段距离。遮蔽物越高，目标越低，死角越大；反之，死角越小（见图5-10）。

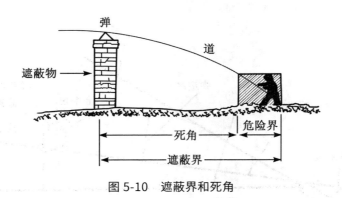

图 5-10　遮蔽界和死角

只有了解危险界、遮蔽界和死角的定义，学会在作战中隐蔽自己，正确选择射击位置和有效组织火力，并能够灵活利用地形地物，隐蔽运动、集结和转移，才能避开或减少敌方火力杀伤，在合理保护自身安全的基础上有效消灭敌人。

三、瞄准射击

为了使子弹射向目标，射击时在水平面和垂直面上，赋予枪管轴线以一定方向和高低角的各种动作统称为瞄准。

实弹射击中，弹道是弧线，如果用枪管直接瞄向目标射击，射弹就会打低或打近。瞄准角是指为了命中目标而将枪口抬高，在枪身轴线和瞄准线之间所形成的角度。瞄准角的大小通常可根据射弹在不同距离上的降落量来确定。距离越远，降落量越大，瞄准角越大；距离越近，降落量越小，瞄准角越小。

瞄准具是调整瞄准角的装置。各个距离上枪口抬高多少，在表尺上刻有相应的分划，只要按照目标的距离选定表尺分划瞄准射击，就能命中目标。选定表尺分划和瞄准点的方法如下。

一是定实距离表尺分划，瞄目标中央。这是最基本的选定方法。当目标距离为百米整数时，可根据目标的距离选定相应的表尺分划，瞄准点选在目标中央。如自动步枪对 100 米距离目标射击时，定表尺"1"瞄准目标中央射击，即可命中目标中央。

二是定大于或小于实距离表尺分划，适当降低或提高瞄准点。当目标距离不足百米整数时，通常选定大于实距离表尺分划，根据武器在该距离上的弹道高，相应降低瞄准点射击。如自动步枪在 250 米距离对目标射击时，定表尺"3"，在 250 米处的弹道高为 21 厘米，这时，瞄准目标下沿中央射击，即可命中目标。有时也可选定小于实距离的表尺分划，根据枪械在该距离上的负弹道高，提高瞄准点射击。如自动步枪对 250 米距离上的人头目标射击时，定表尺"2"，在 250 米处的弹道高为负 18 厘米。此时，瞄准目标头顶中央射击，即可命中目标。

三是定常用表尺分划，小目标瞄下沿中央，大目标瞄中央。对 300 米距离以内的目标射击时，通常定常用表尺（表尺"3"）分划，小目标瞄下沿中央，大目标瞄中央射击，即可命中。如自动步枪常用表尺对 300 米以内人胸目标（高 50 厘米）射击时，瞄目标下沿中央，则整个瞄准线上最大弹道高为 35 厘米，没有超过目标高，目标只要在 300 米距离内，都会被射弹杀伤。

四、外界条件对射击的影响及修正

射击所处的自然条件，如风、阳光、温度等都会影响射击精度，射击时应根据射弹受影响的偏差程度进行修正。

（一）风对瞄准的影响及修正

风对射击有一定的影响，尤其是从左右刮来的横（斜）风。风力越大，目标距离越远，偏差也就越大。风从左吹来，射弹偏右；风从右吹来，射弹偏左。射击时，为了使射弹能准确地命中目标，必须根据射弹受风影响的偏差量，将瞄准点向风吹来的方向修正。通常情况下，一般的风（横风），距离 100 米内不用修正，距离 200 米修正 1/4 人体，距离 300 米修正 1/2 人体，距离 400 米修正 1 个人体。强风时修正量加倍，弱风或斜风时修正量减半（见图 5-11）。

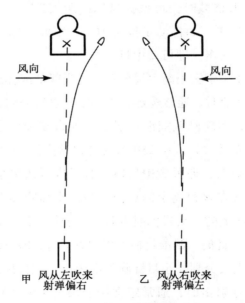

图 5-11　横风对射弹的影响

从前后吹来的风（纵风），一般对射弹没有影响，如果风力较大，也可适当提高或降低瞄准点射击。风从前方吹来，提高瞄准点；风从后方吹来，降低瞄准点。

（二）阳光对瞄准的影响及修正

在阳光下瞄准时，由于阳光的照射作用，瞄准具缺口部分会产生虚光，形成虚光部分、真实部分和黑实部分三层缺口。不辨清真实缺口的位置，很容易形成射弹偏差。若用虚光瞄准，射弹就偏向阳光照来的方向。如阳光从右上方照来时，缺口左边和上沿产生虚光，用虚光部分瞄准，准星实际上偏右高，射弹偏右上；若用黑实部分瞄准，射弹就偏向阳光照来的相反方向。如阳光从右上方照来，用黑实部分瞄准，准星实际上偏左低，射弹偏左下；当缺口和准星尖同时产生虚光时，若用虚光部分瞄准，则射弹偏低，若用黑实部分瞄准，则射弹偏高（见图5-12）。

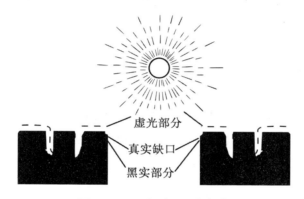

图 5-12　阳光对瞄准的影响

射击时，为了准确命中目标，必须克服阳光的影响。一是注意保护好瞄准具，不使其因磨亮而反光；二是训练时可在不同方向的阳光下练习瞄准，采取遮光瞄准、不遮光检查或不遮光瞄准、遮光检查的方法，反复练习，确实辨清真实缺口位置和正确瞄准情况；三是瞄准时间不宜过长，以免因眼花而产生误差。

（三）气温对瞄准的影响及修正

气温变化时，空气密度随之改变，对弹头飞行速度会产生一定影响。当气温较高、空气密度减小时，射弹飞行中受到的空气阻力小，射弹就飞得远（高）；当气温较低、空气密度增大时，射弹飞行中受到的空气阻力大，射弹就打得近（低）。因而，射击时，尽可能在当时当地气温条件下校正枪械的射程效果，并以校正时的气温条件为准。若气温差别不大，且 400 米内对子弹命中精度影响较小，不必修正。若气温差别很大或对远距离目标进行射击时，应适当提高或降低瞄准点。

第三节　射击动作

射击动作主要包括验枪、射击准备、据枪、瞄准和击发等动作，掌握射击动作要领是为了正确使用枪械，提高射击精度，防止发生意外事故。

一、验枪

验枪是安全用枪的重要措施。使用武器前后及必要时，均应验枪，认真检查弹膛、弹匣和教练弹中有无实弹。验枪时，严禁枪口对准人。

验枪口令："验枪""验枪完毕"。

（一）56 式半自动步枪验枪

动作要领：听到"验枪"口令后，右手将枪挺起，以右脚掌为轴，身体半面向右转，左脚顺势向前迈出一步（两脚约与肩同宽），同时右手将枪向前送出，左手接握下护木，左大臂紧靠左胁，枪托贴于胯骨，枪刺尖约与眼同高，右手打开保险和弹匣盖，移握机柄。

当指挥员检查时，拉枪机向后。验过后，自行送回枪机，关上弹匣盖，扣扳机，关保险，移握枪颈。

听到"验枪完毕"口令后，右手移握上护木，身体半面向左转，在右脚靠拢左脚的同时，恢复持枪姿势。

（二）56 式自动步枪、81 式自动步枪验枪

动作要领：听到"验枪"口令后，以右脚掌为轴，身体半面向右

转,左脚顺势向前迈出一步(两脚约与肩同宽),同时右手移握上护木,将枪向前送出(背带从肩上脱下),左手接握下护木,左大臂紧靠左肋,枪托贴于右跨,准星约与肩同高,打开保险,卸下弹匣,使弹匣口向后交给左手握于护木右侧,右手移握机柄。

当指挥员检查时,拉枪机向后。验过后,自行送回枪机,装上弹匣,扣扳机,关保险,移握枪颈。

听到"验枪完毕"口令后,左手反握上护木,两手协力将枪倒置于胸前,右手拇指挑起背带,身体半面向左转,在右脚靠拢左脚的同时,两手协力将枪送上右肩,恢复肩枪姿势。

二、射击准备

射击准备主要包括向弹匣内装填子弹和采取各种射击姿势装退子弹。

(一)向弹匣内装填子弹

射击前,应正确地向弹匣内装填子弹。子弹装填不好,射击中容易出现卡壳、不上膛等问题,影响射击效果。

口令:"装填弹匣""起立"。

如果使用56式半自动步枪,听到"装填弹匣"口令后,左手握弹匣,使弹夹面向上,右手将子弹放于弹夹一端,两手协力依次将子弹压入弹夹卡槽。

如果使用56式自动步枪或81式自动步枪,当听到"装填弹匣"口令后,右手移握上护木,使枪口向前,背带从肩上脱下。同时,左脚向前迈出一步,右膝向右跪下,臀部坐在右脚跟上,右手置枪于左腿内侧,枪面向里位于左肩。右手从弹袋内取出空弹匣或从枪上卸下空弹匣,使弹匣口向上、挂耳向左前交给左手,右手将子弹放在弹匣口上,两手协力,将子弹压入弹匣内。装好后,弹匣口向下、挂耳向左装入弹袋内并扣好,左手位于左膝上,右手握上护木,目视前方。

听到"起立"口令后,左脚向左迈开约30°角,迅速起立,左手反握护木，两手协力，将枪倒置于胸前，右手拇指挑起背带，在右脚靠拢左脚的同时，两手协力将枪送上右肩，恢复肩枪姿势。

（二）卧姿装、退子弹

口令："卧姿——装子弹""退子弹——起立"。

1. 使用 56 式半自动步枪

听到"卧姿——装子弹"口令后右手将枪提起稍向前倾，左脚向右脚尖前迈出一大步（也可右脚顺脚尖方向迈出一大步），左手在左（右）脚尖前支地，顺势卧倒，以身体左侧、左肘支持全身，右手将枪向目标方向送出，左手接握表尺下方，枪托着地，右手拉枪机到定位。解开弹袋扣，取出一夹子弹，插入弹夹槽，以食指或拇指将子弹压入弹仓，取出弹夹，送弹上膛，将弹夹装入弹袋并扣好。右手拇指和食指捏压游标卡榫，移动游标，使游标前切面对正所需要的表尺分划。右手移握枪颈，全身伏地，两脚分开约与肩同宽，身体与射向约成 30°角。枪刺离地，目视前方，准备射击。

听到"退子弹——起立"口令后，稍向左侧身，右手解开弹袋扣，打开弹匣盖，接住落下的子弹，装入弹袋，拇指拉机柄向后，余指按住从膛内退出的子弹，送回枪机，将子弹装入弹袋并扣好，关上弹匣盖，打开保险，扣扳机，关保险，复表尺，移握上护木，将枪收回，同时左小臂向里合，屈左腿于右腿下。以左手和两脚撑起身体，右脚向前一大步，左脚再向前一步，在右脚靠拢左脚的同时，恢复持枪姿势。

2. 使用 56 式自动步枪或 81 式自动步枪

听到"卧姿——装子弹"口令后，右手移握上护木，使枪口向前（背带从肩上脱下），左脚向右脚尖前迈出一大步（也可右脚顺脚尖方向迈出一大步），左手在左（右）脚尖前支地，顺势卧倒，以身体左侧、左肘支持全身，右手将枪向目标方向送出，左手接握下护木，枪面稍向左，枪托着地，右手打开枪刺，卸下空弹匣（弹匣口朝后）交给左手握于护木右侧，解开弹袋扣，换上实弹匣，将空弹匣装入弹袋内并扣好，打开保险，拉枪机送子弹上膛，关上保险。右手拇指和食指捏压游标卡榫，移动游标，使游标前切面对正所需的表尺分划。然后，右手移握握把，全身伏地，枪面向上，弹匣、枪托着地，两脚分开约与肩同宽，身体右侧与枪略成一线，目视前方，准备射击。

听到"退子弹——起立"口令后，稍向左侧身，右手卸下实弹匣交给左手，打开保险，拇指慢拉枪机向后，余指接住从膛内退出的子弹，送回枪机，将子弹压入弹匣内，解开弹袋扣，换上空弹匣，把实弹匣装入弹袋内并扣好，扣扳机，关保险，复表尺，折回枪刺，移握上护木，将枪收回，同时左小臂向里合，屈左腿于右腿下。以左手和两脚撑起身体，右脚向前一大步，左脚再向前一步，左手反握上护木，将枪倒置于胸前，右手挑起背带，在右脚靠拢左脚的同时，两手协力将枪送上右肩，恢复肩枪姿势。

（三）跪姿装退子弹

口令："跪姿——装子弹""退子弹——起立"。

1. 使用56式半自动步枪

听到"跪姿——装子弹"口令后，右手将枪提起，左脚向右脚前方迈出一步，右手将枪向目标方向送出，左手接握表尺下方，同时右膝向右跪下，臀部坐在右脚跟上，左小腿略垂直，两腿约成90°角。左小臂放在左大腿上，枪刺尖约与眼同高。然后，按要领装子弹，定表尺，右手移握枪颈，目视前方，准备射击。

听到"退子弹——起立"口令后，按要领退出子弹，打开保险，扣扳机，关保险，复表尺，右手移握上护木，左脚尖向外打开同时起立，在右脚靠拢左脚的同时，恢复持枪姿势。

2. 使用56式自动步枪或81式自动步枪

听到"跪姿——装子弹"口令后，右手移握上护木，使枪口向前（背带从肩脱下），左脚向右脚前方迈出一步，右手将枪向目标方向送出，左手接握下护木，同时，右膝向右跪下，臀部坐在右脚跟上，左小腿略垂直，两脚约成90°角，左小臂放在左大腿上，枪而稍向左，准星略与肩同高。然后，按要领打开枪刺，换上实弹匣，打开保险，送子弹上膛，关保险，定表尺，右手移握握把，目视前方，准备射击。

听到"退子弹——起立"口令后，按要领卸下实弹匣，打开保险，退出膛内子弹，换上空弹匣，扣扳机，关保险，复表尺，右手折回枪刺，移握上护木，左脚尖向外打开的同时起立，左手反握上护木，将枪倒置于胸前，右手挑起背带，在右脚靠拢左脚的同时，两手协力将枪送上右肩，恢复肩枪姿势。

（四）立姿装退子弹

口令："立姿——装子弹""退子弹"。

1. 使用56式半自动步枪

听到"立姿——装子弹"口令后，右手将枪提起，以右脚掌为轴，身体大半面向右转，左脚顺势向前迈出一步（两脚与肩同宽，成外八字），体重落在两脚上，右手将枪向目标方向送出，左手接握表尺下方，左大臂紧靠左肋，枪托贴于胯骨，枪刺尖约与眼同高。然后，按要领装子弹，定表尺，右手移握枪颈，目视前方，准备射击。

听到"退子弹"口令后，按要领退出子弹，打开保险，扣扳机，关保险，复表尺，右手移握上护木，身体大半面向左转，在右脚靠拢左脚的同时，恢复持枪姿势。

2. 使用56式自动步枪或81式自动步枪

听到"立姿——装子弹"口令后，右手移握上护木，以右脚掌为轴，身体大半面向右转，左脚顺势向前迈出一步（两脚约与肩同宽，成外八字），体重落在两脚上，右手将枪向目标方向送出（背带从肩上脱下），左手接握下护木，左大臂紧靠左肋，枪托贴于胯骨，准星约与肩同高。然后，按要领打开枪刺，换上实弹匣，打开保险，送子弹上膛，关保险，定表尺，右手移握握把，目视前方，准备射击。

听到"退子弹"口令后，按要领卸下实弹匣，打开保险，退出膛内子弹，换上空弹匣，扣扳机，关保险，复表尺，右手折回枪刺，移握上护木，身体大半面向左转，左手反握上护木，将枪倒置于胸前，右手挑起背带，在右脚靠拢左脚的同时，两手协力将枪送上右肩，恢复肩枪姿势。

三、据枪、瞄准、击发

射击准备工作完成，一旦发现目标，就应正确据枪，快速瞄准，果断击发。

（一）据枪

为了获得良好的射击效果，一般利用地形，实施有依托射击。依托物的高度根据射手身体而定，为 25～30 厘米。紧急情况下，也可利用不同高度的依托物实施射击。

1. 使用 56 式半自动步枪

卧姿据枪时，下护木放在依托物上，左手托握表尺下方，手背紧靠依托物（也可将手垫在依托物上），左肘向里合。右手握枪颈，食指第一节靠在扳机上，大臂略成垂直。两手协同将枪托确实抵于肩窝，头稍前倾，自然贴腮。

在掩体内跪姿据枪，通常跪左膝，身体左前侧紧靠掩体前崖，右小腿垂直或右脚向右后蹬，两肘抵在臂座上。

在掩体内立姿据枪，左腿微屈，上体左前侧紧靠掩体前崖，右脚向后蹬，两肘抵在臂座上。

2. 使用 56 式自动步枪或 81 式自动步枪

卧姿据枪时，下护木（枪刺座或枪管）放在依托物上，身体右侧与枪身略成一线。右手虎口向前握紧枪把，食指第一节靠在扳机上，右肘尽量往里合着地前撑。左手握弹匣（也可握下护木），左肘着地外撑，两肘保持稳固。胸部挺起，身体稍向前跟（右肘不离地），上体自然下塌，两手用力保持不变，使枪托确实抵于肩窝。头稍前倾，自然贴腮。

掩体内跪姿据枪时，通常跪左膝，右膝靠掩体前崖或右脚向后蹬，

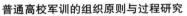

也可跪双膝。上体紧靠掩体前崖，两肘抵在臂座上。

掩体内立姿据枪时，上体左前侧紧靠在掩体前崖，左腿微屈，右脚向后蹬，两肘抵在臂座上。

（二）瞄准

瞄准是整个射击过程的重要环节。正确的瞄准方法是：右眼通视缺口和准星，使准星尖位于缺口中央并与上沿平齐，指向瞄准点，正确瞄准。正确瞄准应是准星与缺口的平正关系看得清楚，而目标看得较模糊。

实际操作中，据枪后，首先使瞄准线自然指向目标。若未指向目标，不可迁就而强扭枪身，必须调整姿势。需要修正方向时，可左右移动身体或两肘。需要修正高低时，可调整依托物，前后移动整个身体或两肘里合、外张，也可适当移动左手的托枪位置。瞄准时，应把主要精力集中在准星与缺口的平正关系上。如果把主要精力集中在准星与目标上，容易忽略准星与缺口的平正关系，使射弹产生偏差。

（三）击发

击发是射击过程的最后一个环节。击发时，用右手食指第一节均匀正直地向后扣压扳机，余指力量不变。当瞄准线接近瞄准点时，开始预压扳机，并减缓呼吸。当瞄准线指向瞄准点时，应停止呼吸，继续增加对扳机的压力，直至击发，击发瞬间应保持正确一致的瞄准。若瞄准线偏离瞄准点或不能继续停止呼吸时，应既不增加也不放松对扳机的压力，待修正或换气后，再继续扣压扳机。

四、据枪、瞄准、击发常犯的毛病及纠正方法

据枪、瞄准、击发是互相联系和互相影响着的动作。一个动作不到位，就会影响射击效果。克服的方法是掌握要领，反复体会，刻苦训练。

（一）抵肩位置不正确

射击时抵肩位置不正确，会使射弹产生偏差。抵肩过低易打低，抵肩过高易打高。大学生在训练时要反复体会正确的抵肩位置，并通过他人摸、推的方法检查抵肩位置是否正确。

（二）两手用力不当

射击时，初学者往往下意识地以强力控制枪的晃动，造成肌肉紧张，用力方向不正，姿势不稳，使枪产生角度摆动，增大射弹散布。大学生在训练时，可据枪后由协助者向后推枪、拉枪机或两手向后引枪等方法，检查用力方向是否正确，如发生偏差，应及时纠正。

（三）击发时机掌握不好

无依托射击时，为了捕捉瞄准点，容易造成勉强击发或猛扣扳机。纠正时，应指出瞄准线的指向在瞄准点附近轻微晃动是正常现象，当瞄准线在瞄准点附近轻微晃动时，应达到适时击发。

（四）停止呼吸过早

射击时，停止呼吸过早易造成憋气，使肌肉颤动而导致据枪不稳或猛扣扳机。纠正时，应反复体会在瞄准线指向瞄准点或在瞄准点附近轻微晃动时自然停止呼吸的要领。在剧烈运动后，无法按正常情况停止呼吸时，应进行深呼吸后再停止呼吸。

（五）耸肩、眨眼和猛扣扳机

射击时，初学者往往会过多考虑枪响时机、点射弹数、射击成绩等因素，造成心情紧张，产生耸肩、眨眼和猛扣扳机等错误动作，影响射弹命中。纠正时，应强调按要领操作，把主要精力、视力集中在准星与缺口的正确关系上，达到自然击发。

（六）枪面倾斜

瞄准时，如枪面偏左（右），射角减小；枪身轴线指向瞄准点左

（右）边，射击时，弹着偏左（右）下。纠正时，强调射手据枪应保持枪面平整。

第四节　实弹射击

实弹射击是射击训练的重要组成部分。实弹射击可以检验和提高受训者的射击技能，使其学会组织实弹射击的步骤和方法。

一、射击场的选择和设置

通常情况下，射击场应选择在地形平坦（仰、俯角不超过 ±15°），视觉开阔，有可靠靶挡（被弹面）的地形上，并构筑好掩体、依托物和靶壕（靶壕深浅不小于 2 米）。选择射击场通常在实弹射击开始前实施。场地选好后，应规定警戒区域，并在警戒区域线上插红旗。如果是夜间射击，应用红灯标识各个地线和警戒位置（见图 5-13）。

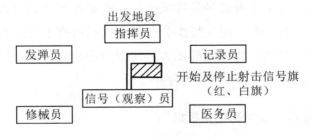

图 5-13　射击场基本设置示意图

二、射击开始前的组织工作

军训队伍到达射击场后，指挥员应下达科目，宣布射击条件，明确射击相关规定和注意事项，并规定各种信（记）号，提出要求，宣布射击编组名单。然后，派出警戒（警戒搜索警戒区后到位并发出安全信号），视情况发出准备射击信号，其他勤务人员迅速就位并认真履行职责。

三、实弹射击的实施

（一）进入出发地线

靶壕竖起红旗或发出可以射击的信号后，指挥员应令信号员发出"开始射击"的信号，竖起红旗。指挥第一组射手进入出发地线。

（二）明确射击位置和目标

指挥员应明确每个射手的射击位置和射击目标。发弹员按规定弹数将子弹发给射手。射手检查领到的子弹后，装入弹匣。

（三）进入射击地线开始射击

射手听到"向射击地线前进"口令后，迅速进入射击地线，对准自己的射击位置，自行立正。然后，指挥员下达装子弹的口令，射手按要领装子弹、定表尺，做好射击准备即可射击。

（四）停止射击

规定的射击时间一到，指挥员即下达"停止射击"口令。射手应立即停止射击，并按指挥员的口令退子弹起立。

（五）验枪

指挥员下达"验枪"口令后，地段指挥员应严格检查，逐个验枪，并收缴剩余子弹。

（六）报靶

验枪后，指挥员发出报靶信号，信号员竖起白旗，并通知靶壕检靶。靶壕指挥员令竖起白旗后，再组织示靶员检靶、补靶和报靶。

（七）结束

报靶后，指挥员整队离开射击地线，按规定路线返回指定地点，擦拭武器，座谈射击体会。

四、实弹射击的有关规定

1. 实弹射击时，射手必须会使用手中武器，如不能使用手中武器射击，须经首长批准（学生军训使用矫正合格的武器射击）。

2. 自动武器规定实施点射时，每出现一次单发，算一次点射；每超过一次点射，降低成绩一等。

3. 射击中如发生故障，射手应自行排除，继续射击。如因武器、子弹不良发生故障，可重新射击。

4. 对环靶射击时，命中环线算内环。跳弹命中靶子不算成绩。

5. 打错靶算脱靶。被打错者，如无法判明错弹，可重新射击。

6. 不及格者可补射一次。补射成绩不算单位成绩。

7. 单位实弹射击成绩评定如下。

优等：及格率90%以上，其中优良率不少于40%。

良好：及格率80%以上，其中优良率不少于40%。

及格：及格率70%以上。

五、射击场主要组织人员职责

（一）射击场指挥员

负责设置场地，派遣勤务，组织指挥射击，监督全体人员遵守射击场的各项规定和安全规则，处理有关问题。

（二）警戒人员

负责全场的警戒，严禁任何人员和牲畜进入警戒区。发现险情，应立即发出信号并向射击场指挥员报告。

（三）信号（观察）员

根据射击场指挥员的命令发出各种信号，负责警戒区内的观察，发现险情立即报告。

（四）示靶员

负责设靶、示靶和报靶。

（五）发弹员

根据指挥员的命令，按规定将弹种、弹数发给射手子弹，收回剩余子弹。

（六）记录员

负责成绩登记。

（七）医务人员

负责医疗保障工作。

六、射击场安全规则

1.射击场必须具备可靠的靶挡和确保安全的靶壕及掩蔽部，并应避开高压线和其他重要设施。

2.射击场应标示出发地线和射击地线，无关人员不得越过出发地线。

3.实弹射击前，必须仔细搜索靶场警戒区，派出警戒，设置警戒旗。

4.射击前，应向全体人员明确规定开始射击、停止射击、报靶和射击终止等各种信号。

5.发出准备射击信号后，示靶人员应迅速隐蔽并竖起红旗，未经射击场指挥员许可，不得外出。指挥员未接到靶壕内发出的可以射击的信号，不得下令射击。靶壕内若发生特殊情况需立即停止射击时，

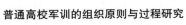

应出示白旗或用其他规定的方法向指挥员报告。射手看到白旗或听到停止射击的口令，应立即停止射击，并关保险。

6.实弹射击时，射向不得超出安全射界。

7.射击前后必须验枪。无论枪内有无子弹，射手都不得将枪口对人。严禁将装有实弹的武器随意放置或交给他人。严禁将实弹和教练弹混在一起。没有指挥员的命令，射手不准装弹。报靶时，严禁在射击地线摆弄武器或向靶区瞄准。

如何成为一名 指挥员？

第六章

　　精于谋略、长于指挥，运筹帷幄、决胜千里，雄才大略、指挥若定，等等，从古至今，形容指挥员的优美词句数不胜数。在人们的认知中，指挥员是智慧和勇敢的化身，是谋略和才华的象征。但是，优秀的指挥员不是天生的，而是脚踏实地，从初级、中级到高级一步步摸爬滚打成长起来的。战术就是指挥员步入军事指挥领域的第一门基础课。

　　战术也称为用兵术或指挥艺术，是指导部队在战场上灵活战斗的方法。战术涵盖的内容很广泛，包括战斗原则、战斗部署、战斗指挥、战斗协同、战斗行动的方法，以及各种保障措施等，还包括行军、宿营、输送、变更部署和换班的方法。正确的战术能够有效地消灭敌人、保存自己，成功实现战斗目的。错误的战术会带来毁灭性的灾难和后果。

　　战术素养是合格指挥员必备的基本功。一个军人如果缺乏战术素养，尽管具备了足够的军事技能，但只可能成长为一名优秀的士兵；如果同时具备足够的战术素养和军事技能，就有可能成长为一名出色的指挥员。

　　战术也是大学生军训重点内容之一。通过本章学习，要求大学生了解战术最基本的要素，掌握初级指挥员所必须具备的基础知识。主要学习内容有四：一是战斗类型和战斗样式；二是战术基本原则；三是单兵战术动作；四是分队战斗动作。

95

第一节　战斗类型和战斗样式

战斗是达成战术目的的载体。要正确认识战术，首先必须了解战斗。战斗指敌对双方的兵团、部队和分队，为了达到一定的战术目标，在较短的时间和较小的空间内所进行的有组织的直接武装斗争，其目的在于消灭或击溃敌方的战术集团，攻占或扼守某些重要地区和目标。

一、战斗类型

战斗类型指按照战斗行动的性质对各种战斗所做的基本分类，通常分为进攻战斗和防御战斗两大类。

（一）进攻战斗

进攻战斗是主动进击敌人的战斗行动，目的是歼灭敌人、攻击重要地区或目标。进攻战斗有选择攻击方向、目标、时机和方法的主动权，便于达成战斗的突然性；能够预先进行战斗准备，便于形成有利的兵力、兵器对比；能够实施机动，便于利用火力突击效果和有利态势。信息化条件下的进攻战斗，能与地面和空中、前沿和纵深同时展开，连续进行，具有更大的坚决性、突然性、立体性和速决性。

（二）防御战斗

防御战斗是抗击敌人进攻的战斗行动，目的是大量杀伤、消耗敌人，扼守阵地，争取时间，为转入进攻或保障其他方向的进攻创造条件。信息化条件下的防御战斗，通常在地面、空中、前沿和纵深同时展开；战斗突然性增大，组织准备的时间缩短；电子对抗激烈；提高生存能力更加重要；攻势行动更加广泛；情况变化急剧，指挥协同复杂。

二、战斗样式

战斗样式是战斗的式样和形态，是在战斗类型上的进一步分类。我军已确立的进攻战斗样式有对阵地防御之敌进攻战斗、对运动之敌进攻战斗，以及其他进攻战斗样式。防御战斗样式有阵地防御战斗、城市防御战斗等。

（一）进攻战斗样式

1. 对阵地防御之敌进攻战斗

对阵地防御之敌进攻战斗是进攻战斗的基本样式，是指对依托阵地进行防御之敌实施的进攻战斗，主要包括对野战阵地防御之敌进攻战斗和对坚固阵地防御之敌进攻战斗。野战阵地防御之敌兵力部署和火力配系一般已就绪，有野战工事和障碍物，但阵地尚不坚固、完善，故通常选择强攻，集中优势兵力，实施包围迂回，选敌弱点，突然、猛烈地攻击，迅速突入，穿插分割，各个歼灭。坚固阵地防御之敌往往准备充分，工事坚固，兵力部署、火力配系、阵地编成和障碍设置都较周密完善，故要充分准备，周密组织，集中绝对优势兵力、火力，选敌弱点，实施有重点的连续突击，坚决突破敌人阵地，分割包围，各个歼灭。

2. 对运动之敌进攻战斗

（1）伏击战斗

伏击战斗是指预先将兵力隐蔽配置在敌人必经之地，待敌或诱敌进入设伏地区时突然攻歼敌人的战斗。伏击战斗具有以逸待劳、攻敌不备等优势，便于以己之长击敌之短，是以劣势装备战胜优势装备之敌的基本战斗样式。

（2）遭遇战斗

遭遇战斗是指敌对双方在运动中相遇发生的战斗，分预期遭遇战斗和不预期遭遇战斗。遭遇战斗的实质是双方都企图在运动中以进攻歼灭对方，这种以攻对攻的战斗行动，一旦转换为一方防御或退却，另一方进攻或追击，遭遇战斗即告结束。遭遇战斗的基本特点有三个：一是战斗发生时情况不明了、变化快，组织战斗时间短促；二是战场空间大，双方都有暴露的翼侧；三是双方都从行进间进入战斗，战斗行动急促，争夺和保持主动权的过程激烈，战斗样式转换迅速。因此，遭遇战斗必须预先准备、及早发现、先敌开火、先敌展开，趁敌立足未稳，迅速地向敌翼侧或侧后攻击，快速分割包围，各个歼灭。

3. 其他进攻战斗样式

（1）对重要目标的袭击战斗

对重要目标的袭击战斗是指对敌纵深内的重点和要害目标进行袭击破坏的战斗。对重要目标的袭击战斗既是我军的传统战法，又是以劣势装备战胜优势装备之敌的有效手段。

（2）城市进攻战斗

城市进攻战斗是指对据守城市及城市化地区之敌的进攻战斗。城市内高大、密集、坚固的建筑物多，地下工程设施和街道纵横交错，利于设防坚守，但是观察、射击、指挥、协同和机动较困难，战斗队形易被分割，战斗将在地面、地下、楼层和楼顶平台上同时进行。

（二）防御战斗样式

1. 阵地防御战斗

阵地防御战斗是指在相对固定的地域内，依托阵地抗击敌人进攻的坚守型防御战斗。阵地防御战斗准备时间比较充裕，便于依托地形周密地部署兵力、构筑阵地、组织火力配系、设置障碍，增强抗击敌人进攻的能力。故可以根据防御地形的具体条件，或依托野战阵地进行，或依托坚固阵地进行。

2. 城市防御战斗

城市防御战斗是指利用城市的建筑物、街巷和地下设施抗击敌人进攻的战斗。城市防御战斗的目的是直接坚守城市或利用城市阻滞、牵制、分散、消耗敌人，制止敌人长驱直入，稳定战局，为主力寻歼敌人创造条件。其特点是：建筑物坚固稠密，街道及地下设施纵横交错，人力、物力资源丰富，便于凭坚固守，但观察、射击、指挥和协同起来比较困难，易遭到敌人核弹、化学、燃烧武器和精确制导武器的袭击，易发生火灾。

第二节　战术基本原则

战术基本原则是对战斗实践经验的科学总结，又称为战斗基本原则，是军队战斗行动的依据和指南。我军常用的战术基本原则主要有八项。

一、知己知彼，正确指挥

知己知彼，正确指挥，是实现战斗基本目的和贯彻基本战法的重要前提，是使主观指导符合客观实际的科学方法。指挥员应善于运用一切可能的方法和手段，通过各种渠道及时了解、掌握和熟悉与战斗相关的各种情况，包括敌势、我势、地势、天势和时势，并权衡利弊，进行科学分析判断。

二、消灭敌人，保存自己

消灭敌人，保存自己，是一切战斗的基本目的，也是一切战斗行动的着眼点和出发点。在消灭敌人、保存自己的过程中，消灭敌人是主要的，保存自己是第二位的。无论是进攻还是防御，均须牢固树立积极消灭敌人的思想，主动而坚决地消灭敌人，不允许借口保存自己而消极怠战，也不允许借口消灭敌人而盲目蛮干。

三、集中兵力，重点打击

集中兵力，重点打击，是以劣势装备战胜优势装备敌人的传统战法，是我军克敌制胜的法则。进攻时，应实施重点攻击，在多目标中选准主要目标，在主要目标上选准要害部位。防御时，应实施重点抗击，扼守要点阵地，守防结合，不断耗歼进攻之敌，实现防御目的。

四、充分准备，快速反应

充分准备，快速反应，指部队必须经常保持高度戒备，时刻做好进入战斗的精神准备、物质准备和组织准备。上级一旦下达战斗号令或者出现突发情况，能够一声令下，立即行动，不失时机地对出现的各种情况做出有效反应。

五、隐蔽突然，出敌不意

隐蔽突然，出敌不意，指部队在战斗中要充分运用各种战术手段和有效措施，切实隐蔽自己的部署、目标、行动和企图，不让敌人发现或让敌人难辨真假，而我军则能在敌人意想不到的时间和地点，以出其不意的战法和手段，对敌人实施突然打击，在敌人无法做出有效反应的有利态势下夺得战斗胜利。我军实施打击行动时，始终要保持高度警戒，严密防范敌对我采取不意的行动，随时准备挫败敌人的突然袭击，掌握作战主动权。

六、灵活机动，因势制敌

灵活机动，因势制敌，要求部队在战斗指挥与行动上充分发挥主观能动性，积极采取行动，准确把握时间、地点、兵力和打法，使兵力、火力、机动和突击紧密结合，灵活而广泛地实施兵力和火力机动。随着战场敌我态势的变化，在有利于我、不利于敌的情况下，适时占领有利位置，扬我之长，击敌之短，陷敌于被动之中，最终消灭敌人。

七、密切协同，主动配合

密切协同，主动配合，是指在统一的战术思想和协同原则指导之下，认真执行上级的协同指示和计划，按照目的（目标）、时间、地点准确行动。这一原则强调以系统论的观点，对战斗力量进行整体协调和运用，使之产生部分与部分相加大于整体之和的战斗效能。

八、英勇顽强，连续战斗

英勇顽强，连续战斗，是我军优良的战斗作风。发扬勇于面对强敌和一切艰难困苦，敢打硬仗、恶仗，誓死血战到底的英雄气概，是形成和发挥战斗力的重要因素。

第三节　单兵战术动作

单兵战术动作指单兵在战斗中，为了不被敌人发现和不被敌火力杀伤所采用的各种不同动作，是保存自己、消灭敌人的有效手段。单兵通常在班（组）内行动，主要任务是以手中武器和爆破器材，打、炸敌坦克、战斗车，消灭敌步兵。单兵运用战术动作的目的是巧妙地利用地形，以灵活机动的战斗动作，坚决完成战斗任务。

一、利用地形、地物

利用地形、地物的目的在于隐蔽身体，发扬火力。利用地形、地物时，应根据敌情和遮蔽物的高低选择适当姿势，迅速隐蔽接近，由下而上占领，不失时机出击。

利用地形地物时，要做到"三便于、三不要、一避开"。"三便于"指便于观察和射击，便于隐蔽身体，便于接近、利用和变换位置。"三不要"指不要妨碍班（组）长的指挥、邻兵火器的射击；不要在一地停留过久；不要几个人拥挤在一起，以免接连大伤亡。"一避开"指尽量避开独立、明显、易燃、易塌物体和难以通行地段。

（一）对坎的利用

坎有纵向、横向和高低之分。横向坎要利用背敌面隐蔽身体，纵向坎要利用弯曲部、残缺部或顶端的一侧隐蔽身体，以其上沿做射击依托。对土坎最好利用残缺部，对堤坎尽量利用凹陷部。根据坎的高度可取立、跪、卧等姿势。

接近坎时，通常采用跃进的方法。进至坎的最大遮蔽界后，迅速卧倒，再匍匐至坎的底部，视情况左右移动，选择好利用的部位（见图6-1）。占领时，应由下而上占领，隐蔽观察；需要射击时，应迅速出枪。占领后，应不断观察战场，选择好前进路线和暂停的位置。转移时，迅速收枪缩体，视情况采取左右移动、扬土、施放烟幕等方法欺骗、迷惑敌人，突然跃起（出）前进。

图 6-1　对坎的利用

（二）对土堆的利用

对独立土堆通常利用其右侧，视情况也可利用其左侧或顶端。双土堆可以利用其草案部。对空射击时，通常利用其后侧或顶端。接近、占领、转移的动作与利用坎时相类似（见图6-2）。

图 6-2 对土堆的利用

（三）对坑的利用

对坑通常利用其前切面隐蔽身体，利用其上沿做射击依托，按其深浅、大小，以跳、跨、匍匐等方法进入，取立、跪、卧等姿势射击。跳入通常是在进入较深的坑时采用，要领是右手持枪，左手撑坑沿顺势跳入坑内；跨入通常是在进入较浅的坑时采用，要领是接近至坑沿时，左脚迅速跨入，顺势侧卧于坑内；滚入的要领是卧倒后迅速滚到坑沿，观察后再进入。转移时，应根据坑的深浅，采取不同的方法，突然跃起前进。

（四）对壕沟的利用

对壕沟通常利用其壕壁或拐弯处隐蔽身体，利用其上沿或拐角做射击依托。

（五）对树木的利用

树木通常利用其背敌面隐蔽身体，依其右后侧做射击依托。利用大树时，可取立、跪、卧等姿势；利用小树时，通常采取卧姿。

（六）对高苗地、丛林地的利用

对高苗地、丛林地通常应尽量利用靠近敌方的边缘内侧，以便观察和射击。接近时，右手持枪，左手分开高苗侧身前进。

（七）对墙壁、墙角、门窗的利用

利用墙壁时，可根据其高度取适当姿势。对矮墙可利用顶端或残缺部做射击依托。墙高于人体时，可将脚垫高或挖射击孔。转移时，可绕过或跃过掩体。

利用墙角时，通常利用其右侧做射击依托。射击时，左小臂外侧紧靠墙角，取适当姿势。利用门时，通常利用其左侧，右臂依靠门框进行射击，利用窗时，通常利用其左下角，也可利用其左侧或下窗框射击。

二、敌火力下运动

单兵通常按班（组）长的口令，利用我火力掩护或敌火力减弱、中断、转移的瞬间，迅速隐蔽地前进。有时，也可采取欺骗、迷惑敌人的方法突然前进。

单兵在运动前应选择好运动路线和暂停位置；运动中应不断观察敌情、地形、班（组）长的指挥和友邻的行动，保持前进方向；发现目标后，应按班（组）长的口令或自行射击。常用的运动姿势有如下六种。

（一）直身前进

直身前进是在地形隐蔽，敌人对我观察不到时采用。通常以大步或快步持枪前进。

（二）屈身前进

屈身前进通常是在遮蔽物略低于人体时采用。

动作要领：右手持枪，上体前倾，两腿弯曲，屈身程度视遮蔽物高低而定，目视前方，以大步或快步前进。

（三）壕内运动

跳入时，应根据壕沟的深浅，采取不同方法。壕沟较浅时，右脚踏壕沿，左脚迈出的同时收枪，以右脚掌的弹力，顺势跳入壕内，两脚着地的同时（或下落中）劈枪；壕沟较深时，右手持枪紧贴右侧，左手扶壕沿，左脚踏壕沿，以左手的撑力和左脚和蹬力，顺势跳入壕内。

在壕内运动时，根据壕沟的深浅，通常采取直身或屈身前进。

动作要领：右手持枪紧贴身体右侧，左手扶装具，目视前方，隐蔽前进。运动中做到姿势低、速度快，不断观察敌情和前进路线，同时防止枪托碰撞壕壁。

（四）跃进

跃进是在敌火力下迅速通过开阔地时经常采用的运动方法。

动作要领：跃进前，可左、右移动（滚动）以迷惑敌人，迅速收枪，屈左脚于右腿下，右手提枪，以左手、左膝、左脚的力量将身体撑起，迈出右脚，突然跃起前进。也可在收枪的同时，屈左腿于腹下，以左手、右膝和左小腿的外侧支撑身体，迈出右脚，突然跃起前进。跃进时，右手持枪，目视敌方，屈身快跑。跃进的距离、速度应根据敌火力强弱和地形情况而定。地形越开阔，敌火力越猛烈，跃进的距离应越短，速度应越快。每次跃进的距离通常为 20 ~ 40 步。停止时，应迅速隐蔽或卧倒。卧倒时，左脚向前一大步，按左小腿的外侧、左手、左肘的顺势卧倒；或右脚向前一大步，左手撑地迅速卧倒，并做好射击准备或继续前进的准备。

（五）匍匐前进

匍匐前进是在通过敌火力封锁下的较短地段或利用较低遮蔽物时采用。根据遮蔽物的高低，可分为低姿、高姿、侧身和高姿侧身匍匐前进四种。

1. 低姿匍匐前进

在遮蔽物高约 40 厘米时采用。其要领：右手掌心向上，枪面向右，虎口卡住机柄，余指握住背带，枪身紧贴右臂内侧；或右手虎口向上，握住背带环处，食指卡枪管，使枪置于右小臂上。前进时，屈回右腿，伸出左手，用右腿和左臂的力量使身体前移，同时屈回左腿，伸出右手，再用左腿和右臂的力量使身体继续前移，依此法交替前进。

2. 高姿匍匐前进

在遮蔽物高约 60 厘米时采用。

动作要领：携枪的方法同低姿匍匐，也可两手横托握枪，枪托向右。前进时，以两小臂和两膝的内侧支撑身体前进。

3. 侧身匍匐前进

在遮蔽物高约 60 厘米时采用。

动作要领：则枪的同时向右转身，左小臂着地，左大臂向前倾斜，左腿弯曲，右脚靠近臀部着地，右手持枪，用左臂的支撑力和右脚的蹬力使身体前移。

4. 高姿侧身匍匐前进

在遮蔽物高为 80～100 厘米时采用。

动作要领：收枪的同时屈左腿于腹下，以左手、左小腿的外侧将身体撑起，右手提枪，以左手的撑力和右脚的蹬力使身体前移。

（六）滚进

在为了避开敌人观察和射击而左右移动时采用。

动作要领：关上枪的保险，滚动的同时微收枪，两臂尽量向里合，两腿自然伸直，全身用力向移动的方向滚进；也可在卧倒的同时（通常是侧卧）右手将枪顺置于胸腹前，两臂紧贴两肋，两腿自然伸直，全身用力向移动方向滚进。

第四节　分队战斗动作

班是现今各国军队中最小的单位，分队战斗动作又称为班（组）

战斗动作。班战斗队形编组的目的是发挥最大火力攻击敌人，同时确保我方有最强大的防御力。

一、班（组）基本战斗队形

班的战斗队形通常有一（二）路战斗队形、三角形战斗队形、"一"字战斗队形和梯形战斗队形等。具体采取哪一种战斗队形，需要根据敌情、自然地形和任务性质来确定。

（一）一（二）路战斗队形

一（二）路战斗队形通常是在距敌较远，地形较为隐蔽，敌方火力威胁不大或通过狭窄地段时采用的战斗队形。班长口令是："距离（间隔）× 步，成一（二）路跟我来"。组长口令是："距离 × 步，跟我来"。班（组）长向目标前进，各士兵按规定距离依次跟进（见图6-3）。

图 6-3　班一路战斗队形

（二）三角形战斗队形

三角形战斗队形是通过开阔地、密集火制区或向敌冲击时采用的战斗队形。班长口令是："目标（方向）处，×组为准，成前（后）三角队形——散开——"组长口令是："成前后三角队形——散开——"基准组向目标前进，其余组（士兵）分别在其后两侧后（前）取适当距离成班前三角形战斗队形（见图6-4）、班后三角形战斗队形（见图6-5）、纵队班三角形战斗队形前进（见图6-6）。

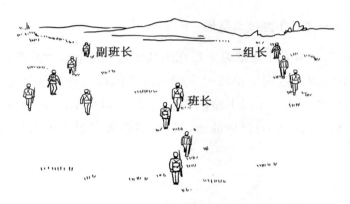

图6-4　班前三角形战斗队形

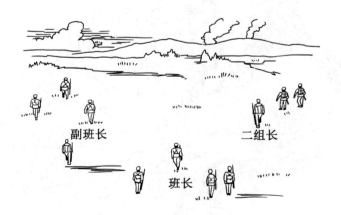

图6-5　班后三角形战斗队形

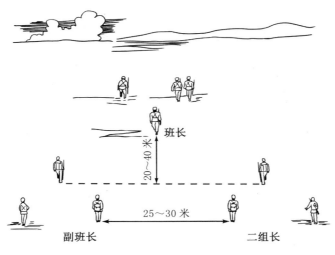

图 6-6　纵队班三角形战斗队形

（三）"一"字战斗队形

"一"字战斗队形是通过敌火控制的开阔地或冲击时采用的战斗队形。班长口令是："目标（方向）×处，×组为准，成一字队形——散开——"基准组向目标前进，其余组（士兵）在其两侧或一侧散开成班"一"字战斗队形（见图6-7）、纵队班"一"字战斗队形（见图6-8）前进。

图 6-7　班"一"字战斗队形

图 6-8 纵队班"一"字战斗队形

（四）梯形战斗队形

梯形战斗队形是翼侧有敌情顾虑时采用的战斗队形。班长口令是："目标（方向）×处，×组为准，成左（右）梯形队形——散开——"组长口令是："成左（右）梯形队形——散开——"基准组向目标前进，其余组（士兵）在其左（右）后侧成班左梯形战斗队形（见图 6-9）或班右梯形战斗队形（见图 6-10）前进。

图 6-9 班左梯形战斗队形

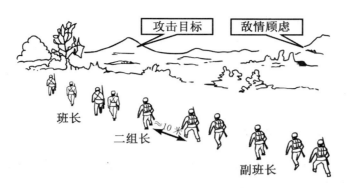

图 6-10 班右梯形战斗队形

班（组）运动过程中，可根据敌情和自热地形，灵活地变换队形。有时班（组）长只下达"成××队形——散开——"的口令，各组（士兵）即以班（组）长为准散开前进。停止时，班（组）长只下达"卧倒"或"占领射击位置"的口令，士兵应迅速利用地形做好射击准备。

二、班（组）基本运动方法

班（组）在向敌运动时，应根据自然地形、敌方火力威胁程度采取不同的运动方法。具体的运动方法有全班跃进、分组跃进、分组各个跃进、全班各个跃进四种。

（一）全班跃进

全班跃进是在距敌较远，敌火力中断、减弱或被我军火力压制时采用的运动方法。班长口令是："向×处——全班跃进——"全班士兵突然跃起前进，到达位置后迅速卧倒，占领射击位置。

（二）分组跃进

分组跃进是在敌火力威胁较大，需要互相掩护前进或受自然地形限制时采用的运动方法。班长口令是："向×处——从左（右）分组跃进——"分组跃进也可以逐步形成指挥战斗小组跃进，组长口令是："向×处——全组跃进——"

（三）分组各个跃进

分组各个跃进是在敌方火力控制较为严密的开阔地时采用的运动方法。班长口令是："向 × 处——分组各个跃进——"然后各组长逐个指挥士兵跃进。

（四）全班各个跃进

全班各个跃进是在通过敌方火力封锁严密的开阔地或隘路时采用的运动方法。班长口令是："向 × 处——从左（右）至右（左）各个跃进。"全班各个跃进也可以由班长逐个指挥士兵跃进。

分组跃进和各个跃进时，自然地形越开阔，敌方火力越猛烈，跃进的速度越快，距离就越短；在原地或到达指定位置的组（或士兵），应以火力掩护运动中的组（或士兵），使火力与运动紧密结合。

第七章

成为"武林高手"

近年来，特种兵题材的影视作品多次在社会上引起热议，军营"武林高手"成为很多年轻人崇拜的"偶像"。这些"偶像"不仅会射击、格斗、刺杀和爆破技术，会照相、窃听、通信、泅渡、滑雪、攀登和跳伞技术，还会警戒、侦察、搜索、捕俘、营救等技能。除此之外，他们还掌握了一些生存知识和技能，如常见疾病的防治、可食野生动植物的辨别、偏远地域语言和风俗等，可谓无所不能，无所不会，常人难以企及。

其实，军营中的"武林高手"既非天生，也非可望而不可即。有心的同学会注意到，"武林高手"所具备的部分技能在大学生军事训练内容中也有涉猎，所不同的是军营中的训练更系统专业，难度系数更大，标准也更高。特种战士正是以坚忍顽强、不怕吃苦的精神，持之以恒地完成了种种炼狱般魔鬼训练，才练就了强悍的体魄和精湛的技能，成功蜕变为一身是胆的无畏战士。

大学生军训是一个短期的集中训练，尽管不可能培养出"武林高手"，但是，通过科学合理的训练，循序渐进地提升体能素质，改善身体运动状况，掌握简单的格斗技能，象牙塔中的儒雅学子也能身手不凡。

第一节　体能素质训练

体能素质指人体在运动时所表现出来的各种能力。[①] 这种能力包括力量素质、耐力素质、速度素质、灵敏素质、柔韧素质等，一般由机体的形态结构、各系统器官的机能水平、能量物质贮备及其代谢水平等共同决定，其发展和提高主要依靠训练。

一、力量素质训练

力量素质是指人的机体或机体的某一部分肌肉工作（收缩或舒张）时克服内外阻力的能力。外部阻力指物体的重量、支撑反作用力、摩擦力以及空气或水的阻力等。内部阻力包括肌肉的黏滞力、关节的加固力及各肌肉间的对抗力等。外部阻力往往是发展力量素质的手段，人体在克服这些阻力的过程中提高、发展自身的力量素质。

力量素质对人体运动有极大影响，是人体运动的基本素质，也是衡量我们身体训练水平的重要指标。跑、跳、投及攀登、爬越等各种体育运动和体力劳动均离不开力量素质。一个人想要跑得快就需要具有较好的腿部后蹬力，想要跳得高、跳得远就要有较好的弹跳力，想要投（掷、推）远就需要发展上肢爆发力，攀爬和提、拉重物等也离不开上肢、腰腹部及腿部的力量。可见，力量素质是人体最基本的身体素质，是进行一切体育活动和体力劳动的基础，力量训练是军事体能训练的基础科目和必要科目。

力量素质决定速度素质的提高、耐力素质的增长、柔韧素质的发挥和灵敏素质的表现。例如，一名短跑运动员如果没有两条强有力的腿，是不可能取得优异成绩的。体操运动员如果没有足够的上肢等部

---

① 马静、王玲主编：《国防生体能训练理论与实践》，武汉大学出版社，2012年版，第77—120页。

位的肌肉力量，就无法完成十字支撑、慢起手倒立等用力动作。球类运动中完成各种急停、闪躲、变向动作也都以一定的肌肉力量为基础。

（一）力量素质分类

力量素质影响并促成其他身体素质的发展，是一切体能训练的基础。力量素质一般分为最大力量、相对力量、速度力量和力量耐力。

1. 最大力量

最大力量指人体或人体某一部分肌肉工作时克服最大内、外阻力的能力，也指参与工作的一块肌肉或肌群在克服最大内、外阻力时，所能动员出的全部肌纤维中最多数量肌纤维发挥的最大能力，通常以重量衡量，可用测力计、杠铃、拉力器等测定。最大力量的表现一般指在完成各种姿势时，如站立、坐、卧、仰、蹲等，身体或身体某一部分所克服的最大阻力。最大力量是其他力量的基础。

2. 相对力量

相对力量指人体每公斤体重所表现出最大力量值的能力，主要反映运动员的最大力量与体重之间的关系。

衡量一个人相对力量通常采用力量体重指数，即用每公斤体重的力量来表示。

$$相对力量 = 最大力量 / 体重（千克）$$

如果一个人的最大力量不变或变化较小，体重增加，则相对力量就会减少；反之相对力量增加，体重保持不变，则其相对力量也随之而增大。

3. 速度力量

速度力量也称快速力量，指人体在运动时以最短的时间发挥出肌肉力量的能力。也指运动员在特定负荷条件下所表现出来的最大速度。

速度力量取决于人体肌肉的收缩速度和最大力量水平。增长速度力量时，既有速度要求，又有最大力量要求，需要由速度和力量两个因素相结合完成。例如，跳高运动员和跳远运动员起跳时的动作。

4.力量耐力

力量耐力指人在克服一定外部阻力时，能坚持尽可能长的时间或重复尽可能多次数的能力，是运动员无论在静力或动力性工作中，都能长时间保持肌肉紧张用力而不降低工作效力的能力。力量耐力好坏取决于神经强度、灵活性和延续性的高低，以及肌肉供能过程的顺畅性是否良好。根据表现形式的不同，力量耐力可分为动力性力量耐力和静力性力量耐力。动力性力量耐力分为最大力量耐力（重复发挥最大力量的能力）和快速力量耐力（重复快速发挥力量的能力）两种，静力性力量耐力主要表现在射击、射箭、速度滑冰、摔跤和支撑性运动项目中。

（二）力量素质训练方法

力量素质涉及胸部、肩部与背部、腹部和腿部肌群的力量练习。

1.发展胸部肌群力量的训练（见图 7-1）

（1）俯卧撑

目的：发展三角肌、胸大肌以及肤三头肌等肌群力量。

方法：两臂伸直，手指向前，两手撑地，距同肩宽；双腿向后伸直，两脚并拢，以前脚掌着地；两臂屈肘时向下至背部低于肘关节，随即撑起成原位。重复进行。

训练时采用手指支撑、俯卧撑起击掌、两脚支撑于高处（离地30～50厘米）、连续做俯卧撑动作等方式可提高练习难度。

（2）俯卧爬行

目的：发展三角肌和胸大肌等肌群力量。

方法：两臂伸直，两手撑地，距同肩宽；双腿向后伸直（同伴握住双腿踝关节处），两臂支撑向前爬行。

（3）双杠臂屈伸

目的：发展三角肌、胸大肌以及肱三头肌等肌群力量。

方法：两臂伸直支撑在双杠上，接着屈臂下降至两臂充分屈曲，

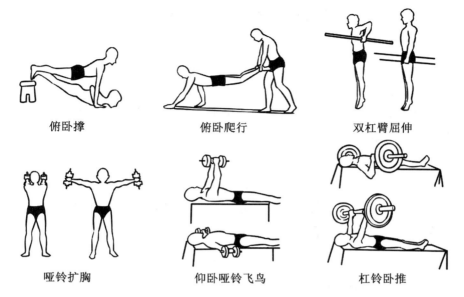

俯卧撑　　　　　　俯卧爬行　　　　　双杠臂屈伸

哑铃扩胸　　　　仰卧哑铃飞鸟　　　　杠铃卧推

图 7-1　发展胸部肌群力量练习动作

稍停后随即两臂向上用力伸直成原位。重复此动作。

（4）哑铃扩胸

目的：发展胸大肌和三角肌力量。

方法：两脚自然开立与肩同宽；两臂伸直前平举，两手拳眼向上持哑铃；随即直臂向两侧拉开呈扩胸状，稍停再直臂收拢恢复原位。重复此动作。

（5）仰卧哑铃飞鸟

目的：发展胸大肌和三角肌力量。

方法：仰卧在长凳上，两脚伸直或蹬实地面，背部和臀部触及凳面；两手拳心向上持哑铃扩胸（肩、肘、腕始终在同一垂面上），稍停恢复原位。重复此动作。

（6）杠铃卧推

目的：发展胸大肌、三角肌前部、前锯肌和肱三头肌肌群力量。

方法：仰卧在长凳上，调整好呼吸（用力时应先吸气），双手握紧杠铃，双手间的距离略宽于肩；把放在架上的杠铃举起，慢慢放低至胸部，稍停后再用力将杠铃上举至两臂伸直。重复此动作。

2. 发展肩、背部肌群力量的训练（见图 7-2）

（1）引体向上

目的：发展肩部肌群、背阔肌、大圆肌以及肘关节屈肌肌群力量。

方法：双手掌心向前，握距约同肩宽，两脚离地，由直臂、身体悬垂姿势开始，向上拉引身体至下颌超过单杠。引体时不要借助身体摆动和屈蹬腿的力量。

（2）哑铃侧平举

目的：主要发展三角肌中束的肌力。

方法：两手持哑铃，虎口向前，两臂经体侧向上提起至肘关节高于肩时，停留 2 秒后重复练习。

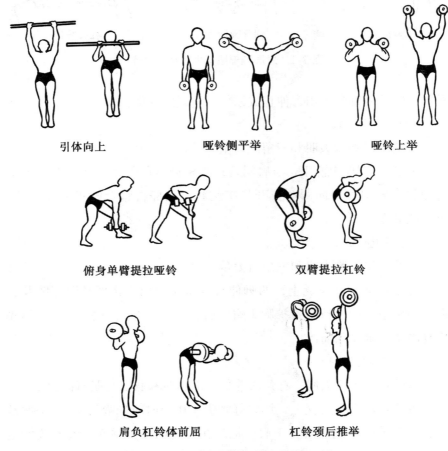

图 7-2　发展肩、背部肌群力量练习动作

（3）哑铃上举

目的：发展三角肌后束、冈上肌和肱三头肌的肌力。

方法：两拳相对，屈臂持哑铃于肩上，同时向上推举哑铃，稍停后重复进行。

（4）俯身单臂提拉哑铃

目的：主要发展背阔肌力量。

方法：两脚自然前后开立，两膝稍弯曲，上体前屈，一手撑于同侧膝部（或凳面）上，另一手拳眼向前，持握哑铃屈臂拉至腰部，稍停后重复进行。

（5）双臂提拉杠铃

目的：发展背部和躯干肌群力量。

方法：两脚开立同肩宽，微屈膝，两臂上拉杠铃至腹部，稍停后重复进行。

（6）肩负杠铃体前屈

目的：发展髋和背部肌群力量。

方法：两脚自然开立，两手握住杠铃，身体由直立姿势屈至上体成水平后再伸直。重复进行。

（7）杠铃颈后推举

目的：发展肱三头肌和背部肌群力量。

方法：两手握杠，宽握距（一肩半宽），持杠铃于肩上，垂直上举至手臂完全伸直，然后向头后下方屈肘。稍停后重复进行。

3. 发展臂部肌群力量的训练（见图 7-3）

（1）坐姿哑铃臂屈伸

目的：发展肱三头肌力量。

方法：正坐，单手或双手握哑铃，手臂伸直后向上做臂屈伸动作。重复进行。

（2）俯立臂屈伸

目的：发展臂部肌群力量。

方法：两脚自然开立与肩同宽，上体前倾，一手撑于凳面上；另

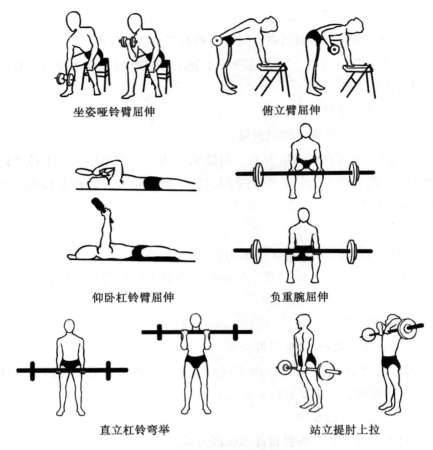

图 7-3　发展臂部肌群力量练习动作

一手掌心向前持握哑铃，向上屈臂紧贴体侧，稍停后向下方伸直手臂。重复进行。

（3）仰卧杠铃臂屈伸

目的：发展肱三头肌力量。

方法：仰卧在长凳上，两手以窄握距握住杠铃，上臂与地面垂直且两肘内夹，以肘关节为轴前臂向头部方向落下，再向上伸直两臂，稍停后缓慢放还原位。重复进行。

（4）负重腕屈伸

目的：发展前臂肌群力量。

方法：正坐，上体前倾，两手前臂放于大腿上且手腕背面紧贴膝关节处，双手掌心向上握卷杠铃或哑铃，然后放下。重复进行。

（5）直立杠铃弯举

目的：发展肱二头肌和臂部肌群力量。

方法：身体直立，两腿自然开立，双手掌心向前持杠铃或哑铃伸直于体前，上臂保持不动，以肘关节为轴向上屈臂。重复进行。

（6）站立提肘上拉

目的：发展斜方肌、肱二头肌和前臂肌群的力量。

方法：身体直立，两脚自然开立与肩宽。两手以最窄距持握杠铃，两臂伸直下垂于腿前，随即屈臂提拉杠铃横杠与胸锁关节齐平，稍停后缓慢放还原位。重复进行。

4. 发展腹部肌群力量的训练（见图 7-4）

（1）静止"V"字起

目的：发展腹部肌群力量。

方法：身体充分伸展，仰卧于地面，双臂伸直贴于头部两侧，然后手脚同时向上用力静止停于空中。

（2）两头起

目的：发展腹部肌群力量和爆发力。

方法：身体充分伸展仰卧于地面，双臂伸直置于头部两侧，同时两腿伸直收腹上举起，在腹部上方手脚相触击。重复进行。

（3）控力仰卧举腿

目的：发展腹直肌、腹斜肌和髋关节屈肌群的肌力。

方法：仰卧于地面，双手握住同伴双脚处，双腿伸直同时向上做收腿动作；同伴双手向下推练习者的双脚背，练习者双腿放下时控制用力使脚跟不触击地面。重复进行。

（4）仰卧交叉摆腿

目的：发展腹直肌和髋关节屈肌群的肌力。

方法：双手置于体侧仰卧于地面，双腿前上举，直腿上下摆动或左右交叉摆动。

静止"V"字起　　　　　　　　　两头起

控力仰卧举腿　　　　　　　　仰卧交叉摆腿

肩负杠铃体侧屈　　　　　　　肩负杠铃左右转体

图 7-4　发展腹部肌群力量练习动作

（5）肩负杠铃体侧屈（或左右转体）

目的：发展腹内、腹外斜肌和腰背部肌群力量。

方法：两腿左右开立，双手扶握杠铃片，连续做左右体侧屈伸或左右转体动作。练习时应稍用力，侧屈或转体至极限时稍停。重复进行。

5. 发展腿部肌群力量的训练（见图 7-5）

（1）双人蹲跳

目的：发展臀大肌、股四头肌以及腓肠肌等肌群力量。

方法：两人背靠背相互挽臂，同时用力连续做蹲跳动作。

（2）原地纵跳

目的：发展腿部、小腿后部和腰腹部肌群力量。

方法：直立，双臂弯曲自然放于体侧，下蹲后向上纵跳。第一腾空双腿做外展屈腿并脚动作，第二腾空双腿做提膝并脚动作，第三腾

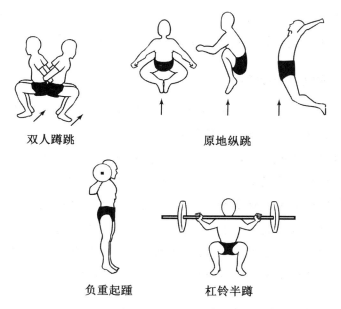

双人蹲跳　　　　　　　原地纵跳

负重起踵　　　　杠铃半蹲

图 7-5　发展腿部肌群力量练习动作

空双腿做后摆展体动作。

（3）负重起踵

目的：发展小腿后部比目鱼肌、腓肠肌等肌群力量。

方法：直立，肩负杠铃，两手握横杠，两脚平行窄站距（脚掌也可垫上约 5 厘米厚的木板）；随即脚跟向上用力踮起至最高位，稍停，再慢慢恢复原位。重复进行。

（4）杠铃半蹲

目的：发展臀部和大腿前部肌群力量。

方法：肩负杠铃，微抬头且躯干伸直，两手握横杆，两脚左右开立与肩同宽；下蹲时大腿与地面约成 45°或 90°姿势，稍停后快速还原成原位。重复进行。

二、耐力素质训练

耐力素质指人体在长时间进行工作或运动中克服疲劳的能力，也是人体健康水平或体质强弱的一个重要标志。体能训练中，疲劳是训

123

练的结果，没有疲劳就没有训练效果，但是疲劳又会影响机体长时间工作的能力，而抗疲劳能力又能反映机体所具有的耐力素质水平。

（一）耐力素质分类

从生理学分析，耐力素质可分为肌肉耐力和心血管耐力（有氧耐力、无氧耐力和有氧与无氧混合耐力）。

肌肉耐力指肌肉长时间忍受疲劳并持续工作的能力。通常采用超负荷及重复练习法使肌肉组织发生质变，增强肌肉耐力。有氧耐力指机体在氧气供应充足的条件下，坚持长时间工作的能力。无氧耐力指机体在氧气供应不足的条件下，能坚持较长时间工作的能力。有氧与无氧混合耐力是介于有氧与无氧供能之间的一种耐力，其特点是持续时混合耐力时间长于无氧耐力时长而短于有氧耐力时长。

（二）耐力素质训练方法

耐力素质可采用有氧耐力、无氧耐力、有氧与无氧混合耐力练习。

1. 有氧耐力练习

（1）定时定距跑

定时定距跑，即在田径场定时跑完固定距离，如要求在 I5～25 分钟跑完 3000～5000 米。

（2）1500 米或 2000 米持续跑

强度不大，跑速均匀且用力适中，心率控制在 150～170 次/分。

（3）定时变速跑

快跑段与慢跑段的距离根据国防生的能力水平而定，练习持续时间在 30 分钟左右。用心率控制负荷强度，快跑段心率控制在170～180 次/分，慢跑段心率控制在 130～I50 次/分。练习间歇时间以心率恢复至 120 次/分以下时再开始下一组练习。

（4）间歇跑

相等距离或不等距离跑，严格控制间歇时间、间歇方式、跑的强度和重复次数。心率控制在 I70～180 次/分。练习间歇时间以心率恢复至 120～140 次/分再进行下一组练习。可采用以下方式进行。①跑距相等与速度相同：800 米间歇跑 ×3 组；1200 米间歇跑 ×2 组。②跑距不等而速度相同：距离逐渐加长式（800 米 +1200 米 +2900 米）；距离逐渐缩短式（1200 米 +800 米 +600 米）；两头长中间短式（1200米 +800 米 +1200 米）。

（5）快速步行或负重行走

徒手快速步行 400 ~ 800 米或负重行走 200 ~ 400 米，重复 2 ~ 3组，每组间歇 3 分钟。练习强度为本人最大强度的 45% ~ 60%，心率控制在 170 次 / 分以内。

（6）登楼梯

登楼梯被人们戏称为垂直运动场，可采用走楼梯和跑楼梯两种方式。采用中等运动强度，心率为本人最大心率的 60% ~ 70%，快速上下 1 ~ 6 楼或快跑上、走下，往返 2 ~ 3 次为一组，重复 2 ~ 3 组，每组间歇 2 ~ 3 分钟。

（7）立卧撑

发展全身协调用力能力，每次做 30 ~ 50 秒，重复 3 ~ 5 组，每组间歇 3 ~ 5 分钟。练习强度约为本人最大强度的 50% ~ 70%。

2. 无氧耐力练习

（1）原地高抬腿

原地快速高抬腿练习。可每次做 20 ~ 30 秒，重复 3 ~ 5 组，要求越快越好。也可每次做 1 分钟（或 100 ~ 150 次），重复 3 ~ 5 组，每组间歇 2 ~ 4 分钟。

（2）高抬腿跑变加速跑

行进间高抬腿 20 米 + 加速跑 80 米，2 ~ 3 次为一组，重复 3 ~ 4组，每组间歇 2 ~ 4 分钟。练习强度为本人最大强度的 80% ~ 85%。

（3）短距离间歇跑

跑距为 30 米、50 米和 60 米，3 ~ 5 次为一组，重复 3 ~ 4 组。采用 95% 以上的大强度练习，每组间歇 1 分钟左右。

（4）长距离间歇跑

跑距为 100 米、120 米和 200 米，跑完后放松走回，重复 4 ~ 6 次。采用 95% 以上的大强度练习，每组间歇 2 分钟以上。

（5）重复跑

跑距为 60 米、80 米、100 米和 120 米等，重复次数根据距离长短及大学生能力水平而定。一般每组 3 ～ 5 次，重复 3 ～ 5 组，用心率控制负荷强度，练习时心率应达 180 次 / 分。练习间歇时间以心率恢复至 120 次 / 分时再进行下一组练习。

（6）迎面接力

两队相距 100 ～ 120 米，每队 4 ～ 5 人，迎面接力反复跑，每人重复 3 ～ 5 次，练习强度为本人最大强度的 70% ～ 90%。

（7）变速跑

变速快跑与慢跑结合进行。可采用"50 米快 +50 米慢"、"100 米快 +100 米慢"或直道快、弯道慢或弯道快、直道慢等方式。也可采用"400 米快 +200 米慢"、"300 米快 +200 米慢" 或 "600 米快 +200 米慢"等方式，练习强度为本人最大强度的 60% ～ 90%。

（8）反复追赶跑

在田径场跑道，10 人左右成纵队慢跑或中速跑，听口令后，排尾加速跑至排头，每人重复循环 6 ～ 8 次。练习强度为本人最大强度的 70% ～ 80%。

（9）连续跑台阶

在每阶高 20 厘米的楼梯或高 50 厘米左右的看台上，动作连贯地连续跑或跳 30 ～ 40 步，每步 1 ～ 2 级，重复 4 ～ 6 次，每次间歇 5 分钟左右。练习强度为本人最大强度的 70% ～ 90%。

3. 有氧和无氧混合耐力练习

（1）重复跑

①采用 80% ～ 95% 的强度重复跑 100 米、200 米、400 米、800 米和 1200 米，重复 3 ～ 6 组。每组之间以心率恢复至 120 ～ 140 次 / 分时再进行下一组练习。

②采用 100% 的强度全力跑 400 米、800 米和 1200 米，重复 3 ～ 6 组。练习间歇时间以心率恢复至 120 次 / 分以下时再进行下一组练习。间歇方式采用走或者轻松慢跑。

（2）持续接力跑

全力跑 80 米、100 米和 200 米，每组 4 ～ 5 人轮流接力，采用 80% ～ 90% 的强度，每组之间充分休息。

（3）后蹬跑

全力后蹬跑 80 ～ 100 米，重复 4 ～ 6 组，每组间歇 3 ～ 5 分钟，采用 80% ～ 90% 的强度。

（4）上下台阶

按一定节奏上下台阶（高度约 60 厘米），持续 4 ～ 6 分钟为一组，重复 2 ～ 3 组，每组间歇 5 ～ 8 分钟，采用 80% ～ 90% 的强度。

（5）折返跑接弯道跑

折返跑 30 米 ×6 次后接全力弯道跑 100 米，重复 2 ～ 3 组，每组间歇 5 ～ 8 分钟，采用 80% ～ 95% 的强度。

（6）10 米三向折回跑

沿 3 个方向折回跑 6 次，重复 3 ～ 4 组，每组间歇 5 ～ 8 分钟，采用 80% ～ 95% 的强度。

三、速度素质训练

速度素质指机体或机体的某部位在最短时间内完成动作的能力。人体快速运动能力是力量、柔韧和灵敏等素质综合协调发展的结果，同时也取决于中枢神经系统的灵活性和机体无氧代谢水平。

（一）速度素质分类

速度素质按表现形式的不同可分为反应速度、动作速度和移动速度。这三者之间既有联系，又有区别。在内部机制方面，反应速度、动作速度和移动速度具有较大的差异，反应速度着重表现在神经活动方面，而动作速度和移动速度则着重表现在肌肉活动方面。

反应速度指人体对各种刺激迅速做出反应的能力，通常用反应时间的长短来表示，如听枪声完成起跑等。动作速度指人体或人体某部位快速完成某一动作的能力，也称动作频率，如跳远踏跳速度。移动速度指周期性运动中单位时间内人体快速位移的能力，通常以通过一定距离的时间或单位时间内所通过的距离来表示，如 50 米跑速等。

（二）速度素质训练方法

1. 反应速度训练方法（见图 7-6）

①听信号分别做起跑、转身、跳跃等动作。

②看手势分别做急起、急停、转身、跳跃、下蹲等动作。

③听信号追逐跑。

④先后或同时受到视觉、听觉、触觉等各种信号刺激做出快而正确的反应。

⑤在慢跑中听信号分别做高抬腿跑、后踢腿跑、折叠跑、双足跳、跨步跳等动作。

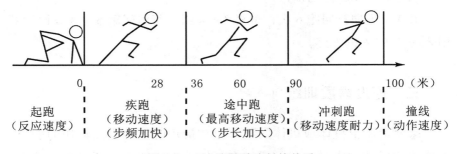

图 7-6　100 米跑速度转换体系

2. 动作速度训练方法（见图 7-7）

①做各种原地辅助性练习，包括摆臂、快速高抬腿、快速小步跑等。

②做各种短距离跑的专门性练习，包括跨步跑、后踢腿跑、高抬腿折叠跑、连续左右转臀、连续交叉步等。

③做各种跑、跳练习，包括跑台阶、20～30 米单腿跳、20～40 米双足跳、30 米跨步跳和三级蛙跳等。

④ 20 秒计时后蹬跑（双手支撑肋木，摆腿幅度大，后蹬腿充分蹬直髋、膝、踝关节）。

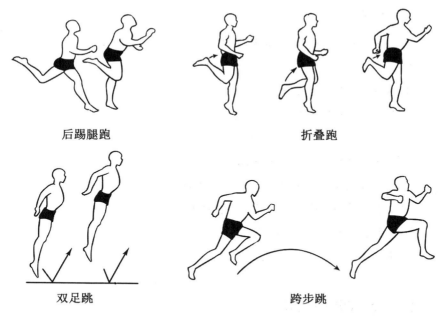

后踢腿跑 折叠跑

双足跳 跨步跳

图 7-7 反应速度训练部分练习动作示意图

⑤仰卧蹬腿（仰卧在地面上，向上轮流蹬双腿，逐渐加快频率）。

⑥小步高频跑（逐步缩短完成动作的时间）。

⑦牵引跑。

3.移动速度训练方法

①加速跑 30 ~ 60 米。

②顺风跑 50 ~ 80 米。

③下坡跑 30 ~ 40 米。

④短距离重复跑 50 ~ 80 米。

⑤迎面接力跑 60 ~ 80 米。

⑥追逐跑 60 ~ 80 米（两人前后站立相距 3 米）。

⑦ 100 米计时跑。

⑧ 100 米变节奏跑（30 米快跑 +20 米惯性跑 +30 米快跑 +20 米惯性跑）。

⑨ 200 米变速跑（50 米快跑 +50 米慢跑 +50 米快跑 +50 米慢跑）。

⑩ 120 米疾跑（以本人最快速度完成练习）。

129

4. 综合练习

①原地小碎步 20 秒 + 加速跑 30 米。

②原地高抬腿 20 秒 + 加速跑 30 米。

③小步跑 20 米 + 加速跑 30 米。

④双足跳 30 米 + 加速跑 30 米。

⑤跨步跑 50 米 + 加速跑 30 米。

⑥原地收腹跳 10 次 + 加速跑 60 米。

⑦侧滑步或交叉步移动 30 米 + 加速跑 60 米。

⑧高抬腿跑 30 米 + 放松大步跑 60 米。

⑨3 米往返移动 6 次 + 加速跑 80 米。

⑩跳跃障碍 4 次 + 全力跑 80 米。

四、灵敏素质训练

灵敏素质指人体在各种复杂、突变的环境下，迅速、准确、协调和灵活地完成动作的能力，是人体神经系统的反应能力、基本活动能力和身体素质的综合表现。

（一）灵敏素质分类

灵敏素质是动作熟练程度的表现，身体素质越好，完成动作越熟练，所表现的灵敏素质就越好。灵敏素质分为一般灵敏素质和专项灵敏素质，一般灵敏素质是专项灵敏素质发展的基础。

一般灵敏素质指人体在突然变换条件下迅速、合理、准确地完成各种动作的能力。专项灵敏素质指运动员迅速、准确、协调自如地完成本专项各种技术动作的能力。

（二）灵敏素质训练方法

灵敏素质可采用徒手、器械、组合和游戏等方式练习。

1. 徒手练习

徒手练习包括单人练习和双人练习两类。

（1）单人练习

a.提高反应判断能力

在调整身体方位、改变动作速率以及提高反应判断能力的练习时可采用。

①按口令做相反动作和按有效口令做动作。

②原地、行进间或跑步中听口令做动作。

③听信号或看手势做急跑、急停、转身和变换方向的练习。

④听信号做各种姿势的起跑练习（如站立、背向和蹲姿等）。

b.提高变向能力

跑、跳中迅速改变方向的突然起动、急停和转体的练习可采用。

①跳跃练习：屈体收腹跳、跳起转体、立卧撑跳转体等。

②跑动练习：后退跑、折返跑、穿梭跑、绕障碍曲线转体跑等。

③移动练习：并步移动、交叉步移动、快速往返移动等。

④变向练习：连续前滚翻、侧滚翻后起立跑动练习。

c.发展旋转平衡能力

锻炼旋转平衡能力的练习时可采用。

①向上抛球转体 2～3 周后再接住球。

②原地连续转体 4～6 周后，闭目沿直线行走 10 米。

③原地左右跳转 180°、360° 后落地站稳练习。

④单脚支撑原地左右旋转练习。

（2）双人练习

①一对一模仿动作或追逐跑。

②一对一互看对方背后手势、互打手心手背和互踩对方脚背。

③一对一背向互挽手臂向前蹲跳。

④双人头上拉手向同方向连续转体。

2.器械练习

器械练习包括单人练习和双人练习两类。

（1）单人练习

各种形式的个人运球、传球、顶球和托球等练习；单杠悬垂摆动、双杠本跳下、翻越肋木、钻栏架以及各种球类、体操的专项技术动作练习等。

（2）双人练习

各种形式的传球、接球、运球中抢球；双杠杠端支撑跳下换位追逐、肋下穿越追逐等练习。

3. 组合练习

组合练习包括两个动作、三个动作和多个动作组合的练习。

（1）两个动作组合

①交叉步移动+后退跑。

②后踢腿跑+圆圈跑。

③原地纵跳+交叉步移动。

④立卧撑+20米高抬腿跑。

⑤跳转360°+闭目直线行走20米等练习。

（2）三个动作组合

①后退跑+侧滑步+障碍跑。

②前滚翻+侧手翻+原地收腹跳。

③翻越肋木+原地旋转+五角移动。

④原地高抬腿+20米双足跳+30米穿梭跑等练习。

（3）多个动作组合

①单杠悬垂摆动+双杠支撑前摆跳下+钻栏架+跨跳步。

②原地碎步跑+立卧撑+后退跑+6米往返移动。

③单杠卷身上+左右跳转180°+挺身跳+蛇形跑。

④双杠支撑侧摆下+后退大步走+分腿跳越器械+翻滚接球等练习。

4. 游戏

灵敏训练的游戏具有综合性、趣味性和竞争性等特点，能有效地提高神经系统的灵活性，促进身体素质和运动能力的发展。常采用各种应答性游戏、追逐性游戏和集体游戏。

（1）互相拍肩

两人相对距1米左右站立，既要设法拍到对方的肩膀，又要防止对方拍到自己的肩膀。

要求：伺机而动，身手敏捷。

（2）单双数互追

学生按单双数分成两组迎面相距 1～2 米坐下，当教官喊单数时，单数追双数，双数转身向后跑动约 20 米；当教官喊双数时，双数追单数，单数转身向后跑动约 20 米。

要求：判断准确，起动迅速。

（3）双脚离地

学生分散在指定区域内随意活动，指定其中 5 人为抓人者，当听到教官的哨音时，谁的双脚离地就不抓谁。

要求：反应敏捷，快速坐地抬起双脚。

（4）跳木马

学生分成 2 组，每组有 1 人站在离起点线 15 米处当"木马"（低头上体前屈，双手支撑双膝）；听到教官的哨音，各组第一人迅速跑向"木马"，手撑"木马"分腿腾越，跳过后站在原地充当第二个"木马"；第一个"木马"迅速转身跑回本队拍第二人的手，依次以同样的方法进行。每组人员均做 1 次跳"木马"动作，先完成的组获胜。

要求：必须分腿跳过"木马"，不得绕过。

（5）听号接球

学生围圈报数后向一个方向跑动；教官持球站在圈中央，将球向空中抛起喊号，被喊号者应声前去接球。

要求：迅速采取应急行动。

（6）抱球接力

学生 4～5 人为 1 组，纵队站立，每组第一人怀抱 3 个排球，前脚踏在起跑线上做好准备；听到教官的哨音立即跑动，将 3 个球依次摆进 3 个圆圈内，折返跑回起点。第二人接着起跑，把 3 个排球取回交给第三人重新放到圆圈内，直到全组完成。先完成的组获胜。

要求：跑动中掉球要尽快捡回，球必须放在圆内，如果球滚出应重新放好。

（7）围圈打猴

围圈打猴指定几名学生当"猴人"在圈中活动，余者作为"猎人"，手持 2～3 个排球围在圈外，掷球打向圈中的"猴人"（只准击打腿部），被击中的"猴人"与掷球的"猎人"互换。

要求：掷球准确，躲闪机灵。

（8）突围取球

学生分成两个小组，一组人手拉手面向外围成一个圈子，以保护圈中的 6 个篮球，另一组人则设法钻进圈内把球取出。

要求：动作灵巧，合理对抗。

（9）占领阵地

在场地间隔一定距离画 3～6 个直径约 1 米的圆圈并编上号，象征"阵地"。学生成一路纵队按教官口令绕场地做各种走、跑、移动练习。当教官喊某个数字时尽快按数字占领阵地，凡未按教官喊的数字占领阵地者判为失败，不再参与下一轮游戏。

要求：教官计算好占领"阵地"的人数，每轮游戏至少造成 2～3 人无法占领阵地。

（10）转身起跑

在跑道上画两条相距 15 米的线，分别为起点线和终点线，将学生分成若干组，每组 6～8 人。游戏开始，第一组背向跑道起跑线，两手撑地做好起跑的预备姿势，听到教官的哨音迅速转身起跑，根据到达终点的顺序排出名次，然后再将同名次者排在一组重新进行比赛。

要求：预备时全蹲，提前起跑或双手离地均判为犯规。

五、柔韧素质训练

柔韧素质指人体各个关节的活动幅度和肌肉、肌腱、韧带等软组织跨过关节的弹性与伸展能力。"柔"指肌肉、韧带被拉长的范围，"韧"指肌肉、韧带保持一定长度的力量。不同的运动项目对柔韧素质有着不同的要求，例如，体操需要肩、髋、脊椎等关节的伸展能力，而游泳着重肩、踝关节的灵活性。

柔韧素质对完成技术动作的力度与幅度以及有效预防运动损伤都具有非常重要的作用。

（一）柔韧素质分类

柔韧素质可分为一般柔韧素质和专项柔韧素质。一般柔韧素质指为适应一般技能发展所必备的柔韧体能，包括满足人体肌肉、韧带、肌腱的一般性活动幅度和伸展能力。专项柔韧素质指专项运动技术所特需的柔韧性。同一身体部位的柔韧性，由于运动项目不同，在幅度、方向等表现形式上也有差异。

（二）柔韧素质训练方法

柔韧素质涉及头颈肩部、腰腹部、腿部和足背部肌肉、韧带的拉伸练习（见图7-8）。

1. 头颈肩部柔韧性练习方法

头颈肩部柔韧性练习，伸展肌肉包括斜方肌、胸锁乳头肌、胸大肌和背阔肌，常采用如下训练方法。

（1）头部前屈后仰。

（2）头部左右摆动。

（3）颈部绕环。

（4）前拉颈部（双手头后交叉，双肩下压，向胸部方向拉伸头部至下颌接触胸部）。

（5）不同体位压肩：手扶一定高度的物体，体前屈压肩；两人互相双手搭肩，身体前倾向下有节奏地压肩；双腿跪于地面，双臂前伸压肩。

（6）不同姿势拉肩：两人背向双手头上拉住，同时做弓箭步前拉伸；手扶肋木侧向站立，一手上握，一手下握，侧向拉伸；一手臂屈肘抬至肩部高度，另一手抓住对侧肘关节向后拉伸。

（7）不同方法牵引和绕肩：正、反手握单杠悬垂摆动；正手握单杠静力悬垂；肩环绕（两臂沿身体两侧向前或向后环绕）。

图 7-8　部分柔韧性练习动作

2.腰腹部柔韧性练习方法

腰腹部柔韧性练习，伸展肌肉包括髋部、腹部、腰背、股后肌群和体侧肌群，常采用如下训练方法。

（1）转体运动或体侧运动。

（2）腰部运动（向后下腰、向后震腰）。

（3）体前屈：并腿站立，手掌尽量触地面或脚背；并腿站立，手握脚踝，尽量使头、胸、腹与腿相贴；分腿站立，双手从腿中间向后伸展；并腿站立在一定高度上，手尽量向下触地面。

3.腿部柔韧性练习方法

腿部柔韧性练习，伸展肌肉包括屈髋肌群、股后肌群、股四头肌、小腿三头肌和大腿内侧肌群，常采用以下方法。

（1）肋木压腿（正压腿、侧压腿）。

（2）踢腿（正踢腿、侧踢腿、后踢腿）。

（3）劈腿（前后劈腿、左右劈腿）。

（4）腿部肌肉拉伸。常用的训练方法有六种。一是并腿伸拉。方法：坐于地面，两腿伸直，双膝不弯曲，上体前屈，双手抱住小腿，停留数秒钟。二是分腿伸拉。方法：坐于地面，两腿尽量分开，上体前倾，向前伸展双臂，停留数秒钟。三是侧弓步拉伸。方法：两腿尽量分开站立，两手放在双膝上，一腿膝盖弯曲，身体尽量下蹲，在最后伸展位置停留数秒钟，然后换腿再做。四是屈膝下压。方法：坐于地面，脚底相触，双手置于双膝处，并用力向下压，在最后伸展位置停留数秒钟。五是屈腿拉伸。方法：屈一腿，手握踝关节，并将踝关节往臀部方向拉伸；另一腿伸直，同时身体侧屈。六是青蛙伏地。方法：分腿跪地，脚趾指向身体两侧，前臂向前以肘关节支撑地面。继续向身体两侧分腿，同时向前伸展双臂，胸和上臂完全贴于地面停留数秒钟。

4.足背部柔韧性练习方法

（1）提踵压踝

方法：手扶腰部高度的肋木，双脚前脚掌站在最下面的肋木杠上，利用身体重量上下压动，当踝关节弯曲角度最大时，停留片刻以拉长肌肉和韧带。

（2）跪姿压脚背

方法：跪于地面，双脚并拢以足背支撑，利用体重向后下方移动臀部压足背。

第二节　体能综合训练

高技术战争条件下，军事体能并非狭义的体力问题，而是军人在各种复杂、恶劣的环境条件下，为圆满完成各项战斗任务所必须具备的融体力、脑力、心力于一体的综合生物学素质。体能素质是单兵战斗力的重要组成部分，需要通过对进行单兵全面、系统的专业训练，从生理机能到心理状态使其机体发生一系列生物学适应性变化，将其打造成体魄健壮、精力充沛、意志坚强的优秀个体。

一、5 公里越野 [①]

5 公里越野是在野外各种复杂地形上进行的耐力、野战能力训练项目，能有效拓展军人在各种复杂地形条件下快速走、跑、跳、攀、撑等方面的技能，使其掌握按图行进技能，提高长途奔袭和在复杂地形上快速运动的能力。5 公里徒手越野、5 公里武装越野和 5 公里集体武装越野均属于 5 公里越野的范畴。

（一）5 公里徒手越野

徒手越野的动作与中长跑的动作基本相同。因徒手越野运动时间

---

① 李雷、苏运宗主编：《学生军事训练》，中国商业出版社，2010 年版，第128—133 页。

长，途中地形复杂，体力消耗大，所以跑时可根据不同的地形，采取不同的跑进方法。一般要求以跑步完成，复杂地段可跑、走相结合。跑进中，要求动作轻松协调，保持良好的呼吸节奏，并掌握合理的跑速。

1. 跑进方法

越野跑时，跑的地点和环境时时变化，跑的技术也要相应改变。一般在较平小路和道路上跑时，其技术要求基本同中、长距离跑相同；在平的草地上跑时，要全脚着地，眼睛注视前下方，以防两脚陷入坑洼内或碰在石头上；上坡时，上体向前倾，大腿抬高些，并用前脚掌着地，小跑上去；下坡时，上体稍微后倾，以脚跟着地，如果陡坡可用走或"之"字形跑法。

通过较宽（2～3米）的沟渠时，使用10～20米的加速跑，采用跨步跳或跳远的方法越过，落地要注意保持平稳不要跌倒。遇到小的沟渠、壕沟、低的栅栏、矮的灌木丛或砍倒的树木时，要增加跑速，使用大步跨跳而过；遇到横躺着的大树干或其他矮的障碍物时，也可使用踏在上面的方法越过。如在沙地或沼泽地带跑时，腿高抬，轻落地，以全脚掌着地，后蹬角度大，步子小，频率快，两臂摆幅大。

例如，从1米以上往下跳可用跨步跳动作，落地时屈膝缓和冲击力，并继续向前跑进。如高度很高往下跳时，为了降低高度，就应坐在障碍物的边缘，两腿前举，同时两手推离边沿，两腿深屈落地。在树林中比较平坦的地方跑时，应注意树枝，保护脸和头，特别防止树枝戳伤眼睛。在通过独木桥或类似的障碍物时，应使两脚成"外八字"跑过。如独木桥较长不能跑过时，应平稳走过，还剩3～4米时加速跑过，避免失足摔下。

2. 呼吸方法

越野跑体力消耗较大，必须加快呼吸频率，加大呼吸深度，以便大量地吸进氧气，充分呼出二氧化碳。呼吸时，一般口和鼻同时呼吸。呼吸节奏要和跑的节奏相结合，采用三步一呼、三步一吸，或二步一呼、二步一吸的方法。随着疲劳的增加，呼吸频率应有所加快，达到一步一呼、一步一吸。

139

越野跑时，由于氧供需求的平衡被打破，跑至一定阶段往往会出现胸部发闷、呼吸困难、四肢无力、跑速下降甚至难以继续跑下去的感觉，这是生理上的"极点"现象。在"极点"出现时，要深呼吸，积极调整呼吸节奏和跑速，逐步使身体逐渐恢复正常。

3.体力分配

应根据个人能力和全程跑中各路段地形的难易程度，计划好全程时间和各段距离的时间比例，合理分配跑速，尽量以比较均匀的速度跑完全程。

4.出发跑与终点跑

（1）出发跑在出发时可采用站立式起跑。口令是："预备——跑"或"前进"。

（2）终点跑指临近终点的最后一段距离的冲刺跑。这时，尽管比较疲劳，也要全力以赴，加快摆臂，加强后蹬力进行冲刺。冲刺跑距离根据个人的训练水平和在全程跑中体力保持的情况决定。

越野跑时，应根据地形、地物的不同，合理选择跑的方法。选择跑的路线时，尽量选择简单、安全、熟悉的路线为佳。

（二）5公里武装越野

武装越野指携带武器和装具（一般不带背包）进行的越野跑。5公里武装越野训练可以促进身体机能的全面发展，增强耐力，锻炼意志，培养顽强的作风。

1.跑进方法

5公里武装越野的动作与徒手越野跑的动作基本相同。因身体负荷量增加，5公里武装越野中要加强后蹬力量，减小步幅，加快频率，适当降低身体重心，保持身体平稳前移。跑进时，呼吸深度相对加大，呼吸频率稍加快。为了减缓局部肌肉过于紧张，可背枪、肩枪、持枪交替携带。同时，适当减小两臂摆动幅度，可一手扶装具，一手摆动，并互相交换进行。

2. 携装要求

跑前应检查武器、装具的背带是否牢固，防止跑时脱落丢失。武器、装具的携带和服装、鞋带的松紧要适体。若装束过于松散，跑进中会上下、左右晃动，加大阻力，影响跑速；若过于绷紧会造成身体不适，动作紧张，体力消耗大，过早出现疲劳现象。

3. 训练要求

武装越野训练应以中长跑和徒手越野跑作为耐力训练基础。训练初期以简单地形的徒手短程跑（2～3公里）为主，以走、跑相结合为宜。适应性训练后，逐渐增加跑步距离（3～10公里）和跑步速度，进而在复杂地形上，由徒手跑到武装越野跑。要求每周至少安排两次武装越野，以保持训练的连续性。

（三）5公里集体武装越野

1. 集体武装越野的组织

集体武装越野是以班、排、中队（连）为单位进行的徒手、负重和武装越野跑。跑进中，指挥员位于纵队的排头或排尾，并根据实际情况，进行宣传鼓动和技术指导，做好调整集体跑速，并指挥参训人员相互帮助等工作。跑进的队形要求保持紧凑，一般纵深队形保持在中队（连）80米、排50米、班20米之内为宜。尽量安排体力较好者位于纵队前部，较差者位于中部，最好者位于后部，从而使整体保持较高的跑进速度。

2. 5公里集体武装越野的着装规定

着作训服，带挎包（内装雨衣、洗漱用具、笔记本、笔，左肩右肋）、水壶（装满水，右肩左肋），扎腰带，披子弹袋（带4枚教练催泪弹，轻机枪副射手带4个弹盒，步枪手带3个弹匣），携带手中武器。

3. 5公里集体武装越野的路线

尽量选择在乡村路、大车路、山路或其他有一定起伏的地形，要求弯路长不少于500米，全程弯路不少于3处的道路上测验，尽量避开交通繁忙路段和村庄，不要穿越铁路、高速公路和有较多障碍物的地段。丈量距离时应沿受测分队所能跑过的最短路线进行，最好采取一个转折点的往返路线或单循环路线。

（四）越野训练的步骤与方法

1. 每次训前慢跑 10 分钟，活动开各个关节和韧带，使身体内脏器官进入工作状态。

2. 采取循序渐进的方法，先徒手越野练习，打牢越野跑基础，再进行武装越野练习。

3. 在简单的地形上进行徒手或携装越野跑，距离 2～4 公里。

4. 在较复杂的地形上进行徒手或携装越野跑，体会通过各种地形的动作要领，距离 3～5 公里。

5. 进行徒手或携装的爬山和山坡跑，距离 3～5 公里。

6. 按规定的路线进行全程徒手或武装越野跑。

二、组合练习

组合练习是通过不同强度、不同形式项目的编排组合，全面增强军人的基础体能素质，进一步发展身体的速度、耐力、上下肢和腰腹部力量，提高灵敏度和协调能力。

（一）组合项目与程序

组合项目是根据训练目的需要，按着速度、耐力和灵敏度所体现的内容进行科学的组合。通常包括上肢、下肢和腰腹部力量练习，一般按照俯卧伸屈腿—折返跑—俯卧撑—蛙跳—蛇形跑—返回直线跑的程序进行组合，在固定的场地上实施，也可根据训练情况进行调整。

（二）动作要领

1. 俯卧伸屈腿

作用：发展腰腹肌力量，提高腰背肌肉韧带的柔韧性和灵活性，增强人体内部器官的功能。

要领：在平地上成俯撑，两腿用力屈髋、屈膝，伸腿向前运动，大腿尽量靠近胸部，而后迅速向后伸出，两腿交替做单腿伸屈动作，依此反复做。

动作要点：俯卧伸屈腿时，身体保持平直，不得翘臀、弯膝；一腿屈膝向前运动时，方向正直向前，防止外摆或里合过大；腿前屈到位，使大腿尽量靠近胸部；后伸腿充分伸直。

练习方法：定量完成数组或定时完成数组俯卧伸屈腿。

2. 蛙跳

作用：提高腿部伸肌力量和腰腹肌力量。

要领：两脚分开与肩同宽，两脚成"外八字"，两腿屈膝成蹲式，两手十指交叉抱于脑后。起跳时，两脚用力蹬地，使身体向前上方腾起，腾起时两腿并拢，身体成反弓形。随着重心前移，大腿向前上收，小腿前伸。落地时，两脚分开成蹲式，大小腿之间的夹角小于90°。

训练要点：成蹲式时，上体稍向前倾；身体在空中腾起时，两腿并拢主动向后上摆，上体主动后仰，挺腹，使身体成反弓形；两脚同时动作，同时着地，蹬伸充分。

练习方法：负重深蹲、连续纵跳、单腿跳等方法。

3. 蛇形跑

作用：提高在快速运动中，转弯前进的技能，增强身体的协调性和灵敏反应能力。

要领：与途中跑基本相同。向左绕行，当接近第一根标志杆时，左脚稍向左前跨步，在标志杆左侧着地，身体重心向右前倾斜，右脚顺势向右前迈出绕过标志杆；接近第二根标志杆时，右脚稍向右前跨步，在标志杆右侧着地，身体重心向左前倾斜，左脚顺势向左前迈出，而后依次跑进。向右绕行时，要领与向左绕行相同，方向相反。

训练要点：在接近标志杆时，上体前倾，重心降低，变换身体方向要快，动作协调；在标志杆一侧着地的脚，要适当增大步幅。

练习方法：

（1）模仿练习：平地 30 米模仿蛇行折返跑，提高绕行速度。

（2）平地 25 米蛇行折返触地跑。

4. 折返跑

作用：提高身体的协调性和灵敏反应能力。

要领：按 100 米跑起跑和加速跑的动作要领进行。当接近标志线时，迅速降低身体重心，用全脚掌着地，适当减速。左（右）脚向前一大步，脚尖向右（左），脚外侧着地，同时身体转向右（左）侧，两腿屈膝下蹲，弯腰收腹，上体前倾，左（右）手充分前伸，触摸标志线。随后左（右）脚用力向后蹬地，转体往回，向另一条标志线跑进（至标志线折返时的动作同上）。

训练要点：起跑和加速跑要快；折返时，减速，手触线，转体起跑要协调。

练习方法：

（1）15 ~ 30 米加速跑练习。

（2）画不同距离的标志线，进行折返跑练习（或在篮球场练习）。

5. 俯卧撑

按俯卧撑的动作要领进行（同前）。

6. 返回直线跑

按 100 米跑的动作要领进行。

（三）基本要求

根据组合练习的组训因素和要达到的目的，可规定每一组练习项目的强度及次数，通常不少于 3 组。未能达到规定的训练强度，可重复循环进行，以提高训练效果。

（四）训练方法及步骤

1. 训练前慢跑 3 ~ 5 分钟，环转颈、腰、膝、踝，做好准备运动，活动开各个关节。

2.先练单个动作，在掌握动作要领和标准的前提下，加大训练强度，如俯卧伸屈腿 10 次 ×3 组，5 米折返跑 3 次 ×3 组，蛙跳 10 米 ×3 组，俯卧撑 15 次 ×3 组，蛇形跑 25 米 ×3 组，返回直线跑 35 米 ×3 组，组间休息 1 ~ 3 分钟。实际训练中，单个动作训练的次数和组数可相应调整。

3.整套练习，可采取计时跑、测验跑、个人跑和团体竞赛跑的形式进行。一般每次课进行 3 ~ 4 组，每 3 天左右训练 1 次，新兵不宜练得过多。

4.每次训练后，充分放松相关肌肉群。

第三节　军体拳与格斗训练 [①]

军体拳是由拳打、脚踢、摔打、夺刀、夺枪等格斗基础动作组成的拳术套路，是一套节奏分明、套路连贯、攻防清晰的军用拳术。军体拳训练中，训练者身体各部分都参加运动，能够全面锻炼，改善身体机能，增强身体素质，提高短兵相接时的格斗水平。

一、军体拳训练

军体拳有三套，本节主要介绍第三套军体拳。

预备姿势：在立正基础上，身体稍向右转，同时右脚向右后撤一步，两脚略成"八"字形，屈膝，体重大部分落于右脚（前三后七），两手握拳，前后拉开，左肘微屈，拳与肩同高，拳眼向内上，右拳置于小腹前约 10 厘米，拳眼向上，自然挺胸，收腹，目视前方（见图 7–9）。

---

① 胡晓加、朱勇主编：《大学军事教程》，国防大学出版社，2012 年版，第 263—276 页。

图 7-9　预备姿势

（一）第一段

1. 踏步右冲拳

起右脚稍前移猛力下踏的同时，右拳收于腰间，左脚抬起［见图 7-10-（1）］；左脚向左前上步，屈膝，全脚掌着地，右脚前脚掌着地，膝盖向里成跪步；在左脚上步的同时右拳猛力向前冲出，同时左拳变八字掌护于右胸前，掌心向右前，指尖向上，目视前方［见图 7-10-（2）］。

用途：右拳击面、胸或腹部，左掌护胸。

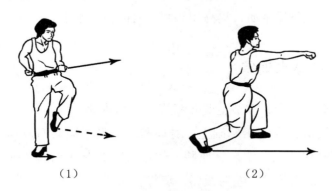

　　　　　（1）　　　　　　　　　　　　　（2）

图 7-10　踏步右冲拳

2. 上步左冲拳

右脚向右前上步，屈膝［见图 7-11-（1）］；接着左脚前脚掌蹬地右转身，扭腰，左掌变拳向前冲出，右拳变八字掌置于左胸前，掌心向左前，指尖向上，目视前方［见图7-11-（2）］。

用途：左拳击面或胸部，右掌护胸。

（1）　　　　　　　　　　　　（2）

图7-11　上步左冲拳

3. 弹腿右直拳

右脚稍前移，屈左膝前摆，两拳抱于腰间，腾空，右脚屈膝猛力向前弹踢［见图7-12-（1）］；左脚落地的同时，右脚向前上步成右弓步，同时右拳猛力向前冲出，左拳变掌护于右胸前，掌心向前，指尖向上，目视前方［见图7-12-（2）］。

用途：右弹腿踢裆或面部，右直拳击面部。

（1）　　　　　　　　　　　　（2）

图7-12　弹腿右直拳

4. 下击横勾拳

右脚进步，左脚跟进，同时收右拳迅速下勾拳，左手抓握右手肘关节前部，目视前方［见图7-13-（1）］。再进步成右弓步右横勾拳，左手抓握右手腕，目视前方［见图 7-13-（2）］。

用途：下勾拳击下颌或裆部，左手为防，横勾拳击太阳穴。

（1）　　　　　　　　　　（2）

图 7-13　下击横勾拳

5. 下压反弹拳

右脚上步，左脚自然跟进，成右弓步，同时左掌经上向前下压 ［见图 7-14-（1）］；右拳由下经上翻拳向前猛力反弹，拳与头同高，拳背向前下，力达拳背。左掌护于右胸前，目视前方［见图 7-14-（2）］。

用途：左掌下压为防，右拳反弹对方脸或头部。

（1）　　　　　　　　　　（2）

图 7-14　下压反弹拳

6. 挑拨侧冲拳

重心后移成右虚步，左掌心向上，沿右臂下方向前猛挑，同时右拳收抱于腰间［见图 7-15-（1）］；左手里拨并向前下按掌［见图 7-15-

图 7-15　挑拨侧冲拳

（2）]；上右脚左转身成马步，同时右拳从腰间向右侧冲出，拳眼向上，左掌立掌置于右胸前，目视右拳［见图 7-15-（3）、（4）]。

用途：左挑掌收右拳解脱对方抓手腕，左手下拨防对方打腰、腹，侧冲拳击裆部。

7. 歇步勾亮掌

左脚向右后插步下蹲成歇步，同时左臂上架亮掌，掌心向前上。指尖向右，右拳变勾手经前下向后猛勾，勾尖向上，目视有方（见图 7-16）。

用途：左手防头，右手防打或踢。

8. 虚步上冲拳

起身提右脚向左脚内侧猛力踏地，同时左脚向前成左高虚步。右手变拳由下沿体侧用力向上冲，拳心向里，左掌向下置于右胸前，掌心向右，指尖向上，目视左方（见图 7-17）。

用途：左手下拨防，右拳上冲对方下颌。

（1）

（3）

反面
（3）

图 7-16　歇步勾亮掌

（1）

（2）

（3）

图 7-17　虚步上冲拳

（二）第二段

1. 搂抓侧冲拳

左脚向左跨一大步，同时左手向左搂，右拳收抱于腰间；左手抓拉变拳收抱于腰间［见图 7-18-（1）］，同时冲右拳成左弓步，拳心向下［见图 7-18-（2）］，右转身成马步，同时收右拳于腰间，左拳向左冲出，拳眼向上，目视左拳。

用途：左手抓拉为防，右拳击面或胸、腹部，马步冲左拳击腰或裆部。

（1）　　　　　　　（2）　　　　　　　（3）

图 7-18　掳抓侧冲拳

2. 盖步右靠肘

左转身成盖步，同时右臂屈肘前靠，左手紧握右手腕，目视右肘（见图 7–19）。

用途：用肘靠击对方胸或肋部。

图 7-19　盖步右靠肘

3. 蹬腿马步挂

起身两小臂交叉，两手变立掌，两掌稍宽于肩，微屈肘与于胸前向两侧分开。起右腿正蹬腿，右脚向前落地左转身成马步，同时右掌变拳，向前下盖打再经体前向右翻拳，微屈肘，拳心向内上，左掌扶于右肘处，目视右拳（见图 7–20）。

用途：外分掌为防，蹬对方小腹或裆部，挂拳击脸。

（1）　　　　　　　（2）　　　　　　　（3）

（4）　　　　　　　（5）

图 7-20　蹬腿马步挂

4. 挑臂右砸肘

左掌沿右小臂下向前挑，右臂回收后屈肘上举的同时，抬右腿屈膝。右脚向右下踏成马步，同时右小臂垂直向下砸肘，右肘离腹约 20 厘米，拳心向里。屈左臂掌心向下，手指触及右肘关节处，目视右肘（见图 7-21）。

用途：左挑掌为防，右砸肘击背或颈。

（1）　　　　　　　　　（2）

图 7-21　挑臂右砸肘

5. 鞭拳转身盖

左脚向右后插步，同时右拳向右下猛摆，拳心向里。左臂屈肘，左掌变拳摆于右胸前，拳眼向里。上体向左后转270°成左弓步，同时左臂格挡后摆，右臂抡压下盖，拳心向内下，拳与膝同高，目视右拳（见图7–22）。

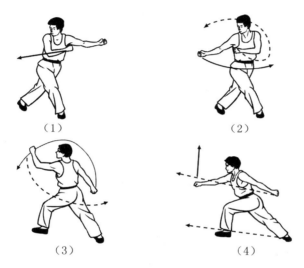

（1）　　　　　　　　　　　（2）

（3）　　　　　　　　　　　（4）

图 7-22　鞭拳转身盖

用途：插步摆拳击裆部，转身抡左臂格挡，右拳击头。

6. 右格左冲拳

上右脚成右弓步的同时，右臂向前上格挡，拳眼向内下。左拳从腰间向前冲出，拳眼向上，目视前方（见图7–23）。

用途：格挡为防，左拳击面或胸部。

图 7-23　右格左冲拳

图 7-24　左格右冲拳

7. 左格右冲拳

上左脚成左弓步，同时左臂向前上格挡，拳眼向内下。右拳从腰间向前冲出，拳眼向上，目视前方（见图 7-24）。

用途：格挡为防，左拳击面或胸部。

8. 侧踹双弹臂

以左脚根为轴，脚尖向外，上体左转，左右小臂交叉于胸前，左臂在里，两臂上下交叉，左拳向后上格，右臂下格后摆。随即起右腿屈膝向右侧踹，约与腰同高，迅速收回，目视右前下。右脚向右跨落地，同时两小臂交叉于胸前，离地约 20 厘米，左臂在里。而后两臂向两侧用力弹臂，同时成马步，微屈肘，拳眼向上，拳约于肩同高，目视左拳（见图 7-25）。

用途：右臂下砸为防，侧踹膝或肋部。

（1）　　　　　（2）　　　　　（3）

（4）　　　　　（5）

图 7-25　侧踹双弹臂

（三）第三段

1. 左右冲锋抛

左脚稍左移，左转身成左弓步的同时，左臂里格后摆，右拳由后向下经左前向右上抛拳，拳心向左后。上右脚成右弓步的同时，右臂里格向下后摆，左拳由后经右前向左上抛拳，拳心向右后，目视前上方（见图7-26）。

用途：抛拳是以防带攻。

（1）　　　　　　　　（2）

图 7-26　左右冲锋抛

2. 盖拳退步勾

上左脚成左弓步的同时，右臂以肩关节为轴由后向上向前下猛盖，拳与左膝同高，拳心向内下，左臂以肩关节为轴向前下后摆，拳心向内上，目视右拳。退左脚成右弓步的同时，左拳由后经下向前上勾拳，拳与下颌同高，拳心向里。右臂由下向上后摆。拳心向内下，目视前方（见图7-27）。

用途：盖拳击头，勾拳击下颌或裆部。

（1）　　　　　　　　（2）

图 7-27　盖拳退步勾

3. 左弓双砍掌

上体稍右转，左脚前移成左虚步，同时两拳变掌收于右腰间，左掌心向下，右掌心向前。向左前上左脚成左弓步，同时两掌向左前平砍，右掌心向上，左肘微屈，掌心向下，手指贴于右肘关节处，目视前方（见图7-28）。

用途：右掌砍颈或肋部。

（1）　　　　　　　（2）

图 7-28　左弓双砍掌

4. 右弓双砍掌

右后转身约180°成右虚步，同时两掌收于左腰间，右掌心向下，左掌心向前。向右前上右脚成右弓步，同时两掌向右前平砍，左掌心向上，右肘微屈，掌心向下，手指贴于左肘关节处，目视前方（见图7-29）。

用途：左掌砍颈或肋部。

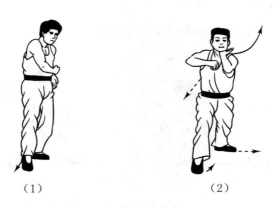

（1）　　　　　　　（2）

图 7-29　右弓双砍掌

5. 左弓勾挂拳

左转体左脚向左前上步，成左弓步，同时左掌变拳向前上格挡后挂拳，拳与头同高。右掌变拳向下向前上勾拳，拳与下颌同高，两拳心斜向内上，目视右拳。右勾拳后，左、右臂略成弧形，两臂与左弓步成"十"字形（见图7-30）。

用途：左小臂上架为防打，右拳击下颌或裆部。

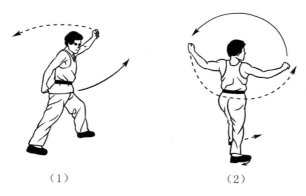

（1）　　　　　　　（2）

图 7-30　左弓勾挂拳

6. 右弓勾挂拳

右脚向右前上半步，左脚自然跟上成右弓步，在上右脚时右臂向上格挡后成挂拳，拳与头同高，上左脚时左拳由下向前上勾拳，拳与下颌同高，两拳心向内上，目视左拳（见图7-31）。

用途：右小臂格挡为防，左拳击下颌或裆部。

图 7-31　右弓勾挂拳

7. 跃起跪步砸

起左脚，右脚随即跃起腾空，上体稍左转。同时右臂上举，左臂屈肘向左上挡。当左右脚落地成右跪步的同时，右臂由上向下抡砸，屈臂，拳与左膝同高，拳眼向上，左手扶于右肘关节，目视右拳（见图7-32）。

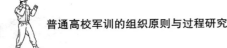

用途：左手为架防，右臂为砸臂或头部。

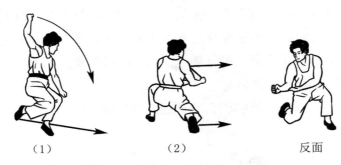

（1）　　　　　　　　（2）　　　　　　　　反面

图 7-32　跃起跪步砸

8. 马步横砍掌

起身，右脚向右跨步成马步，同时右拳变掌由左向右猛砍，微屈肘，掌心向下，手指向前，掌与肩同高，屈左臂，左掌置于右胸前，掌心向右，目视右掌（见图 7-33）。

用途：砍对方肋部。

反面　　　　　　　　　　　　正面

图 7-33　马步横砍掌

（四）第四段

1. 捋砍右穿掌

起身右手向后捋置于右肋处，掌心向上。同时左手向左伸直，掌心向上，并经左向右上猛砍，掌心向上，成右弓步。右掌经左掌向右上猛穿掌，掌心向内上，抬左脚屈膝绷脚尖，同时左手收于右胸前，掌心向下，目视右掌（见图 7-34）。

158

用途：右手捋防，左掌砍颈，右掌穿喉。

（1）　　　　　　（2）　　　　　　（3）

图 7-34　捋砍右穿掌

2. 捋砍左穿掌

左脚向左跨步，上右脚左后转身成左弓步，同时左手向前向左捋收于腰间。右掌随转体横砍，掌心向上。左掌沿右臂下向前上穿掌，掌心向上，同时抬右脚屈膝绷脚尖，穿掌右转时收右掌于左胸前，掌心向内下，目视左掌（见图 7-35）。

用途：左手捋防，右掌砍颈，左掌穿喉。

（1）　　　　　　（2）　　　　　　（3）

图 7-35　捋砍左穿掌

3. 仆步勾挑裆

右脚向右落地成右仆步的同时，左手掌变勾，勾尖向上。右手掌置于左胸前，掌心向下。右手指尖向前，小指一侧向下，向前穿至左脚内侧，目视右掌（见图 7-36）。

用途：右掌穿挑对方裆部。

（1）　　　　　　　　　（2）

图 7-36　仆步勾挑裆

4.飞脚盖步冲

随重心前移起身，右臂向前经上向后下绕环，上左脚，同时左臂由后经下向上绕环上右脚。左脚向前摆起屈膝，右脚猛力蹬地起跳，腾空向前弹踢，同时右臂上摆，左臂下摆拍击右手背，右手掌拍击右脚面。左右脚落地后，左拳从腰间冲出，右拳收抱腰间成右盖步，目视左拳（见图 7–37）。

用途：弹踢对方心窝，脸部，左冲拳击面或裆部。

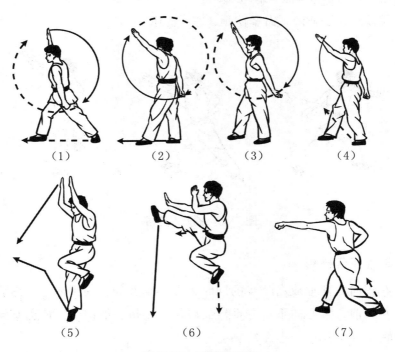

（1）　　　　（2）　　　　（3）　　　　（4）

（5）　　　　　　（6）　　　　　　（7）

图 7-37　飞脚盖步冲

160

5. 转身右砸肘

稍起身,左脚向右插步,左后转体270°,左拳变掌随体转抓拉收抱腰间成左弓步。右臂随体转微屈肘向左下猛砸,肘离身约20厘米,小臂略平,拳心向上,目视右拳(见图7-38)。

用途:左手抓拉对方手臂,右小臂内侧砸对方肘部。

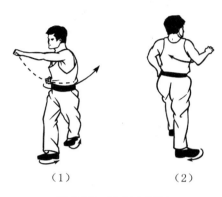

(1) (2)

图7-38 转身右砸肘

6. 弓步右击肘

向右后转体成右弓步,同时向右猛力击肘,大小臂夹紧略平,目视前方(见图7-39)。

用途:用肘击脸或胸部。

图7-39 弓步右击肘

7. 弓步双抱拳

重心后移，左转体成左弓步，同时两臂伸开侧平举，拳眼向上。而后迅速向左右横勾拳抱于胸前，左臂在上，目视前方（见图 7-40）。

用途：两拳击打太阳穴或击抱对方。

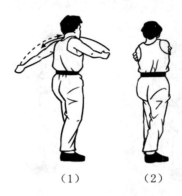

（1）　　　　（2）

图 7-40　弓步双抱拳

8. 侧蹬转身冲

重心前移，起右脚向后侧蹬腿并迅速收回。右后转体 180° 右脚落地，提左脚，两拳抱于腰间。上左脚成左弓步，同时两拳由腰间向前冲出，拳心向下，两拳距离与肩同宽同高，目视前方（见图 7-41）。

用途：蹬腹或腰部，双冲拳击对方面或胸部。

（1）　　　（2）　　　（3）

图 7-41　侧蹬转身冲

收势：当听到"停"的口令时，左脚稍后移成左虚步，同时两拳向下，经右后向前上外翻，两小臂相距同肩宽，两臂微屈肘，拳心向内上，拳与下颌同高，目视双拳。左脚后退一步，两拳收抱于腰间，右脚靠拢左脚成立正姿势，目视前方（见图 7-42）。

（1） （2） （3）

图 7-42　收势

实际训练中，要从实战需要出发，按规范严格要求。训练前，先检查训练场地，清除各类杂物，确保训练安全。同时，做好热身运动，着重活动好上、下肢关节，腰腿部肌肉和韧带。训练中，要精神振奋、严肃认真，动作勇猛有力、快速准确、连贯、协调，重心稳固。讲授练习时，语言要精练准确，边讲边练。学生初步掌握动作要领后，强调个人体会动作，进一步熟悉套路，加深记忆，提高教学质量。对抗性动作练习时，要由慢到快，由不用力逐步过渡到用力。切不可因"斗气"、"斗劲"或开玩笑而发生意外伤害。训练结束前，要做好整理活动，放松四肢和腰腿部肌肉。

二、格斗训练

格斗是以踢、打、摔、拿、击、刺等技击动作为主要内容，按攻防进退等规律进行的实用性技能活动。格斗动作简练实用，以战胜对手为目的，无规则限制。练习格斗时，全身各部位均能得到锻炼，既练上肢又练下肢，既练力量又练灵活性，既练大脑反应能力又练身体协调性。不仅能够防身健体，还能培养良好的心理素质和坚韧不拔、勇敢顽强的战斗精神。

下面介绍一组擒敌拳训练[①]。

预备姿势：在立正的基础上，听到"擒敌拳预备"的口令时，身体左转成格斗势（见图 7-43）。

图 7-43　预备

1. 直拳横踢

动作要领：左直拳，接右直拳，接右横踢，右脚落步，出左直拳（不收回），右拳置于下颌，两眼目视前方（图 7-44）。

要求：击打迅猛连贯。

（1）　　　　（2）　　　　（3）　　　　（4）

图 7-44　直拳横踢

---

① 许国彬、何传添主编：《当代大学生国防教育与军事训练教程》，广东人民出版社，2009 年版，第 433 页。

2. 抱腿顶摔

动作要领：左脚在右脚后垫步，左拳置于下颌，随即起右腿前蹬，右脚向前落步，上体前俯，成右弓步，同时两手前伸，与膝同高，掌心相对；随即肩向前顶，两手后拉置于腹前，两眼目视前下（见图7–45）。

要求：垫步前蹬快，抱腿顶摔猛。

图 7-45　抱腿顶摔

3. 勾摆连击

动作要领：左脚向前上步，左勾拳，接右勾拳，接左摆拳（不收回），右拳置于下颌，两眼目视前方（见图7–46）。

要求：上步勾拳连贯迅猛。

图 7-46　勾摆连击

4. 抱臂背摔

动作要领：进步同时，左手向外挡抓，掌心向外，右脚向左前上步，右手前伸上挑，掌心向上，置于左手前，随即左脚向右脚后背步，两腿弯曲；上体迅速向左后转体弯腰，两手猛力下拉，同时两腿蹬直（两脚左右相距约一脚之长），臀部上顶，两手变拳置于身体左侧；身体左转，右脚下踹，左拳置于下颌，右拳置于大腿外侧，两眼目视前下方（见图7-47）。

要求：转体、弯腰、下拉、蹬腿迅速连贯。

（1）　　　　（2）　　　　（3）　　　　（4）

图 7-47　抱臂背摔

5. 侧踹勾拳

动作要领：右脚在左脚后垫步，左侧踹，左脚落地，左臂左上格挡；接右勾拳（不收回），左拳置于下颌，目视前方（见图7-48）。

要求：侧踹快，勾击狠。

（1）　　　　（2）　　　　（3）　　　　（4）

图 7-48　侧踹勾拳

6. 拉肘别臂

动作要领：进步的同时，左手由下向前上方插掌，掌心向右，略低于肩，右拳置于下颌；随即右手抓握左手腕，左手握拳，身体向右转体成右弓步，同时两手猛力后拉，身体下压，两手置于腹前，两眼目视前下方（见图7-49）。

要求：插掌快，后拉下压猛。

（1）　　　　　　（2）　　　　　　（3）

图 7-49　拉肘别臂

7. 掀腿压颈

动作要领：身体向左后转180°，左抄抱，右脚向左前踢腿，与小腿同高，同时身体右转，左手上挑与头同高，掌心向后，右手下压后摆，掌心向后；右脚踢腿后在左脚后落步，并用力下踏，同时左脚高前上步，左手臂左下格挡，右掌置于腰际，随即右掌向前插击，掌心向下与喉部同高（不收回），左手变拳置于下颌，两眼目视前方（见图7-50）。

要求：上挑、下压、踢腿迅猛连贯。

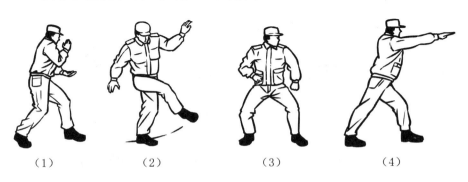

（1）　　　　　　（2）　　　　　　（3）　　　　　　（4）

图 7-50　掀腿压颈

167

8. 侧踹横踢

动作要领：右掌变拳置于下颌，同时右脚向前垫步，起左腿侧踹，接右横踢，右脚落步，出左直拳（不收回），两眼目视前方；左后转身180°成格斗势，目视前方（见图 7–51）。

要求：侧踹快，横踢猛。

图 7-51　侧踹横踢

9. 前蹬弹踢

动作要领：右前蹬，接左腿弹踢，左脚落步，出右直拳（不收回），目视前方（见图 7–52）。

要求：前蹬猛，弹踢快，重心稳。

图 7-52　前蹬弹踢

10. 直摆勾击

动作要领：进步左直拳，接右摆拳，接左勾拳（不收回），两眼目视前方（见图 7–53）。

要求：击打迅猛连贯。

图 7-53 直摆勾击

11. 接腿涮摔

动作要领：身体左转，右抄抱，左手抓右手腕；右脚向右后撤一大步，成右弓步的同时，两手经膝前向右上画弧，与肩同高，两眼目视左下方（见图 7–54）。

要求：撤步、画弧快、猛。

图 7-54 接腿涮摔

12. 摆拳侧踹

动作要领：右摆拳，接左直拳，接左侧踹，左脚落步，出右直拳（不收回），两眼目视前方（见图 7–55）。

要求：击打迅猛，重心稳。

图 7-55　摆拳侧踹

13. 抱腿撞裆

动作要领：进步的同时，身体下潜，两腿弯曲，两手变掌下插，左手在上，与膝同高，右手在下，与小腿同高，掌心相对；身体向右后转体 270° 的同时右脚上步，两掌变拳上提后拉于胸前，上体前俯，随即左膝下跪，左拳下击与左膝同高，右拳置于下颌，两眼目视下方（见图 7-56）。

要求：上步抱腿快，转摔猛。

图 7-56　抱腿撞裆

14.绊腿跪裆

动作要领：起身左抄抱的同时，右脚进步，脚尖内扣（左脚跟上）；左脚向右脚后背步，右腿向后绊的同时身体向左下旋压，左手成拳，拳心向内，置于颌下，右手成八字掌，掌心向下，置于左胸前（见图7-57）。

要求：背步、拌腿、旋压迅猛连贯。

图 7-57　绊腿跪裆

15.格挡弹踢

动作要领：身体向右后转体的同时，右上格挡；左腿弹踢，左脚落步，出右直拳（不收回），目视前方（见图7-58）。

要求：格挡到位，弹踢快。

图 7-58　格挡弹踢

16.肘膝连击

动作要领：左横击肘，接右横击肘，随即两拳变八字掌前插，与肩同高，两手下拉，同时右冲膝；右脚落步，左后转体180°，成格斗势（见图7-59）。

要求：肘击、冲膝迅猛连贯。

图 7-59　肘膝连击

结束势：身体向右转的同时，右脚靠拢左脚，恢复立正姿势（见图7-60）。

图 7-60　结束势

第三专题

大学生军训怎么训？

【导言】

对大学生而言，军训是思想、意志、毅力与体质的挑战，无疑是艰苦的。从参训报到之日起，大学生就开始处于军事条令条例和各项规章制度的管理之中。在严格纪律的约束下，大学生由不适应到逐渐适应、由"要我训"到"我要训"，逐渐克服了自由散漫的不良习惯，养成了令行禁止、整齐划一、紧张活泼、雷厉风行的作风。这种升华由信心和毅力铸就，不仅让大学生真实体会到军人的牺牲与奉献，学习军人的苦乐观和价值观，培养集体主义观念和团结互助精神，也促使大学生真实地面对"象牙塔"以外的另一种有意义、有价值的人生，进而认真思考肩负的时代责任和历史使命。

第八章

从组织到实施

大学生军训内容多，涉及人员广，从军训组织到军训实施，是一项极复杂的管理工程。军训中，无论训练内容的有序展开，还是参训人员的有效管控，都离不开健全的组织体制和领导机构、科学规范的实施方案和训练计划，以及专业的组训、施训队伍。

第一节　大学生军训的组织体制

经过多年理论研究和实践检验，我国大学生军训已逐步制度化、规范化，形成了日益完善的组织领导体制和运行机制。

一、领导体制

健全的领导体制是搞好大学生军训的关键。我国 2011 年 10 月 29 日修订的《兵役法》第 48 条规定："普通高等学校和普通高中学生的军事训练，由教育部、国防部负责。教育部门和军事部门设学生军事训练的工作机构或者配备专人，承办学生军事训练工作。"这一规定，不仅明确了负责大学生军训工作的主管部门，还要求教育系统和军事系统分别设立相应的大学生军训工作机构。国家教育部门和国防部对大学生军训的组织领导工作，主要体现在对大学生军训的规划、训练机构的编制设置、军训大纲的制定和军事教材的编写、具体规章制度的制定、训练器材与武器弹药的保障，以及对军事训练的检查指导等方面。中国教育系统从国家教委到各省、市、自治区教委、教育局，均设有大学生军训的工作机构或配备专人负责。

（一）教育部门的领导职责

教育部门对大学生军训工作的领导职责主要体现在五个方面：一是主动会同军事部门制定大学生军事训练方针、政策，积极协同军事部门制定大学生军事课教学大纲，组织教材编写工作；二是对下级教育部门的大学生军训工作实施检查、指导，及时总结交流经验，保证军训质量；三是根据编制规定选配好军事教员，有计划地组织进修，提升其专业素养；四是向财政部门编报大学生军训经费预算和分配计划，并监督、检查经费使用情况；五是协助军事部门对大学生实施培养后备军官的短期集训和其他相关工作。

（二）军事部门的领导职责

军事部门对大学生军训工作的领导职责主要体现在以下五个方面：一是积极会同教育部门制定有关军事训练的方针、政策，会同教育部门制定大学生军训教学大纲，编写军训教材；二是提供大学生军事训练所需要的武器、弹药、资料、训练器材；三是对下级军事部门实施大学生军训的检查、指导、总结和推广经验，提高军训质量；四是协助教育部门配备军事教员和组织军事教员的业务集训；五是会同教育部门组织实施培养后备军官的短期集训以及其他相关工作。

（三）高等院校的组织领导职责

《兵役法》第46条规定："普通高等学校设军事训练机构，配备军事教员，组织实施学生的军事训练。"这里的军事训练机构就是军事教研室。军事教研室是高等院校的武装部，相当于一个机构两个名称。

军事教研室主任通常由武装部部长兼任。高等院校对大学生军训的组织领导职责由军事教研室具体负责，主要有五项任务：一是制订高校军事教学计划并组织实施，制定有关规章制度，负责大学生军事课的考勤和考核；二是组织军事教员的政治学习、业务进修，开展教学研究活动，及时总结教学经验，提高教学水平；三是承办高校兵役工作，并协同军事部门组织大学生实施培养后备军官的短期集训；四是保管和维护武器装备、训练器材，协同保障部门购置训练器材，维修训练场地；五是协助学校体育教研室，组织学生的国防体育活动。

二、军训基本保障

大学生军训保障主要包括军事教员、训练经费和物资保障。

（一）军事教员配备

依据相关规定，大学生军训中军事教员与参训学生的比率如下：由高校组织的军训中，教员和学生比率为1：80；由部队组织的军训中，教员和学生比率为1：150，教辅人员与教员配备比率为1：70。为了保证教学质量，军训试点学校所缺的军事教员，可根据教学工作需要和学校军事教员的配备比率，由各试点学校提出所需教员人数，经军区、军兵种指定部队或院校，临时抽调现役军官担任，也可以在就近的军队院校聘请教员授课。军事教员可从学校现有工作人员、教员和部队转业干部中挑选，也可采取配备专职教员和聘请教员相结合的办法。

（二）军训经费预算

大学生军训所需费用主要包括教材、器材费，集中训练期间的伙食补助费，军事部门价拨给大学生军训期间使用的被装费（每人一套服装，到部队训练的增配被褥和蚊帐），以及教育行政部门的军训工作费等。这些费用通常由省级教育部门商请当地军事部门向财政部门编报预算，经财政部门审定后予以安排，列入地方年度教育事业费预算。高校军训机构的办公费、训练场地的维修费和组织学生到承训部队的交通费等，由高校主管部门在核定的年度预算中列支。关于大学生军训期间的伙食，在部队集训期间，大学生个人要向学校缴纳一定的伙食费，由学校按陆勤士兵二类灶标准统一向部队全费缴纳；在高校集训期间，由学校向参训大学生发放补助费；学生在部队训练期间所需的费用，由学校根据参训人数，按国家教委和军队规定的相关标准统一拨给承训部队，包干使用。部队派出的现役军官到高校的往返差旅费和训练期间的伙食补助费，在高校主管部门核定的经费预算内解决。学生在部队训练期间的医疗保障，由承训部队负责，医疗费由学校支付。

（三）军训物资保障

大学生军训所需的武器和弹药保障方式如下：在部队施训所需的武器、弹药，由承训部队提供；在高校军训所需的武器和弹药，从民兵武器、弹药中调整解决。大学生军训所需的被装装具，由国家教委统一向军队相关部门提出订购计划，各院校按规定的品种、数量、价格，就近到军队相关联勤部门办理价拨手续，领取物资。

第二节　大学生军训的实施方案

组织实施大学生军训不仅需要对外积极联络，对内做好协调，还需要以细致完善的实施方案为基础和依据，才能科学组织，有序实施。

一、制订实施方案需遵循的原则

制订大学生军训实施方案需重点遵循四项原则。

一是唯"上"原则。唯"上"是要学习上级指示，领会上级意图，吃透教育部、中央军委关于大学生军训的精神和有关指示，全面了解和把握新时代对大学生军训的标准和要求，确保所制订的实施方案能够充分贯彻国家教委、国防建设对大学生素质的基本要求。

二是唯"实"原则。唯"实"就是尊重客观实际。制订军训实施方案必须全面了解参训对象、人数、男女学生比例、高中参加过军训的人数以及军训过的内容；分析军训环境和方式，进行更为合理恰当的选择，例如是将学生集中在学校内实施封闭式训练，还是把学生拉进军营过军事化的军训生活等；了解不同层次学生身体状况和心理承受能力、训练期间的天气状况，以及相关的生活保障方式和训练保障能力等，确保制订的实施方案具有针对性、实用性和可操作性。

三是加强对外联系的原则。加强对外联系，就是学校通过人武部或军事教研室，在制订军训实施方案前，加强与承担学校军训任务的部队或军事院校沟通和联系，明确需要多少名教官来组织训练、军事理论知识学什么、操场训练练什么，以及军训验收标准和内容等问题，确保制订的实施方案具有充足的可行性。

四是搞好内部协调的原则。对内协调主要包括军训辅导员的确定，军训营、连、排、班的编组，各级组织的健全，军训领导机构人员内部任务的分工，军训学生食宿的安排，各类值班、值勤人员的确定，以及军训训练场地、训练器材和授课礼堂的协调，卫生保障、着装保障、车辆保障及其他相关保障等内容。制订军训实施方案前，组训者必须搞好内部协调工作，做到心中有数、协调到位，确保制订的实施方案落实顺畅，不出现扯皮或推诿现象。

二、军训实施方案的主要内容

大学生军训实施方案主要涵盖七大内容。

一是指导思想和目的。指导思想和目的主要是明确军训以什么为指导、以什么为依据、应遵循什么原则、按照什么要求、突出什么重点、达到什么目的等问题。军训指导思想和目的大多具有共性，如大学生军训的指导思想必须以党的领导核心和国家军委主席关于学校教育和国防建设的重要论述为指导，以《中华人民共和国国防法》《中华人民共和国兵役法》《中华人民共和国国防教育法》和国务院办公厅、中央军委办公厅出台的《关于深化学生军事训练改革的意见》、中央军委国防动员部新修订的《普通高等学校军事课教学大纲》为依据。大学生军训的目的是通过组织学生军训，提高学生的思想政治觉悟，激发爱国热情，增强国防观念和国家安全意识；进行爱国主义、集体主义和革命英雄主义教育，增强学生的组织纪律观念，培养艰苦奋斗的作风，提高学生的综合素质；使学生掌握基本军事知识和技能；为国家培养社会主义事业建设者和接班人打好基础等。

二是组织领导。组织领导是确保军训顺利展开的组织保障。要明确此次军训应成立一个什么军训机构，如成立一个军训旅或军训团；明确具体的领导体制，如旅、营、连或团、营、连，并确定军训旅长、团长、政委及副职人员和司、政、后领导的职责。

在确定组织领导机构、明确组织领导人员之后，还应确定各级领导的主要职责。军训旅长或团长对整个军训负全责，具体负责军训组织、安全管控和成果验收；军训旅或团的政委负责全旅或全团人员的军训思想政治工作、宣传教育工作及心理疏导工作；军训旅、团领导的副职主要协助好正职的军训工作；军训司令部参谋长主要负责军训计划的拟订、军训现场组织和指导，及时发现问题、纠正问题，确保训练，并验收效果；军训政治部（处）主任主要负责了解和掌握各营、连参训人员的思想状况，利用"军训专刊"、小广播和黑板报、墙报及各种形式开展军训思想教育活动，不断激发参训人员训练的积极性；军训后勤部（处）长主要负责军训人员的着装、卫生和食宿等各项保障工作，并做好防暑降温工作。

三是参训人员及编组。主要明确参训人员的具体数量和编组方式，以及各自工作职责。大学生军训通常编成军训营、连、排、班，确定各军训营长、教导员、连长、指导员，营长通常由承训部队或军事院校连以上干部担任，教导员通常由大学思想政治老师或班主任担任。

四是军训计划。军训计划主要明确在什么时间，学习什么军事理论，训练什么军事科目，在什么地方训练，由谁来训练，课堂教学和实际操作训练需要什么保障，以及具体负责人等内容。为确保军训效果，制订军训计划时应遵循一些基本的训练规律，即在安排训练内容时由简至繁、由易到难，并注意科学搭配，做到室内授课与室外训练相结合、体力与脑力相结合、动与静相结合，还需增加一些知识性、趣味性的训练内容，使参加训练的大学生在艰苦训练中不会感到枯燥乏味，而是时训时新，总有新鲜感。

五是军训期间活动安排。为了更好地激发学生军训热情，鼓舞学生军训士气，军训期间可开展一些有益的活动，如评比"军训先进连队""军训先进个人""优秀教官"等活动，还可将"歌咏比赛""内务卫生""军体拳比赛"等纳入评比之中，让各营、连受训大学生在各种评比竞赛中增强集体荣誉感和不断进取精神。

六是军训有关保障。主要明确参加军训大学生服装保障、卫生保障、食宿保障，以及训练用枪、用车和训练器材保障等。

七是具体要求。主要明确所属单位对军训的具体要求，包括军训管理要求、思想政治工作要求和训练安全工作要求等。

第三节　军训各类人员的职责

明确军训各类人员的职责，也就是详细说明所有组训者和参训者在军训中的具体工作是什么？如何完成工作，以及工作的具体标准。

一、军训旅（团）组训者的职责

军训旅（团）长与旅（团）政治委员共同负责全旅（团）工作，其中，旅（团）长对旅（团）的军事训练负主要责任，旅（团）政治委员主要负责政治工作。

旅（团）长的具体职责有五项。一是了解和掌握全旅（团）情况，按照相关学校的要求和指示，制订军训计划及军事理论课教学安排，适时提出军事训练的具体任务及领导部属贯彻执行；二是进行督促检查，确保军事训练、军事课教学任务的顺利完成；三是带领和教育全旅（团）贯彻执行中国人民解放军有关条令、条例和学校规章制度，预防各种事故的发生；四是教育培养部属，不断提高其军政素质和管理能力；五是加强军训队伍建设，发挥旅（团）机关的职能作用。

旅（团）政治委员的具体职责有五项。一是领导全旅（团）学习党的创新理论，贯彻党的路线、方针、政策，使全团保持坚定正确的政治方向和旺盛的训练热情；二是领导全旅（团）的临时党（团）组织建设；三是领导全旅（团）贯彻执行中国人民解放军有关条令、条例和学校规章制度，维护条令的严肃性；四是协助旅（团）长组织全团的军事训练，保证军训任务的完成；五是领导军训中后勤保障工作。

军训旅（团）参谋长是协助主管领导的主要组织者和协调者，直接组织领导学院的军训工作，其具体职责有五项。一是组织收集、研究与军训有关的资料，向主管领导报告和提出建议；二是按照相关学校和主管领导的要求，编制训练计划，指导全旅（团）贯彻执行，检查执行的情况；三是深入训练场和课堂，协调解决操练和课堂中的问题；四是负责军训教官的联系、武器的调配与管理；五是完成领导赋予的其他任务。

副旅（团）长协助旅（团）长工作，在旅（团）长临时离开岗位时，按照军训领导小组组长或者旅（团）长、政治委员的指定，代行旅（团）长职责。其主要职责是负责军训的组织和实施。

旅（团）副政治委员协助政治委员工作，在政治委员临时离开岗位时，根据院军训工作领导小组组长或者政治委员、旅（团）长的指定，执行政治委员职责。其主要职责是负责军训中的思想政治工作。

二、军训营组训者的职责

军训营营长与营政治教导员（系党支部书记）共同负责全营的工作。营长对全营的军事训练负主要责任，营政治教导员主要组织领导政治工作。

营长的具体职责有四项：一是了解和掌握全营情况，按照训练计划和上级指示，落实具体措施，贯彻执行，保证训练任务的完成；二是教育和带领全营贯彻执行中国人民解放军有关条令、条例和学校的规章制度，严格行政管理，预防各种事故；三是教育培养参训官兵，不断提高其军政素质和管理能力；四是完成领导赋予的其他任务。

营政治教导员的具体职责有六项：一是执行政治教育的各项规章制度，掌握全营的思想状况，做好经常性的思想工作；二是熟悉连队的临时党团支部情况，指导帮助连队，严格组织生活制度，发挥模范带头作用；三是协助营长组织全营军事训练；四是深入教官和学生中了解情况，发现问题立即处理，及时解决各种矛盾；五是组织开展全营的文化娱乐活动；六是完成领导赋予的其他任务。

三、军训连组训者的职责

连长与政治指导员（带训教官）共同负责全连的工作。其中，连长对全连的军事训练负主要责任，政治指导员主要负责连政治工作，是连队临时党支部日常工作的主持者。

连长的具体职责有四项：一是根据训练计划和上级的指示，结合实际组织领导全连的军事训练，传授军事技能；二是教育和带领全连贯彻执行中国人民解放军有关条令、条例和学校规章制度，严格行政管理，遵纪守法，预防各种事故；三是与指导员一起教育和培养所属排长、班长，不断提高其组织指挥能力；四是完成领导赋予的其他任务。

政治指导员的具体职责有七项：一是做好军训中的政治工作，有针对性地进行思想动员，运用各种方法开展思想教育，注重发挥党团员的先锋模范作用，保证训练任务完成；二是和学生一起操课，掌握学生的思想状况，经常和他们谈心，激发他们的训练热情；三是做好训练中的后勤保障工作；四是领导开展健康的娱乐活动，活跃连队的文化生活；五是与排长一起选配好班长；六是组织开展向军人学习的活动，密切搞好承训部队与学生的团结；七是搞好军训总结，并完成领导赋予的其他任务。

四、军训排、班组训者的职责

排长（军训教官）对全排的军训工作负完全责任，其具体职责有七项：一是领导全排完成军政训练任务，提高全排人员的军政素质；二是领导全排遵纪守法，严格执行规章制度，维护正规的生活秩序，养成良好的生活作风；三是教育全排爱护武器，严格执行武器保养与管理规定；四是帮助班长提高组织指挥能力和管理教育能力；五是掌握全排人员思想及身体状况，关心爱护学生，做好思想政治工作；六是落实安全措施，预防各种事故；七是完成领导赋予的其他任务。

班长对全班的工作负完全责任，其具体职责有五项：一是督促全班人员按时操课，带领全班完成军政训练任务，提高全班人员的素质；二是带领全班严格执行规章制度，严格遵守组织纪律，养成良好的工作作风；三是带领全班爱护武器，严格遵守武器使用规定；四是掌握全班人员的思想及身体状况，及时做好思想政治工作，搞好全班团结，完成各项任务；五是完成领导赋予的其他任务。

五、军训参训人员的职责

参训人员主要负责完成军训任务，其具体职责有七项：一是服从命令，听从指挥，令行禁止，克服困难，坚决完成训练任务；二是积极参加军事训练和其他集体活动，不断提高政治觉悟，掌握所学的军事技术；三是爱护武器装备、军训器材设施；四是严格执行各项条令、条例和规章制度，服从管理，遵守纪律；五是吃苦耐劳，团结互助，认真执行勤务，努力完成各项任务；六是尊重首长和老师，讲文明、懂礼貌，热爱解放军；七是认真落实安全措施，杜绝事故的发生，保守军事秘密。

第四节　军训组织实施方式

训练、考核、竞赛与评比是管控军训活动顺利实施的基本手段，也是军训工作的四个重要环节，抓好这四个环节，对提高军训质量，具有非常重要的促进作用。

一、训练

大学生军训有课堂教学和操场训练两种最基本的训练方式。

（一）课堂教学

课堂教学是最基本的训练方式。课堂教学要求教员提前到达教室，做好上课准备；参训学生应提前5分钟整队进教室，进入教室后，要保持肃静，准备好学习用品。教学过程中，参训学生着装要统一，军容要严整，坐姿要端正，精力要集中，言行举止要文明礼貌；教员要为人师表，严格要求，大胆管理。

学生提问须先报告，经教员允许后，方可起立提问。教员点名提问时，学生应迅速起立答"到"，然后回答问题，回答结束应说"回答完毕"。教员应按时下课，不拖堂，不提前。学生不迟到、不早退。

教室内不准大声喧哗，不准嬉笑打闹，不准吸烟，不准随地吐痰和乱丢杂物、接打手机，爱护室内的一切设备，不得随意挪动，不准在黑板、墙壁、桌椅上乱写乱画。上课结束后，值班员应指定专人擦净黑板，整理好桌椅，切断电源，关闭门窗。

（二）操场训练

在操场训练时，各连、排必须按规定的时间，整队到达指定位置，并清点人数，整理着装，向指挥员（教员）报告。操练中，指挥员（教员）要严格要求，严格训练，大胆管理，认真遵守条令、条例和教范的规定。操课中使用枪支时，操课前后必须组织验枪，严禁枪口对人。操练中要精神饱满，口号洪亮，军容严整。操课时应统一掌握时间，由指挥员视情况原地休息。休息时不得随意离开训练场，不得躺卧和打闹。操课结束后，指挥员（教员）应组织讲评，各连、排应清点武器、器材，整队带回。

射击场实弹射击训练也属于操场训练内容，实弹射击准备工作要周密细致，安全措施要具体明确，组织指挥要沉着果断。全体人员应严格遵守靶场纪律，服从命令，听从指挥，确保安全。

二、考核

考核是检验大学生军训效果的基本手段，严格的考核对大学生军训质量起着有效的管控和导向作用。

（一）考核的目的和要求

考核是军训过程的一个重要环节，其目的是促进学生加强训练，巩固所学知识，突出军训效果，总结经验，提高训练质量。军事技能训练作为学生的一门重要的必修课，记 1 学分，纳入学校学籍计划，要严格训练、严格要求，成绩要载入个人档案。

（二）考核科目

按照《普通高等学校军事课教学大纲》的要求，集中训练阶段要进行"军事训练"及"日常管理"考核。其中军事训练包含有"队列训练"和"实弹射击"等内容，日常管理包含有"内务卫生""作风养成"的考核。两个课目的总分，按训练时数各 50% 评出军事技能训练总成绩。

（三）考核方式

对室外训练的科目，采取实际操作与日常训练出勤各占 50% 综合评分。日常作风养成按照每天检查的办法，每周对个人的内务卫生、作风纪律进行两次考查，综合评定。

（四）考核组织领导

队列考核主要进行单个军人队列动作考核，以连为单位组织实施，考核时设主考场和准备区。主考场设主考、陪考和监考。主考由连长担任，陪考由排长担任，监考由各连指导员和副指导员担任，3 人或 4 人一组进行。日常作风养成主要是指连、排日常考察学生的内务卫生、军容风纪、学习作风、组织纪律观念等。实弹射击由军训旅（团）组织实施，实弹射击 5 发子弹，命中 5 环以上为 100 分，40 ~ 45 环为 90 分，35 ~ 39 环为 80 分，25 ~ 34 环为 70 分，25 环以下为 60 分。日常作风养成按照每天检查的办法，每周对个人的内务卫生、作风纪律进行两次考查，综合评定。

三、竞赛

为了激发学生训练热情，掀起争先创优、互帮互助的训练氛围，提高训练质量，在学生军训中开展各项竞赛活动，选拔优胜，激发动力。

竞赛的奖项通常有八项：一是队列训练先进单位（班、排、连）；二是射击训练先进单位（班、排、连）；三是内务卫生先进单位（班、排、连）；四是日常管理先进单位（班、排、连）；五是歌咏比赛先进连队；六是优秀教员；七是优秀射手；八是优秀学员。

四、评比

评比是为了在相同的平台和基础上，公平择优，进行奖励。评比有着严格的标准和条件，具体如下。

一是队列训练按会操成绩和平时训练情况综合评定，成绩在 80 分以上的集体为队列训练先进单位。二是射击训练先进单位主要以实弹射击成绩为依据，及格率高的前 1/3 以内的连队为先进连队。训练中发生武器损坏、丢失现象的连队不能参加评比。三是内务卫生先进单位的评选，按定期检查和平时抽查的成绩综合评定，成绩在 80 分以上的连队为内务卫生先进连队。四是日常管理先进单位的评选，主要依据军训大队检查各连的队列、会场、课堂、食堂纪律等情况综合评定，成绩在 80 分以上的连队为日常管理先进连队。五是歌咏比赛先进连队的评比，按平时歌咏比赛成绩综合评定，成绩在前 1/3 以内的连队为先进连队。六是优秀教员的评比，其条件是教学效果好，组织指挥能力强，模范作用好，严格要求，严格训练。一般各营推荐 2～3 名教员报军训旅（团）审批。七是优秀射手的评定，实弹射击时 5 发子弹命中 4 发以上（含 4 发）者为优秀射手。八是对在军训过程中，思想道德好、训练成绩好、内务卫生好、作风纪律好的优秀学生，采用推荐的方法提出嘉奖人员，每排因人数不同而推荐 1～3 名，连队审定后报军训旅（团）批准。

第九章

从无序到有序

无序代表杂乱，有序代表整齐，世界永远会沿着从无序到有序的方向发展，一个人正常的成长过程也必然是从无序到有序。尽管这个成长过程往往需要外部施加一定的催化作用，但是，只有真正从无序发展到有序，才能从懵懂中实现成长和蜕变。对大学生而言，军训就是这样一种能起催化作用的外力。军训既教导大学生怎样吃苦耐劳，怎样迎接挑战，怎样把握自由与纪律的尺度，也教导大学生怎么合理地安排好自己的生活，怎么控制自己的言谈举止，怎么让自己始终处于安全的环境和良好的秩序之中。

第一节　军训一日生活制度

军训期间一日生活实行条令化管理。通常情况下，周一至周五每天均安排 8 小时操课、8 小时睡眠，起床、早操、洗漱、开饭、课外活动和点名时间基本固定，星期六以集体文化学习、文体活动等为主，也可以安排休息。星期日和节假日除特殊情况外安排休息。

189

一、军训一日生活内容

军训一日生活的主要内容有起床、早操、就餐、操课、课外活动、晚点名、班务会、就寝等。

（一）起床

值班员按时吹起床号（哨），并检查各连、排起床情况；参训学生听到起床号（哨）声后立即起床，按规定着装，做好出操准备；各类值班（值日）人员按照规定认真履行职责；卫生员检查各班、排有无病号，对患病者根据情况处理，并上报指导员。

集体活动如果超过熄灯时间1小时，第二天可推迟起床时间。休息（节假）日可推迟半小时起床。

（二）早操

除休息日和节假日外，军训大学生（担任公差、勤务的人员和经医务人员建议并经教官批准休息的伤病员除外）应一律参加早操，早操时间为30分钟，主要进行队列训练和体能训练。早操通常以连或排为单位组织实施，听到出操号（信号）后，各班、排迅速集合，检查着装和携带的装备，跑步带到连集合场，向值班员报告；值班员整理队伍、检查着装、清点人数，向负责人报告，然后按指定的地点、内容组织早操。星期六、星期日通常安排卫生整理，不出早操。

（三）整理内务和洗漱

早操后，整理内务、清扫室内外卫生和洗漱，时间不超过30分钟。班值日员协助检查和整理本班内务卫生，同时负责检查全连内务卫生。

教官每周组织1次全连内务卫生检查。

（四）就餐

听到开饭号（信号）后，值班员以班、排或连为单位，组织参训学生按时就餐；参训学生由值班员整队，按照次序依次进入食堂指定地点就餐，就餐时不得大声喧哗，不得敲打碗筷，不得浪费食物。餐毕自行离开。

（五）操课

操课前，参训学生应根据科目内容做好准备。听到操课的号（哨）声后，各连（排、班或者训练编组）迅速集合整队，清查人数，检查着装和应携带的教材、教具、武器装备等，准时带到操课地点。连、排干部要跟班操课，严格要求，严格管理，协助教员维护秩序，听从指挥。

操课中，按计划要求周密组织，认真训练。同时，严格遵守纪律，不得会客，不得迟到、早退。值班员在课间休息时间（操课通常每小时休息 10 分钟，野外作业和实弹射击根据情况确定休息时间）发出休息信号，组织休息；休息完毕，值班员发出继续操课信号。

操课结束后，各连、排检查装备，清理现场，集合整队，讲评后整队带回。

操课往返途中保持队列整齐，歌声嘹亮。

（六）午休

听到午休号（信号）后，除执勤人员外，全体参训学生均应卧床休息，保持肃静，不得进行其他活动，值班员检查全连人员午睡情况。

午休时间原则上由个人支配，但不得私自外出，不得影响他人休息。

（七）课外活动

军训期间课外活动统一安排，活动内容一般有文艺演出、体育比赛、游戏、课外辅导等。每周通常安排两个课外活动时间，以方便大学生处理个人事务。课外活动要求人人参加，不得无故缺席。

（八）点名

军训期间要求每日点名，由教官以连、排为单位组织实施，每次点名不得超过 15 分钟。

点名通常于就寝前或者其他时间列队进行，点名的内容为清点人数，讲评学习、训练情况，宣布次日工作或者传达命令、指示等。一般由值班员发出点名信号并迅速集合全连（队）人员，清查人数，整理着装，向教官报告。点名时，学生听到呼叫自己的名字时，在立正的同时答"到"，未到者由班长回答未到原因。

节假日结束时必须点名。

（九）班务会

班务会由班长主持，每周开 1 次，通常在星期日晚饭后进行，时间不超过 1 小时。班务会的内容主要讲评一周内训练、学习、生活作风、纪律等方面的情况，以及表扬好人好事，解决存在的问题，对下周工作提出要求。

（十）就寝

值班员在熄灯号（信号）前 10 分钟，发出准备就寝信号，督促全体学生做好就寝准备。学生听到熄灯号（信号）后，应立即熄灯就寝。就寝时，衣、物要放置有序。熄灯后，不准说话，不准吸烟，不准听收音机，不准接打电话或发送短信、玩电脑等，保持室内安静。干部和值班员要督促学生及时就寝，夜间应坚持查铺查哨。

休息日和节假日的前一日可以推迟就寝，时间通常不超过 1 小时。

二、军训日常管理规定

军训日常管理涵盖内务、军容军纪、集会、请销假、紧急集合等内容，是规范一日生活秩序的标尺和依据。

（一）内务规定

军训期间的内务设置以利于战备，方便工作、学习、生活，符合卫生和安全要求为标准。一是学生宿舍的书桌、书架、台灯的摆放应当统一整齐，不得摆放玩具、饰物等物品。二是床上用品摆放符合军营标准。被子应叠成长 50 ～ 55 厘米、宽 40 ～ 50 厘米、高约 20 厘米的方块，置于床的一头中间；枕头和衣物应折叠整齐，放在床面内侧，外端与被子取齐，或放在被子下面；蚊帐折挂在床铺靠墙的一面或一头；床单要清洁平整，褥子下面禁止压放衣服、报刊、书籍等物品；军衣、军帽按规定挂在衣帽钩上或叠整齐放在床铺的统一位置，腰带正面向外挂在军衣下面或放在床的内侧。三是洗漱用品摆放整齐划一。床铺下除放置两双鞋外，不得放置其他杂物；脸盆放在脸盆架上，牙具、肥皂盒放在脸盆内，毛巾搭在脸盆上，露出脸盆外沿 10 厘米；暖瓶、茶缸要统一放置在适当的位置，暂时不用的物品放在箱内和壁柜内。四是宿舍保持整洁卫生。室内墙上不准糊纸，不准乱写乱画，不准乱钉钉子，不准私接电线；地面、墙壁要经常清扫，保持无灰尘、无杂物、无蜘蛛网；桌面、门窗要经常擦拭，保持干净；被子、褥子、床单要定期拆洗，保持清洁卫生。

军训期间一般要定期或是不定期地组织内务检查评比，好的寝室要给予表扬或奖励。

（二）请销假规定

军训期间外出，必须按级请假，按时归队销假，严禁私自外出和无故缺席训练。学生执勤和操课时间内，无特殊事由不得请假。教官要按比例严格控制请假外出人数。学生请假外出时，值班员负责登记，检查着装和仪容，交代注意事项，发放外出证。学生归队后，必须向值班员销假，并交回外出证。值班员需及时将外出人员的归队情况报告给教官。

军训学生在休息日和节假日外出时，通常 2 人以上同行，并指定负责人。请假一天以内由营长批准，一天以上由军训旅（团）长批准。

（三）请示报告规定

请示通常用于本单位无权决定或者无力解决，需上级部门决定的情形。向上级请示多采用书面或者口头形式，逐级请示。请示一般一事一报，条理清楚，表述准确。上级对下级的请示应当及时答复。

报告通常用于下级向上级反映和报告情况。下级向上级报告情况应当主动。报告通常逐级进行，必要时也可以越级报告。

（四）查铺查哨规定

军训期间的查铺查哨由教官负责，一般每夜不少于2次，其中1次必须在当晚23时30分至次日凌晨5时之间的时间段。

查铺查哨主要检查四项内容。一是人员在位和睡眠情况；二是服装、装具的放置是否符合战备要求；三是取暖设备是否符合防火和防煤气中毒的要求；四是卫兵（哨兵）履行职责情况，使用口令是否正确。

教官查铺时，动作要轻，尽量不影响学生睡眠。查哨时，要及时回答哨兵的口令和询问，严禁用隐蔽的方法接近哨兵。查铺查哨发现的问题，应当及时纠正和处理。查铺查哨情况，均要详细登记。

（五）紧急集合规定

军训期间，要根据实际情况，适时组织紧急集合训练。紧急集合训练需由教官预先制订紧急集合方案。方案通常规定包含六项内容：一是紧急集合场的位置，进出道路及其区分；二是警报信号和通知的方法；三是各分队到达集合场的时限；四是着装要求和携带的装备、物资数量；五是调整勤务的组织和通信联络方法；六是值班分队的行动方案。

参训学生要熟记紧急集合号令、口令及携带的各种物品，迅速到指定地点集合。

（六）登记统计规定

军训期间，要求每日及时、准确地按照《连队要事日记》规定的内容进行登记统计。需登记内容主要包括：实力，当日训练、教育或者执行其他任务情况，到课率，人员、装备变动，公差勤务，临时来队亲属，病号以及处理情况，派班情况，查铺查哨，武器装备、军容风纪、内务卫生检查，请假销假，违纪、事故案件，上级通知、指示以及其他重要事项等。

第二节 军训安全管理

安全问题是军训工作的重中之重，也是检验军训效果最基本的标准，要求所有参训人员务必高度重视。

一、安全管理要求

为做好大学生军训安全工作，确保大学生军训顺利实施，各级各部门在组织大学生军训时，通常需严格要求，按规管理。

一是提高对安全工作重要性的认识，加强对安全工作的组织领导。军训教官、教员要充分重视军训期间的安全工作，组织实施军训科目以及外出活动时，要制订安全工作方案，明确安全责任，预防各类事故的发生。

二是要经常对大学生进行安全教育，提高大学生注意安全、防范事故的自觉性。经常开展安全无事故检查，评比、表扬先进单位和个人，调动全体人员的积极性。

三是严格执行各项条令、条例和规章制度，严格按照操作规程组织实施训练和集体活动。

四是加强武器、弹药和军事装备的使用管理。在组织实施实弹射击时，要严格遵守射击场规定，严禁枪口对人，射击前、射击后必须验枪。射击完毕，要及时收缴剩余弹药，检查、清点器材装备。任何人不得私存子弹。

五是每次使用车辆时，要制订详细输送计划，明确行进路线。乘车时，严禁在车内嬉戏打闹，不准将身体的任何部位探出车外。

六是军训期间未经批准，不得私自外出。

七是加强医疗保健和卫生疾病预防工作，注意搞好室内外卫生，病号要及时请医生诊治。医务人员要做好饮食卫生和清洁卫生的检查和管理工作。

八是发生事故要立即处理，并及时上报。对事故要查明原因，追究责任。

二、安全管理措施

军训期间的安全管理通常沿用部队营区的安全管理措施，具体可归纳为"四严"、"五不准"和"六防"。其中，"四严"指：严格执行枪支弹药管理规定，坚持天天有检查、有登记；严格执行各种规章制度，坚持值班制度；严格执行按级请假、销假制度，参训学员禁止在外留宿；严格训练场的组织，做到课前有要求、课中有检查、课后有讲评。"五不准"指：不准枪口对人；不准私存枪支弹药；不准顶撞领导；不准私自下水游泳；不准酗酒、闹事、打架斗殴。"六防"指：防触电、防火灾、防食物中毒、防各种训练事故、防丢失、防各种不良倾向。

三、安全管理内容

军训安全管理涉及的内容较多，标准也较高。其中，大学生心理安全问题和枪支安全管理问题，更是安全管理重点问题和难点问题。

（一）心理安全管理

军训是新生的必修课，是每个学子都必须接受的"洗礼"。一方面，军训是大学生磨炼意志和毅力的重要阶段。另一方面，军训也是苦累交加的人生体验，要求大学生努力调整心态，以轻松、愉悦的状态度过这段特殊的军旅生涯。

一是要以平静的心态迎接军训。军训期间，大学生很容易带着对军训生活的朦胧向往、新奇和刺激的感觉迎来艰苦和枯燥的操课训练，这种大起大伏的心理落差对参训大学生情绪的影响是必然的，大学生在军训中一定要保持平稳的心态和正常的生活节奏，早起早睡，以平和的心态完成军训任务。

二是要做好自我保健。军训时人的体力消耗极大，一定要注意补充营养，增加蛋白质的摄入，多补充水分，以运动饮料和茶水、盐水最佳，不要拼命喝白开水或矿泉水。尤其大雨或大汗淋漓后不要急于喝水，稍微休息片刻再补充水分，以免对肠胃突然加重负担造成伤害。

同时注意防晒，出门前半小时就要涂好防晒霜，防晒霜要随身携带，一般两个小时就要涂一次。

三是适应军训生活。军训是高度规范化、集体化的封闭式生活。只有快速融入，才能很好适应。第一，要自信，要大胆热情地与人交往，主动打招呼、聊天和沟通，增进相互了解，扩大交往范围，消除孤独感，培养集体归属感。第二，要认识到军训是一种对体力、心理的艰苦考验，只有经过考验，才能得到收获。在面对单调和重复高强度军训压力时，可以利用多种方式调节心情，适应军训。如饭后散步，训练间隙拉歌，同学之间聊天、做小游戏等。每天睡觉前，用几分钟时间在心里默想当天的收获，用一种欣赏的眼光发现军训生活的意义和价值。

四是以乐观的心态享受军训生活。军训期间会举行各种各样的活动，为个人展示特长提供了充足的空间。参训学生要敢于表现，充分展现自我，大胆融入集体之中，增强协同感和归属感，为大学时代良好的人际关系添一道亮丽的风景线。

（二）枪支使用安全管理

军训枪支的使用和管理有着具体的标准和要求，具体内容如下。

1. 根据武器管理的有关规定，对学生军训使用的枪支必须加强管理，严格出入库手续，建立交接登记簿。

2. 军训中枪支的使用，原则上按照训练的要求进行，由各连首长签名登记，统一领取，使用完毕后，擦拭枪支，送回并予以注销。严禁个人私自借枪使用，更不允许携带枪支外出。

3. 各连领取训练枪支时，应检查验收枪支状况，严禁使用有故障的枪支。训练中必须严格遵守枪支操作规定，严禁枪口对人，禁止持枪打闹或做其他与训练无关的动作，确保人员安全和防止武器装备人为的损坏。

4. 枪库保管人员在接收使用完毕的入库枪支时，必须认真清点验收，并督促使用者将武器擦拭干净。损坏、丢失时应立即查明原因上报军训旅（团），并在枪库登记簿上填写枪支损坏或丢失的原因、时间、地点及当事人姓名。

5. 实弹射击过程中，一定要按照教官的口令操作枪支，严格执行射击场纪律，一切行动听指挥。

6. 军训旅（团）要定期检查各连枪支的使用情况和军械人员对武器的管理状况，发现问题及时通报。全体参训人员若因违反有关规定而造成武器装备损坏、丢失和人员伤亡的，除对当事人采取必要的行政处理外，还要追加一定的经济赔偿。

（三）实弹射击场安全管理

实弹射击场管理是安全工作的重中之重，有着严格的管理规章制度。

1. 射击前，射击指挥员应向全体人员明确戒严、开始射击、停止射击、报靶、射击、终止等信号规定。

2. 射击前后必须严格检查（验枪）武器，进入射击场后，不管枪内有无子弹，严禁枪口对人，不准私自离场。

3. 在射击场内由射击指挥员统一指挥，任何人员未经许可不得进入射击场。

4. 进入射击地线后，没有指挥员的命令严禁装子弹，严禁将装有实弹的武器随意放置。

5. 射击开始后，任何人不得进入射击地线。示靶、报靶员没有明确接到射击指挥员的命令，绝对禁止观望，并戴好防护用具。

（四）突发事故的管理和处置

军训中，发生晕倒、中暑、食物中毒等状况时，医务人员、班主任等现场管理人员要立即将发生状况的大学生移到阴凉处，采取必要的急救措施。如果情况严重，要立即报告安全领导小组，或拨打120急救电话，学校也可以在最短的时间内将学生送到医院急救，并及时通知家长。

参训大学生如发生受伤等情况时，现场管理人员应立即采取救护措施，情况严重的要立即报告并送参训大学生到医院救治，同时通知家长。

参训大学生如发生打架斗殴等重大违纪事件时，现场管理人员要立即采取果断措施，制止事态扩大，救护受伤人员，隔离打架双方，立即停止其军训，进行处理。

若参训大学生私自离开学校，且找不到其下落时，要立即进行查找，及时报告军训安全领导小组，并通知家长配合寻找。对私自离队的参训大学生要给予必要的行政处分。

参训大学生发生财物失窃情况时，管理老师要立即进行排查，保护现场，报告安全领导小组，必要时向公安机关报案。班主任要做好参训学生的安抚工作，避免学生情绪失控。

第三节　军训卫生管理和保健

卫生管理和保健是大学生军训中相互关联、相互促进、相互影响的两个要素，也是军训管理工作的重要内容。

一、军训卫生管理

军训卫生管理可分为如下三个不同的阶段。

（一）大学生军训前的卫生管理

军训开始前，大学生卫生管理的内容主要有三项。

一是按规定进行卫生整顿，包括理发、洗澡、换衣等。二是按规定进行体格复查、病史登记、心理测试等，对大学生进行健康检查，并建立健康档案。对查出患有疾病的大学生，应当及时治疗，不适宜继续军训的，及时报请学校按照规定安排其退出。三是进行卫生防病知识教育以及预防接种。对来自疫区或者运输途中发生传染病的大学生，应当实施集体检疫，发现传染病病人或者疑似传染病病人，必须根据病种迅速采取隔离、消毒等相应的预防控制措施。

（二）大学生军训期间的卫生管理

军训期间，大学生卫生管理内容主要有五项。

一是经常进行健康教育，培养大学生良好的卫生习惯，做到饭前便后洗手，不吃（喝）不洁净的食物（水），不暴饮暴食。二是勤洗澡，勤理发，勤剪指甲，勤洗晒衣服、被褥。三是不随地吐痰和便溺，不乱扔果皮、烟头、纸屑等废弃物。四是保持室内和公共场所的清洁卫生。室内保持整齐清洁，空气新鲜，无蜘蛛网、污迹、烟头、积尘，及时消灭蚊子、苍蝇、老鼠、蟑螂等害虫；室外道路平整，沟渠畅通，无积水，无蚊蝇滋生地。有定点的密闭式垃圾收容设施，做到垃圾不乱倒、不暴露、定期处理。五是定期检查生活饮用水的水源、水质。水质不符合要求的应当处理，加强水源保护。

军训大学生应当学习和遵守各项卫生规章制度，接受卫生人员的监督指导，积极参加营区卫生和生活环境卫生治理整顿工作。

卫生检查，通常班（排）每日组织 1 次，连每周组织 1 次，军训团在军训期间组织 1 次卫生检查评比。

二、军训保健管理

做好保健工作是大学生军训顺利实施的有力保障，要求组训学校结合训练任务、训练环境和季节变化，在确保完成任务的前提下，做好保健工作，合理控制参训人员的活动量，既不过少，也不过多。

一要注意补充水分。军训期间因天气炎热出汗较多，一定要注意补充水分，以运动饮料、淡茶水、淡盐水最佳，不要拼命喝白开水或矿泉水。

二要注意补充营养。军训体力消耗较大，要注意合理饮食，特别是早餐要吃饱。奶、肉、蛋、蔬菜、水果要合理搭配。

三要注意保护脚。训练时穿棉质的袜子。鞋子大小一定要合适，最好不穿新鞋。

四要讲卫生，预防疾病。学生住在集体宿舍，培养良好的卫生习惯，可以避免一些疾病的传染。如饭前便后要洗手；瓜果要清洗削皮；不吃不洁净和变质的食物；不随便用别人的物品；用温水洗澡；女生应注意经期卫生；保持寝室清洁，经常开窗通风。

五要防晒防中暑。出门半小时前在暴露部位要涂抹防晒霜，以防紫外线灼伤。若周围有发生中暑者，应该将其迅速转移到阴凉通风处静卧休息，脱掉或解开衣服，用冷毛巾擦身，也可让中暑者喝一些清凉含盐的饮料，若情况严重，应立即送医院。

六是不硬撑。如军训中感到身体不适，不要硬撑，应及时报告教官，到校医院就诊，让医生决定能否军训。

七要按时作息。军训期间应按时作息，只有休息好了，才能保持充沛的精力和体力。

八要学会沟通。新生来自各地，到新的环境中会遇到各种各样的问题和困难，这时要学会沟通、交流，虚心向教官、老师、同学请教，可以使自己尽快熟悉新环境，融入新的大家庭中。

第四节　战备规定与要求

战备是武装力量为及时应对可能发生的战争或突发事件而在平时进行准备和戒备的活动。战备内容主要有日常战备、等级战备、战场建设等。大学生军训过程中要重点掌握日常战备和等级战备中的相关内容。

一、日常战备

日常战备的内容比较多，重点是做好战备教育、节日战备和"三分四定"三项工作。

（一）战备教育

战备教育由政治机关组织，通常每季度进行一次。节日、特殊时期和部队执行任务前一般也要进行针对性战备教育。战备教育通常包括以下三个方面的内容。

一是进行马克思主义战争观、军队根本职能和新时代军队历史使命教育。大力培育当代革命军人核心价值观，使全体人员形成时刻准备打仗、时刻准备执行非战争军事行动任务的意识。二是进行形势、任务教育和反渗透、反心战、反策反、反窃密教育，以及战备工作法规制度教育。克服麻痹思想，增强战备意识，保持常备不懈。三是进行爱国主义、革命英雄主义教育。强化战斗精神，培养英勇顽强的战斗意志和战斗作风，坚定敢打必胜的信心。

（二）节日战备

节日战备指部队在经常性战备工作的基础上，按照上级规定的等级战备要求，在节日期间所进行的战备活动。节日战备时限，自节前一天的 8 时起，至节日结束次日的 8 时止。节日与双休日连在一起时，战备时间提前或顺延。

大学生军训同样涉及节日战备的问题。节日战备前，通常组织战备教育和战备检查，制订战备计划，调整加强值班兵力，完善应急行动方案，及时上报战备安排。

节日战备期间，要按规定保持人员在位率和战备完好率，加强战备值班、执勤、巡逻警戒和对重要目标的防护。节日战备结束后，要及时向上级上报节日战备情况。

（三）"三分四定"

"三分四定"是部队对战术储备物资存放与管理的基本要求。

"三分"指战备物资按规定分为携行、运行和后留三类。携行物资指紧急情况时随身携带的必备物资；运行物资指个人很需要，但携带不了，需要上级单位帮助运走的物资；后留物资指不需要带走的个人物资（主要是指自己购买的、不是部队配发的东西），留在营房里，由上级统一保管。

"四定"指战备物资在存放、保管和运输中做到定人、定物、定车、定位。定人就是将携行、运行和后留物资明确到具体的个人并以标签进行标识；定物就是将个人储备物资按照携行、运行和后留物资进行区分，明确各自的种类和数量；定车就是明确个人携行和运行物资放置的具体车辆（几号车）；定位就是明确个人携行和运行物资放置在车辆上，后留物资放置在库室内的具体位置。

二、战备等级及转换

等级战备是部队为准备执行作战任务，或者情况需要时根据上级命令进入的高度戒备状态。

（一）战备等级的区分

战备等级是部队战备程度的区分，按照戒备程度由低到高分为四级战备、三级战备、二级战备、一级战备。

1. 四级战备

四级战备是在国外发生重大突发事件或我国周边地区出现重大异常情况，有可能对我国安全和稳定带来较大影响时部队所处的戒备状态。

2. 三级战备

三级战备是在局势紧张，周边地区出现重大异常情况，有可能对我国构成直接军事威胁时，部队所处的戒备状态。

3. 二级战备

二级战备是在局势恶化，对我国已构成直接军事威胁时，部队按照编制达到齐装、满员，完成行动准备的戒备状态。

4. 一级战备

一级战备是在局势已经白热化，针对我国进行战争的态势十分明显时，部队完成一切临战准备的最高戒备状态。

（二）战备等级的转换

战备等级可以逐级转换，也可越级转换。

做好遂行各项作战任务的部队进入等级战备，通常根据上级的命令，由平时战备逐级转入四级战备、三级战备、二级战备、一级战备；必要时，也可以越级直接进入二级战备、一级战备，或者由三级战备越级进入一级战备。

第四专题

拓展与发展

【导言】

　　随着生活水平的不断提高，人类的活动区域不断扩大，越野、登山、攀岩、探险等野外活动越来越成为一种人们熟知的时尚生活方式。与此同时，这种时尚的生活方式也充满了不确定性。当各种突发事件和意外危机不期而遇时，应该如何从容应对，才能做到既能保护自己，又能救助他人？这就要求参训大学生在经过最基础的军事训练之后，还必须进一步学习和掌握一些必备的军事技能。例如，军事地形学知识、救护常识和野外生存知识，以及紧急集合、行军拉练、野外生存、心理行为和战场救护等综合训练，大幅度提升军事素质。实践证明，经过拓展与发展训练的大学生往往会比未经训练者更具有坚强不屈的意志、坚韧不拔的毅力、不畏艰难险阻的勇气和百折不挠的精神，也更能适应各种复杂环境，其人生也会因此多一份精彩。

第十章

懂一点军事地形学

我国古代军事家孙武在《孙子兵法·地形篇》中指出："夫地形者，兵之助也"，"知彼知己，胜乃不殆，知天知地，胜乃不穷"。战争年代，毛泽东也曾多次指出一切作战行动都必须研究和利用地形。只要战争以地面为舞台进行，地形就是最不容忽视的重要因素。对军事地形知识的掌握和利用是现代军人必备的基本军事技能之一，也是《普通高等学校学生军事课教学大纲》规定大学生应学习的军事技能之一。

第一节　军用地图的识别

军事地形通过军用地图展示，军用地图的识图和用图知识是军事地形学的重要内容，需要重点学习和掌握。

一、地形对作战行动的影响

地形是地貌和地物的总和。地貌指地球表面高低起伏的形态，如山地、丘陵、平原等。地物指地球表面上人工或自然的固定性物体，如居民地、道路、江河、森林、建筑物等。当战争在地球表面进行时，地形作为其基本依托，直接影响作战方式与作战规模。地形对军队行动的影响是多方面的，这里简要介绍几种主要地形对作战行动的影响。

（一）平原

平原指地面平坦宽广，海拔在 200 米以下、落差在 50 米以下，坡度在 3°以内的宽广低平地面，以平坦广阔的地貌为主的地形。

平原地区通常物产丰富、道路成网、交通便利，部队补给方便，便于机动，便于指挥。尤其是北方平原，更能发挥机械化部队机动作战的优势，具体表现在：视界、射界宽广，便于观察射击，能较好地发挥各种火器的效能。其不足之处在于：不易选择观察所，很难找到足以瞰制战场的制高点，直射火器不便超越射击，炮兵不易选择良好的遮蔽阵地，对部队机动、工事构筑有特殊影响。总体来说，平原地形一般易攻难守。

（二）山地

山地又称山林地，指群山连绵，岭谷交错，层峦叠嶂、脉络明显，海拔 500 米以上，落差大于 200 米，坡度较大的地表形态。

山地一般地貌起伏显著，群山交错连绵，死角隐蔽地多，山高坡陡谷深，其间形成一些盆地，地形复杂且多岩石。南方山地一般斜面陡峭，山形凌乱谷狭岭窄、丛林密布，除公路外要越野通行比较困难。北方山地缺水多石，山脉高大，气候寒冷，垂直温差大，且降水量不均，带有浓雾和低云，对不适应者有一定的影响。山地地形道路稀少、崎岖，既不利于部队的通行、联系和补给，也不利于部队的协同，但适合部队的隐蔽集结以及组织防御作战。对攻防双方而言，山地地形各有利弊，但总体来说易守难攻。

（三）丘陵

丘陵是指地面起伏较缓，冈丘错综连绵，海拔在 200～500 米，落差在 200 米以下，坡度和缓，没有明显脉络联系的地貌形态。

丘陵通常坡缓谷宽，道路发达，便于部队机动和补给，履带式车辆可越野行驶，观察和射界开阔，既便于直射火器发挥火力，也便于通信联络；既利于进攻，也利于防御，且战场容量大，适合大兵团作战。因丘陵地形地貌多起伏，制高点和主要高地是攻守双方争夺的要点。

（四）沙漠与戈壁

沙漠戈壁地形，是以土质中的沙砾覆盖广阔地表为特征，所构成的一种特殊地形。沙漠地区人烟稀少，水源和农产品匮乏，道路和居民居住地少见，难以长途行进和生存。需要通过时必须选择合适的路线，并准备好水、食物，以及交通工具和向导。

沙漠地区气候干燥、风沙较大，气温变化大，对人员体能、武器装备性能和通信效果影响较大。一方面，沙漠地形参照物稀少，判定方位困难，易迷失方向，隐蔽、伪装条件差，工程构筑困难。另一方面，沙漠地形观察、射击条件较好，射界开阔，直瞄和间瞄武器均能充分发扬火力。总体来说，沙漠地形易攻难守。

（五）岛屿与海岸

岛屿指散布于海洋、江河、湖泊中完全被水包围的陆地。大的称为岛，小的称为屿，统称岛屿。岛屿面积狭小，地形复杂，淡水缺乏，有些岛屿之间航道狭小、暗礁多，通常易守难攻，但部队机动、补给受限，容易四面受敌。

海岸是指海洋与陆地相互接触和相互作用的狭长地带，包括海岸线两侧的陆上部分和水下部分。海岸是实施海岸防御和登陆作战的主要作战空间，对攻防双方至关重要。起伏较大的海岸地形，港湾锚地较多，利于舰艇隐蔽疏散驻泊。平坦的海岸地形，缺乏天然港湾和防御的依托地形，利于登陆兵上陆和向纵深发展，不利于抗登陆作战。

（六）城市居民地

城市是具有一定规模的工业、商业、交通运输业聚集的较大房屋建筑区域。城市内部有稠密的建筑物、街道网、地下工程设施，外围有瞰制、烘托作用的地形，对作战行动产生影响。

以城市为中心，涵盖四周卫星城镇与瞰制地形的广大地域，称为城市居民地地形。城市居民地地形对战斗行动的影响程度，决定于它的大小、所在位置、建筑物状况和附近地形条件等。大的居民地通常是攻、防的要点，也是敌人航空兵、炮兵、导弹和原子、化学武器袭击的目标。城市居民地便于构筑坚固的防御阵地，利于近战、夜战小分队战斗活动；利用城市电信设备可组织部队通信联络，便于军队宿营和后勤补给，但观察、指挥和协同不便，战斗队形易被分割，城市附近的高地、隘路、交通枢纽、桥梁、渡口、机场、火车站、发电厂、水源以及重要的工业区等，常常成为攻、防双方争夺的要点。

二、认识军事地形图

地图是按一定投影方法和比例关系，运用规定的符号、颜色和文字注记，把现地地形综合测绘在平面图纸上的图形，通常按内容分为普通地图和专题地图两大类。地形图，是普通地图的一种，其比例尺大于 1∶100 万，是国家经济建设、国防建设和军队作战、训练不可缺少的重要地形资料。军用地形图是为军事需要制作的各类地图的统称，是部队各级指挥作战的重要工具，能够为各级指挥员提供掌握战场全局所必需的资料和数据。

（一）图上基本要素

《管子·地图》里指出：“凡兵主者，必先审知地图。”要审知地图，首先必须了解地图的基本要素。

1. 投影

地球表面高低起伏，陡缓不一，有高山、丘陵、平原、江河、湖泊和海洋等。为了研究地形的方便，要将这些不同的地形转换到同一平面上。但球面是一个不能完整地铺展为平面的曲面，若硬将球面视为平面来测图，其结果必然使所测绘的地形图像把橘子皮压平一样而出现割裂与重叠。这就必须根据不同的用图目的，按照一定法则和要求，将球面上的地形点，转换到平面上。这种转换，称为地图投影。

军用地图是保障军事指挥、部队行动和武器装备运用的基本用图，要求投影角度没有变形，并使经线的投影为直线或短距离内保持直线，以便作为方位基准线；长度变形不能超过一定限度，以便于确定线段的长度、范围的大小、战场容量和机动速度。所以，军用地图的投影方法宜选择正（或横）轴、等角、长度变形不大的投影。

2. 比例尺

地球表面面积很大，要把它展绘在平面上，就必须按规定的比例进行缩小。缩小时，地图上的长度与相应实地长度必须保持一定的比例关系，这个比例关系就是比例尺。

（1）基本定义

地图上某线段长与相应实地水平距离之比，叫地图比例尺。即，地图比例尺＝图上长度／相应实地水平距离。例如，图上两点间长度为1厘米，相应实地两点间的水平距离为50000厘米，这幅地图的比例尺则为五万分之一或叫作一比五万（1∶50000或1∶5万），就是说这幅地图是将实地水平距离缩小5万倍绘制的。

地图比例尺的大小是按比值的大小来衡量的，比值的大小可根据比例尺分母确定，分母越小则比值越大，比例尺就大，分母越大则比值越小，比例尺就小。一幅地图，当图幅面积一定时，比例尺越大，其图幅所包括的实地范围就越小，内容就越详细，精度就越高，比例尺越小，图幅包括的实地范围就越大，但图上显示的内容就越简略，精度也越低。

（2）主要表现形式

由于地图比例尺大小的不同，地图的特点也不一样，所以在使用时，应根据任务和需要适当选用。地图比例尺通常绘注在地图图廓下方，以图形结合文字和数字表示，主要有以下三种形式。

一是数字式。以数字表示的为数字比例尺，它是用比例式或分数式表示的，如1∶50000（1∶5万）或1/50000。

二是图解式。将图上长与实地长的比例关系用线段、图形表示的，叫图解比例尺。图解比例尺有直线比例尺（见图10-1）、投影比例尺（见图10-2）等，地图上多采用直线比例尺，直线比例尺是用直线（单

线或双线）表示的。如图 10-1 为 1：5 万直线比例尺，从 "0" 向右为
尺身，图上 1 厘米代表 0.5 千米，从 "0" 向左为尺头，图上 1 小格代
表 50 米。

1：5 万

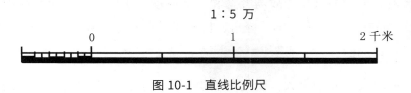

图 10-1　直线比例尺

图 10-2　投影比例尺

三是文字式。它是用文字叙述的形式予以说明的，如 "百万分之
一" 或 "图上 1 厘米相当于实地 500 米" 等。

（3）主要测距方法

在地图上量读距离需要依据地图比例尺，主要有四种基本方法。

一是在直线比例尺上量读距离。用两脚规（圆规）或直尺量出所
求两点间的长度（间隔），保持其长度不变，先将两脚规一头落在一个
整千米量值上，再使另一头落在直尺上，则整千米数值加上尺头上的
米数就是两点间的水平距离（见图 10-3）。

二是依数字比例尺换算距离。实际距离 = 图上长 × 比例尺分母；
图上长 = 实地距离 × 比例尺分母。通常图上距离用厘米表示，实际距
离用米表示。如在 1：50000 地图上，甲、乙两点距离为 2.4 厘米，则
其相应的实地水平距离为：2.4 × 500=1200 米。

三是用里程表量读距离。在地形图上量取弯曲路段或曲线距离时，
使用指北针上的里程表比较方便。里程表由表盘、指针及滚轮三部分
组成，表盘上的外分划圈上有 1：10 万、1：5 万、1：2.5 万等比例尺

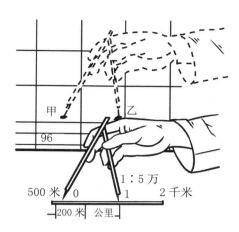

图 10-3 用两脚规量算距离

注记和千米数注记，每个数字均表示相应实地水平距离，量读时先将指北针上的里程表指针归"0"，然后手持指北针，将里程表指针放在所量线路的起点上，沿线路顺时针方向滚至终点，此时指北针所指的相应比例尺分划（千米数）即为所求实地水平距离（见图 10-4）。

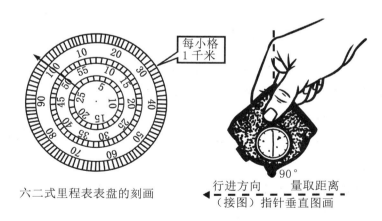

图 10-4 用里程表量读距离

四是目估方法（利用方里网）。在地形图上以整千米的图上长度为单位，等间隔地作平面直角坐标轴的 X、Y 的平行线构成方格网，这种相互正交的格网称为高斯平面直角坐标网或千米网、方里网。利用不同比例尺地形图中格网边长的不同，也可以概略估测出实际距离。不同比例尺的地图中方里网的边长规定如表 10-1 所示。

表 10-1   不同比例尺的地图中方里网的边长规定

	12.5 万	1：5 万	1：10 万	1：25 万	1：50 万
图上长	4 厘米	2 厘米	2 厘米	4 厘米	4 厘米
实地水平距离	1 千米	1 千米	2 千米	10 千米	20 千米
网格颜色	蓝色	黑色	黑色	黑色	紫色

必须指出的是，在地图中量取的距离是水平距离，而实地往往是有起伏的。因此如果实地起伏明显，坡度较大时，应依表 10-2 内的修正系数进行修正，否则会出现错误。

表 10-2   坡度修正系数

坡度	修正系数（%）	坡度	修正系数（%）	坡度	修正系数（%）
0°～5°	3	15°～20°	30	30°～35°	65
5°～10°	10	20°～25°	40	35°～40°	85
10°～15°	20	25°～30°	50		

3. 坐标

确定平面上或空间中某点位置的有次序的组数值，称为该点的坐标。地形图上的坐标有地理坐标和平面直角坐标。

（1）地理坐标

用经度和纬度表示地面点位置的球面坐标叫地理坐标，通常用度、分、秒表示。经度是以英国格林威治天文台为零点起算，向东、西各180°；纬度是从赤道起算，向南、北各90°。地球表面上任意一点的位置都有对应的经、纬度数值。

地形图是按经、纬度分幅的，地图的南、北内图廓线是纬线，东西内图廓线是经线。在 1：20 万～1：100 万的地形图上，绘有地理坐标网，纬度数值注记在东、西内外图廓间；经度数值注记在南、北内图廓间。在 1：2.5 万～1：50 万地形图上，只绘平面直角坐标网，不绘地理坐标网，但图廓四角注有经、纬度数值，内外图廓间绘有经、纬"分度带"，分度带的每个分划表示一分，如将两对边相应的分度线连接起来，即构成地理坐标网。用地理坐标指示目标或确定某点在图上的位置时，一般按先纬度后经度的顺序进行。

例如：在 1：5 万图上量读烟囱地理坐标的方法如下（见图 10–5）。

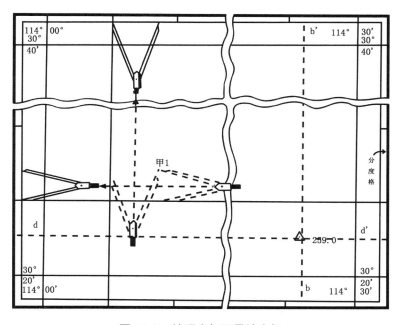

图 10-5　地理坐标网量读坐标

先求整分数值。即先在分度带上找到接近烟囱左方和下方的分划，再连接经、纬线，读出分值为纬度 21′，经度 01′。

再求秒值。先用两脚规量出目标点到所连经、纬线的距离，保持张度不变，再到分度带上去比量，再根据分度带 1 分的长度估算或按比例计算出秒值为纬度 25″，经度为 42.5″。

最后求总值。将前面量读的分、秒数相加，则烟囱的地理坐标为北纬 30° 21′ 25″，东经 114° 01′ 42.5″。

（2）平面直角坐标

确定地面上某点位置的长度值，叫该点的平面直角坐标。我国地形图上采用高斯平面直角坐标系。即以经差 60 为一个投影带，全球共分成 60 个投影带，每带的中央经线和赤道被投影成相互垂直的直线。纵坐标以赤道为零起算，赤道以北为正，赤道以南为负，我国位于北半球，纵坐标都是正值。横坐标本应以中央经线为零算起，以东为正，以西为负，为避免负值，规定各带中央经线按 500 千米计算（即等于将纵轴西移 500 千米），横坐标以此纵轴起算，则都成为正值。

平面直角坐标，主要用于指示和确定目标在图上的位置，也可根据方格估算距离和面积。指示目标或确定点的位置时，按先纵坐标，后横坐标的顺序进行。

一是用概略坐标指示目标。用概略坐标指示目标的图上位置时，通常只用该目标所在方格的千米数目即可（见图 10-6），116.6 高地的坐标为（67，46）。如需进一步明确地指示目标在方格中的位置时，可采用井字格法，即将 1 个方格划分为 9 个小方格，并按顺时针方向编为 1—9 号。指示目标时，在方格坐标后加注小方格的编号即可。

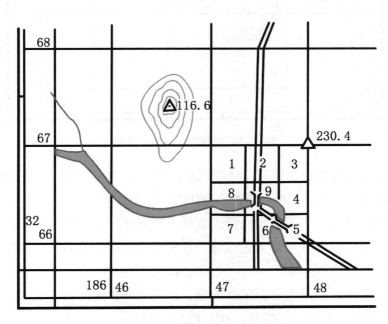

图 10-6　用方格、井字法指示坐标

二是用精确坐标指示目标。精确坐标是由目标的概略坐标（千米数），加上该点至所在方格下主横线和左边纵线的垂直距离（米数）组成，用于精确地指示目标和确定点在图上位置。

（二）地物符号及注记

在地图上，按照规定的符号和注记地面上的地物，根据地物符号和注记，可以识别出实地地物的种类、性质、形状和分布情况。

1. 地物符号的特点

地物符号主要有三个特点（见表10–3）。一是图形与地物的平面形状相似，其图形是按实地地物平面轮廓绘制的，如居民地、森林、公路、河流、桥梁等。二是图形与地物的侧面形状相近，其图形是按地物的侧面形状绘制的，一般用以表示实地较小的独立地物，如突出树木、烟囱、水塔等。三是图形与地物有关意义相应，其图形是按地物有关意义绘制的，它具有形象和富有联想的特点，如变电所、矿井、气象站等。

表 10-3　地物符号的特点

图形特点	符号及名称		
与平面形状相似	居民地	河流、苗圃	湖泊
与侧面形状相似	突出的阔叶树	烟囱	水塔
与有关意义相应	变电站	矿井	气象站

2. 地物符号的分类

根据表示内容的不同，地物符号可以分为依比例尺表示的符号、半依比例尺表示的符号以及不依比例尺表示的符号。

依比例尺表示的符号又叫轮廓符号。实地面积较大的地物，如居民地、森林、大的江河湖泊等，是按比例尺缩绘的，在图上可量取它的实地长、宽和面积（见图10–7）。

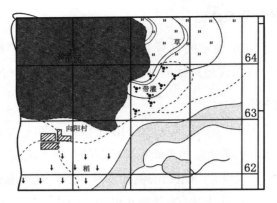

图 10-7　依比例尺表示的符号

半依比例尺表示的符号指宽度较窄无法按比例尺缩绘，但其长度是按比例尺缩绘的符号。如道路、墙垣、土堤、小的河流、通信线等，这类符号可在图上量取实际长度，其准确位置在符号的中心线或底线上（见表 10-4）。

表 10-4　按比例尺缩绘的符号

以符号的中心线表示其真实位置	以符号的底线表示其真实位置

不依比例尺表示的符号适用于面积较小、无法按比例缩绘，则以规定符号表示的情形。如独立树、亭、塔、三角点等，这类符号准确位置在图上的符号定位点（主点）上（见表 10-5）。

表 10-5　以规定的符号表示的情形

水塔	三角点	独立房屋
碑	变电所	散热塔

3. 地物符号的规定

地物符号规定的内容主要包括说明和配置符号、注记、颜色、定位点等。

说明和配置符号的规定：说明符号只用来说明某些符号所不能表示的地形资料，如森林的种类（针叶或阔叶树）、江河流向的箭头等。配置符号主要用来表示某些地区的植被及土质特征，如草地、漏崖地和路旁行道树等（见图 10-8）。

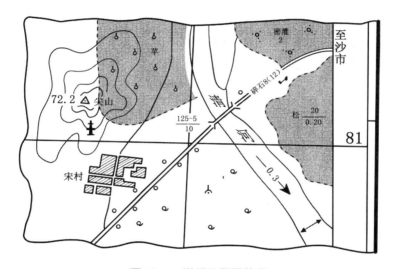

图 10-8　说明及配置符号

注记的规定：注记是用文字和数字说明各种符号所不能表示的内容，是地形图不可缺少的内容。注记是地形图可识性的基本条件，分为地理名称注记、说明注记、数字注记等三类（见图 10-9）。

颜色的规定：为使地图内容层次分明、清晰易读，通常用不同的颜色来区分地物的性质和种类。我国出版的地形图多数为 4 色，少数为 7 色。

定位点的规定：地物符号中不依比例尺和半依比例尺的符号，实际上都是夸大了的符号，地形图对其定位问题有明确的规定。半依比例尺符号的定点位区分两种情况，成轴对称的符号，如公路、土堤等在中心线上；不成轴对称的符号，如城墙、陡岸等在底线或边缘上。

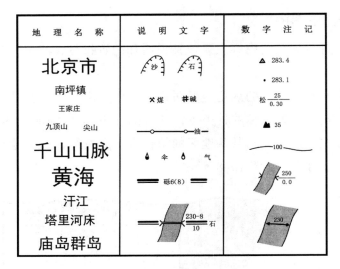

图 10-9　注记及分类

不依比例尺符号的定点位区分多种情况，图形中有一点的，如三角点、亭子等在该点上；几何图形，如油库、发电厂等在图形的中心点上；底部宽大的，如水塔、纪念碑等在底部中心点上；底部为直角的，如路标、突出阔叶树在直角的顶点；组合图形，如石油井、泉等在主体图形中心点上；其他图形，如桥、矿井等在图形的中心点上。

（三）地貌符号及识别

地貌一般用等高线描述。等高线是指由地面上高程相等的各点连接而成的曲线。

1. 等高线的种类

等高线主要有四类（见图 10-10）。

首曲线。又称基本等高线，是按规定的等高距，由平均海水面起算而测绘的等高线，图上以 0.1 毫米粗的细实线表示地貌的基本形态。

计曲线。又称加粗等高线，规定从高程起算面起，每隔 4 条首曲线（即 5 倍等高距的首曲线）加粗描绘 1 条粗实线，线粗 0.2 毫米，用以数计图上等高线与判读高程。

间曲线。又称半距等高线，是按 1/2 等高距描绘的细长虚线。用

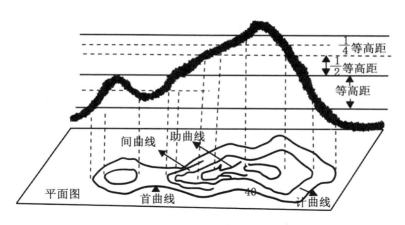

图 10-10　等高线的种类

以表示首曲线不能显示的局部地貌形态，如小山顶、阶坡或鞍部等。

助曲线。又称辅助等高线，是按 1/4 等高距描绘的细短虚线。用以表示间曲线仍不能显示的某段微型地貌。

间曲线和助曲线只用于局部地区，所以它不像首曲线那样一定要各自闭合。

2. 等高线的原理

设想把一座山从底到顶按相等的高度，一层一层地水平切开，这样在山的表面就出现许多大小不同的截口线、再把这些截口线垂直投影到同一平面上，便形成一圈套一圈的曲线图形。每条曲线都代表一定的高度，显示该山的形状（见图 10-11）。

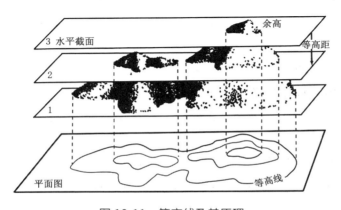

图 10-11　等高线及其原理

3. 等高线的特点（见图 10-12）

①同一条等高线上各点的高程相等。

②相邻等高线的水平间隔与地面坡度成反比，即相邻等高线的间隔越小，地面坡度越大；反之相邻等高线的间隔越大，地面坡度越小。因此，根据图上等高线的疏密程度，可以判定地面坡度的大小。

③等高线弯曲形状与实地地貌保持相似关系。在同一幅地图上，等高线多山就高，等高线少山就低，凹地则相反。

④等高线是闭合曲线，一般情况下互不相交。但当通过绝壁、陡坎时，曲线可能会出现重合，通过悬崖时，曲线会出现相交现象。

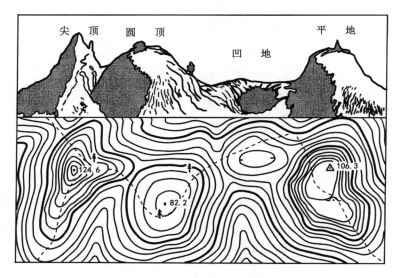

图 10-12　等高线示意图

4. 等高线描述地貌的识别方法

等高线可以用来描述各种不同的地貌。

一是山顶。山的最高部位叫山顶，根据等高线特性，它必须为数条封闭曲线，且内圈高程注记大于外圈（见图 10-13）。若图上顶部环圈大，由顶向下等高线由稀变密，为圆山顶；若顶部环圈小，由顶向下等高线由密变稀，为尖山顶；如果顶部环圈不仅大，且有宽阔的空白，向下等高线变密，则为平山顶。

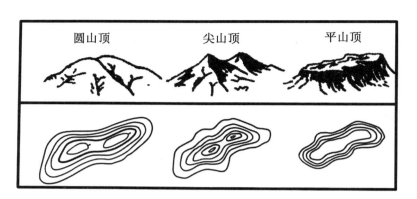

图 10-13　山顶示意图

二是山背。从山顶到山脚向外突出的部分叫山背，它的中央棱线叫分水线，山背等高线形状向山脚方向凸出（见图 10-14）。若曲线在分水线上呈尖形拐弯，为尖山背；呈圆形拐弯，则为圆山背；若曲线平齐，分水线附近宽阔，而山背两侧曲线较密，则为平齐山背。

图 10-14　山背示意图

三是山谷。相邻两山背或山脊之间的低凹部分叫山谷，其中央最低点的连线叫合水线。山谷等高线是凹向山体的曲线，山谷依横断面的形状分为尖形（"V"形）、圆形（"U"形）和槽形谷。它们的曲线在合水线拐弯分别为锐尖、圆弧和平直形。其在合水线方向上间距大，则谷底平缓；间距小，则坡度大。两侧曲线间距小，则谷窄；间距大，则谷宽。

四是鞍部。相邻两山顶间形如马鞍状的凹部叫鞍部（见图 10-15），按照等高线原理，它在地形图上必为两组对称的等高线，一组为山背等高线，另一组为山谷等高线。

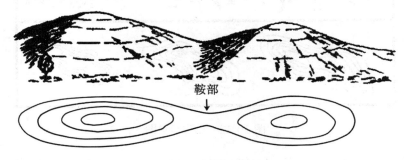

图 10-15　鞍部示意图

五是山脊。数个相邻山顶、山背和鞍部所连成的凸棱部分叫山脊（见图 10-16）。地形图上，依山脊线上诸山顶、山背和鞍部的不同形态，可以判别山脊的宽窄与坡度的大小，以及翻越鞍部的难易程度。

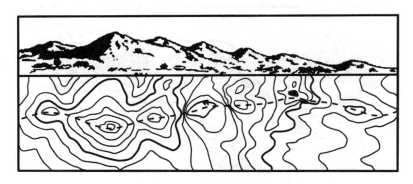

图 10-16　山脊示意图

六是山脚。山脚是山体与平地的交线，是一条明显的倾斜变换线。由此向上，等高线密集，山背、山谷等高线十分明显；向下，等高线稀疏、平滑，没有明显的谷、背区别。

此外，还有凹部、斜面与防界线等地形，以及一些不能用等高线表示的特殊地貌形态，如冲沟、陡崖、崩崖、陡石山、滑坡、孤峰、峰丛、溶斗，沙漠地貌中的沙丘、沙窝、小草丘等。

第二节 军事地形学的应用

军事地形学的应用主要体现在现地使用地形图上，包括现地判定方位、现地对照地形以及利用地形图行进等内容。

一、现地判定方位

现地判定方位，是根据现地参照物辨明方向，确定地形图与现地的相应关系，是现地用图的前提。

（一）利用指北针判定方位

指北针是利用磁针在磁场作用下，具有确定指向特性制成的一种简单定向仪器。它集定向、测角和测距于一体，简单、轻便、实用，图 10-17 是我军比较常用的一种指北针。

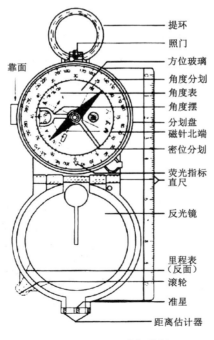

图 10-17　62 式指北针

判定方位时，将指北针平放，待磁针稳定后，磁针涂有夜光剂的一端（或黑色尖端）所指的方向，就是现地的磁北方向。使用指北针时，应注意避开高压输电设备、铁矿藏、钢筋水泥建筑物以及金属物体等。

（二）利用天体判定方位

可用于判定方位的天体主要有太阳、月亮、北极星等。

1. 利用太阳判定方位

利用太阳东升西落的规律判定方位，是晴天白昼判定方位最便利的方法。在我国，大体上说，春、秋天，太阳出于东方没于西方；夏天，太阳出于东偏北落于西偏北；冬天，太阳出于东偏南，而落于西偏南。据此，就能概略地判定东、西、南、北方位。

2. 利用太阳结合时表判定方位

利用太阳结合时表（手表）判定方位是晴天白昼任意时刻判定方位的一种方法。一般来说，在当地时间 6 点左右太阳升起于东方，12 点位于正南方上空，18 点左右沉没于西方。根据太阳这一视运动规律，假定时表的时针运动与太阳视运动同步，且时表时针与表盘中心至"12"的连线间的夹角与太阳此刻的视运动方位角相应，那么只要使这种假定时针指向太阳，则表盘中心至"12"连线方向便为当地的北方。根据这一推理，便得出利用太阳结合时表判定方位的方法。用一句话来概括就是："当地时间折半对太阳，'12'字头所指为北方。"（见图 10-18）

图 10-18　利用太阳结合时表判定方位

使用此法时应当注意，以地方时为准，时间以 24 小时制计算。但是，在北纬 23.26′（北回归线）以南的地区，夏季中午时太阳偏于天顶以北，故此季节不宜采用此法。

3. 利用北极星判定方位

利用北极星判定方位，是晴朗之夜概略判定方位的简便办法，北极星大约位于地轴向北延伸的方向线上，在北方星空，它的视位置可认为不变，故可用来判定方位。找到北极星后，面向北极星，前方就是正北方向（见图 10–19）。

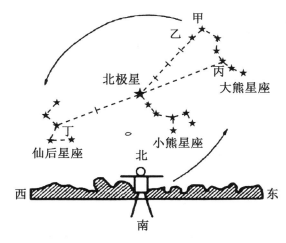

图 10-19　依北极星判定方位

二、现地标定地图

在现地实现地形图与实地方向一致的过程，称为现地标定地图。

（一）概略标定

使地形图大致与实地方向一致的方法，称为概略标定。判定方位后，将地形图的上方对向现地的北方，地形图即可概略标定。此方法简便迅速，常用于对精度要求不高的情形。

（二）利用指北针标定

用指北针标定地图是长远标定地图的方法。根据地形图上的偏角图，可分别依磁子午线、坐标纵线、直长地物和明显地形点进行标定。

1. 依磁子午线标定

标定地图时，先使指北针有准星的一端朝向地图的上方，并使指北针的直尺边切准磁子午线，在保持指北针与地图相对位置不变的情况下，转动地图。使磁针北端对准度盘的"0"分划（或指标），地图即可标定。

2. 依坐标纵线标定

先将指北针有准星的一端朝向地图上方，使其直尺边切于任一坐标纵线，然后转动地图，使磁针指向倾角图中的磁坐偏角值，地图方位即可标定。

3. 依直长地物标定

实地沿直线延伸的地物（如路段、沟渠、土堤、电线等），在地图上的相应符号也为直线。只要使图上线段与实地相应直线地物保持方向一致，地图即可标定（见图 10-20）。方法是：先使地图与现地的关

图 10-20　依直长地物标定地

228

系位置概略一致（应防止转向，即方向相差180），再转动地图，使图上的直线地物符号与现地的相应地物方向一致（平行或重合），地图即已标定。

4. 利用明显地形点标定

现地和图上都有醒目突出的地形点，叫作明显地形点。如果站立点在图上的位置已经确定，可环顾四周，选择远方一明显地形点作为目标点；然后将指北针直尺切于图上该两点，使目标点在前，转动地图使之找准实地目标点，则地图方位即可标定（见图10-21）。

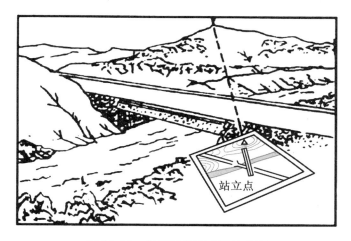

图 10-21　依明显地形点标绘地图

（三）现地对照地形

现地对照地形指在实地把图上的地形符号与现地的地物、地貌进行对应和判读的过程。

1. 山地现地对照

在山地通常应利用指北针标定地图，然后判读地图和观察地形。一是找特征点。找特征点是根据山脊线的走向了解地貌的走向，读出有特征的山顶，如最高的山顶、形状特殊或顶部有地物的山顶等。二是观察实地地形。先观察山体总的走向，看清目力所及的最高山顶、离自己最近的山顶、有特征的山顶和山背以及站立点附近的地形情况。三是详细对照。将地图判读与观察地形所见特征联系，判定站立点在图上的位置后再进行详细对照。先对照大而明显的山顶、山脊、谷地，然后顺着山脊、谷地的走向对照各个具体的山顶、鞍部、山背、山谷等细部地形，进而对照各种地物要素。山岭横向重叠时，应根据高差在图上进行通视情况判定，以判定哪些地形能看见、哪些看不见。

2. 丘陵地现地对照

丘陵地形上容易选择现地对照点，地物较多，易于观察。概略对照时在地图判读与观察地形的基础上，重点将实地的山顶、鞍部、村庄、河流、主要道路与图上一一对应，进而判定站立点的图上位置。详细对照时，以站立点为基础，以山顶的对应关系为控制，以本地区的主要道路或河流以及其他线状地物为基本线索，按由近及远的顺序逐个判明实地地形目标与图上地形符号间的关系。

3. 平原地现地对照

一般平原地形居民地、道路网发达，所以可供现地对照利用的特征地物较多。但在平原地上由于现地对照的地点难选，观察受限，现地对照的范围不大。人口稠密地区地形变化较大，给现地对照带来相应困难。因此，概略对照时应以村庄的位置、图上显示的主要道路、河流走向对照为主，辅之以站立点附近的道路、河流形状，独立地物、线状地形要素（如高压线，堤、坝）对照，判定站立点的图上位置。详细对照时，以站立点位置、村庄及图上显示的主要道路、河流为基础，采取由近及远、分片判定的方法进行对照。

（四）现地确定点位

点位是指用图者在现地站立的地点和所关心的其他点，用图者在现地站立的地点称为站立点，站立点以外用图者所关心的点称为目标点。现地确定点位指通过地形图与现地的对照，结合实际情况，灵活采用各种方法确定站立点、目标点的图上位置，确定图上点在实地位置的过程。

1. 确定站立点在图上的位置

确定站立点的图上位置（简称"确定站立点"）是现地用图的基础，通常采用如下方法。

一是地形关系位置法。地形关系位置法是根据站立点与已知点间由方向、距离、高程、特征和关系位置所构成的图形，在图上和实地间的相似关系，通过目估比较，确定站立点在图上位置的方法（见图10-22）。当站立点在明显地形点上时，从图上找到该地形点的符号，该符号的定位点即是站立点在图上的位置。当站立点在已知点附近时，可先标定地图，根据站立点与已知点的关系，确定站立点在图上的位置。

图 10-22 地形关系位置法

二是交会法。交会法是在站立点上，根据交会定点原理交会出站立点在图上位置的方法。根据实际情况的不同，可以采用后方交会法、侧方交会法、磁方位角交会法和膜片交会法等。

后方交会法：当站立点附近无明显地形点，但可在较远处判定两个以上已知点，可用后方交会法交会出站立点（见图10-23）。首先，标定地图。用指北针标定地图后，地图方位就不允许再变动。其次，绘方向线。用指北针的直尺边或三棱尺的一边，切准图上甲山顶定位点并瞄准实地此山顶，向站立点方向画一直线；用同样方法，通过乙

231

点再绘制一条直线。此两直线的交点，即为站立点在图上的位置。为保证交会精度，两直线的交会角度应为 30°～150°。

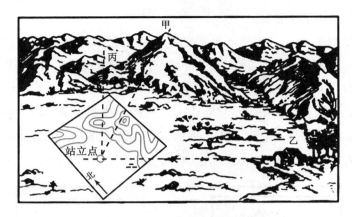

图 10-23　后方交会法确定站立点

侧方交会法：当站立点位于已知线状地物上时，可采用侧方交会法（见图 10-24）。首先，标定地图。用指北针标定地图后，地图方位就不允许再变动。其次，绘方向线。在线状地物的侧方选择一个已知点，在保证地图方位不变的情况下，画出方向线，此方向线与图上道路符号的交点即站立点在图上的位置。

图 10-24　侧方交会法确定站立点

距离交会法：距离交会法是根据站立点至两个以上已知点的距离，分别以各已知点为中心，以各相应距离（图上距离）为半径作圆弧交出站立点（见图 10-25），这种方法适用于远距离交会。采用距离交会法时，应将交会角保持为 30° ～ 150°，当交会角为 0° ～ 30°，150° ～ 180° 时，两圆弧相交重叠段较伏，此时不易确定点位，应根据站立点与两已知点的连线关系，正确确定站立点在图上的位置。

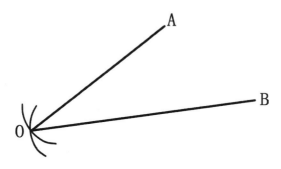

图 10-25　距离交会法原理

三是极坐标法。极坐标法是根据极坐标原理，在标定地图的条件下，根据一个已知点的方向线和距离确定站立点在图上位置的方法，常见形式有极距法和定直线法。

极距法：当便于测量站立点到已知点的距离时，根据站立点到已知点的方向和距离，即可确定站立点的图上位置（见图 10-26）。首先，选已知点。标定地图后，选择一个距离较近的已知点。其次，画方向线。在不变动地图方位的情况下，用指北针的直尺或三棱尺切准图上突出树符号定位点并向实地突出树瞄准，并画一直线。最后，测

图 10-26　极距法确定站立点

距、定点。利用目测或步测等简易测方法，估测站立点至已知点的距离；按地图比例尺从已知点图上位置起，在方向线上向站立点方向测量相应长度，此长度的端点即为站立点的图上位置。

定直线法：当站立点位于两个已知点的连线上或延长线上时，据站立点至任意已知点的距离，即可确定站立点的图上位置（见图 10-27）。首先，概略标定地图。其次，绘图上两已知点连线。再次，测距。目估或用其他简易测距方法，测定站立点至任一已知点的距离。最后，确定站立点。依地图比例尺将实地距离缩为图上距离后，截取该距离，此点即为站立点在图上的位置。

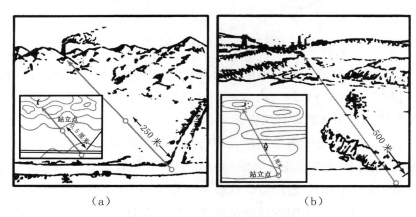

（a）　　　　　　　　　　　　（b）

图 10-27　定直线法确定站立点

2. 确定目标点在图上的位置

在确定站立点的基础上，常需确定各种现地地形目标和战术目标的图上位置，以供射击、指示目标用。

（1）地形关系位置法

当目标点在明显地形点上时，从图上找到该明显地形点的符号，该符号的定位点即为目标点在图上的位置。当目标点在已知点附近时，在标定地图的情况下，利用已知点在地形图与现地间对应相似的关系，用目估比较方位、距离和高差的方法，即可确定目标点在图上的位置。

（2）极距法

当目标附近没有已知点，但距站立点较近时，可根据极坐标原理，

234

确定目标点的图上位置。在已确定站立点的前提下，可按如下方法确定目标点在图上位置（见图10–28）。

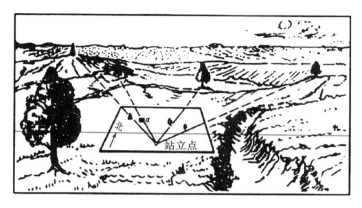

图 10-28　极距法确定目标点

一是标定地图。通常利用指北针标定，地图标定后方位就不可再变动。

二是作目标方向线。用直尺边切准站立点的图上位置（可插细针），转动直尺，向实地目标依次瞄准，过站立点图上位置向各目标依次绘直线。

三是测距、定点。目测站立点至各目标点的距离，依比例尺换算成图上长度，在各方向线上，依次从站立点图上位置起向前截取相应长度，截取点即为目标点的可能位置。由于目标方向线和自测距离均可能有误差，此时应将目标点附近的地形情况与地图对照，以修正目标点的图上位置。如经对照发现目标有误，可先检查地图标定是否有误，站立点是否正确；所测量方向和距离是否准确，有则应判断地形是否有变化。

（3）交会法

交会原理应用于目标点确定的情况，主要有前方交会法和截线法两种形式。

前方交会法：当目标点较远，目标点附近没有已知点，且对精度要求较高时，可在两个站立点上用前方交会法，确定目标点的图上位置。首先，选择站立点。在图上选择两个与目标通视的已知点作为站立点（见图 10-29）中的 1、2 点，并标定地图。其次，作第一条方向线。沿站立点向目标点绘第一条直线。最后，作第二条方向线。在第站立点 2，标定地图后，向目标点绘制第二条直线。两直线的交叉点即为目标点在图上位置。

图 10-29　前方交会法确定目标点

截线法：当目标在线状地形上，而站立点远离该线状地物时，可采用截线法。首先标定地图，然后以直尺切准站立点，照准目标并绘方向线，此方向线与线状地物的交点即为所求目标点的图上位置。

3. 确定图上点位的实地位置

确定图上点位的实地位置，是确定目标点图上位置的逆过程。因此，上述各种方法均可采用。

（五）利用地图行进

利用地图行进，就是利用地图选定行进路线，通过地图与现地对照，保证按选定路线及指定时间到达预定地点的行进方法，主要包括如下内容。

1. 选择行进路线

行进路线通常由指挥员选定或由上级指定。在图上选择行进路线时，应在了解道路分布情况的前提下，着重研究可能的行进路线上与运动有关的地形因素，主要包括：道路的宽度、铺面材料、最大纵坡度和最小曲率半径对部队行动的影响；道路上的桥梁、渡口、徒涉场及穿行居民地的情况；必须行进的地段等。要以所需行进时间最短为基本要求，选择行进路线。

路线选定后，应选择行进路线沿途明显、突出、不易变化的目标作为方位物，以便于行进途中随时确定站立点，保持正确的行进方向。特别在进出居民地的出入口附近，应选择数个方位物，以便在居民地内运动时保持方位。越野行进时，转折点的方位物要明显，易观察。夜间行进时，方位物的选择应尽可能多且便于识别。

2. 标绘行进路线

标绘行进路线，就是将选定的行进路线（起点、转折点和终点）及方位物，用彩色笔醒目地标绘在图上（见图 10-30）。当行进路线较

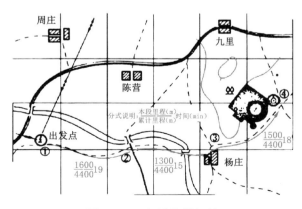

图 10-30　行进路线标绘

长时，应利用行进路线上明显的方位物，并结合大休息点，对路线进行分段，然后分段标绘，并按行进方向顺序编号，以便行进中对照检查。

3. 量取里程和计算行进时间

应全程或分段量取实地水平距离的里程，当行进路线上地貌起伏较大时，应将水平距离换算成实地距离。为便于掌握行进速度和时间，可将修正后的各段距离根据预定行进速度换算为行进时间，并将里程和时间注记在地图上。

4. 记忆行进路线

记忆行进路线，就是将行进路线的有关特征尽量记在脑子里，做到胸中有图，未到先知。记忆行进路线的内容包括行进路线每段的里程、行进时间、经过的居民地、道路两侧的方位物和地貌特征。特别是道路的转弯处、岔路口和居民地进出口附近的方位物及地形特征等均应熟记。

第十一章 进一步提升军事素质

　　紧急集合、行军拉练、野外生存等实践活动，是大学生磨炼意志、提升军事素质的有效措施。在拓宽眼界视野的同时，主动开展心理行为训练，提高心理适应能力、稳定能力和承受能力，有助于进一步强化大学生心理素质，增强国防安全意识。

第一节　紧急集合

　　紧急集合通常指军队在紧急情况下，迅速聚集人员并按规定携带装备物资的应急行动，是军队应对突发情况的紧急行动。紧急集合程序包括着装、整理携行生活器材、装具携带和集合四步。

一、着装

　　着装分全副武装和轻装两种。其中，全副武装是部队处于战备等级状态时实施的着装，人员的负荷量和部队的携行量均按上级规定携带；轻装是部队执行紧急任务时实施的着装，为减轻人员负荷量，通常不背背包，以提高部队的机动能力。着装时，要求迅速、静肃、完整、安全、便于行动。这就要求平时按规定放置武器弹药和装具，便于拿取和穿着。

二、整理携行生活器材

没有装备生活携行具时，应打背包。背包宽 30 ~ 35 厘米，竖捆两道，横压三道；米袋捆于背包上端或两侧；雨衣、大衣通常捆于背包上端，大衣袖子捆于背包两侧；鞋子横插在背包背面中央或竖插两侧；锹（镐）竖插在背包背面中央，头朝上。

装备有生活携行具时，应按照以下顺序进行：一是迅速组合背架；二是按规定将物品分别装入主囊、侧囊和睡袋携行袋；三是组合背架和军需装备携行具。

三、步兵装具携带

全副武装时，步兵装具携带要求如下：背挎包，右肩左胁；背水壶，右肩左胁；背防毒面具，左肩右胁；扎腰带；披弹袋；背背囊；取枪（筒）和爆破器材。

轻装时，步兵装具携带要求如下：不背背囊，将锹（镐）头朝下背于右肩，系绳绕腰间与背绳系紧；米袋，右肩左胁；雨衣（冬季带大衣时，将大衣袖子留在外面卷紧捆好，再将袖口对接扎紧）左肩右胁，其他装具携带同全副武装。

四、集合

接到紧急集合的信号或命令时，应严格遵守紧急集合的有关规定，迅速而有秩序地准时到达指定位置，按要求完成准备。

（一）值班人员立即报告首长，通知全体人员。担任警戒的大学生要坚守岗位，严加戒备。

（二）夜间紧急集合时，立即起床，不喧哗，不开（点）灯；迅速着装，在班长的率领下，到指定地点集合，到达后检查、整理装具。

（三）如有大学生执勤时，班长应指定专人将其未带装具、背包（背囊）带到集合场，待执勤的大学生归队后，交给本人。

（四）各级指挥员到集合场后，应检查分队人员是否到齐及装具的携带情况，同时按上级指示撤回警戒和执勤人员，并报告上级。

第二节　行军拉练

行军拉练是部队徒步或乘车沿指定路线进行的有组织的移动。行军拉练时，必须迅速、隐蔽地按时到达指定地域。

一、行军拉练的组织准备

行军拉练对部队指挥、行动和协同能力要求高，应做好充分的准备工作。

（一）研究情况，拟订计划

受领行军拉练命令之后，指挥员应召开支委会或骨干会，传达上级的行军命令，分析研究任务、地形、道路、气象等情况，拟订行军拉练方案，并迅速传达任务，明确分工，做好准备工作。

行军拉练方案主要包括行军路线、行军序列；各分队和配属分队的任务；前卫及搜索分队的编成和任务及警戒、搜索的方法；行军途中可能遇到的情况及处置方案和各种保障措施等内容。

（二）做好思想动员，下达行军命令

行军拉练前，指挥员应根据实际情况、部队任务和思想状况，进行思想动员。教育战士遵守行军纪律、服从命令听指挥、不得擅自离队、不得丢失装备和食物、不喝生水、不违反群众纪律等，保障顺利

完成行军拉练任务。

行军拉练命令通常在行军拉练前向部队下达。下达行军拉练命令时应着重明确：部队任务、行军路线、里程、着装规定；起床、开饭、完成行军准备的时间与集合的时间，到达指定地区的时间以及行军序列、休息的地点等。

（三）组织保障，做好物资准备

行军拉练流动性强，时效性高，物资器材消耗大，保障困难，要求指挥员周密计划和全面组织。

1. 组织侦察

行军拉练时，应组织对行军方向的前方和两侧不间断地实施侦察，实时查明行军道路的质量、通行和隐蔽情况，沿途城镇、居民点、交叉路口、隘路、渡口复杂地形的可通行程度，及时采取有效措施。

2. 准备好物资器材

行军拉练的物资器材主要包括装具、给养、饮水和药品等。物资器材要根据行程、道路和天气情况而定，以既要完成行军拉练任务，又不过多增加负荷量为原则来携带必要的饮水和必备的药品。

3. 组织通信联络

行军拉练中的通信联络，通常以无线电通信、简易通信和运动通信结合，以简易通信及运动通信为主。允许实施无线电通信时，应组织行军中的通信联络。

4. 组织警戒

行军拉练警戒的主要任务是排除行军途中的障碍或迂回路线。组织警戒时应明确派出的人员、时机、地点、距离，并明确任务、规定联络信号、注意事项及完成任务的时间、归队的地点。

5. 组织设营组、收容组

设营组应提前出发，在预定的休息及宿营（集结）地筹备食物、燃料和饮水；调查社情、民情；派出人员在宿营地的路口接应；向指挥员报告设营情况。收容组成员包括卫生员和体质好的人员，在队后负责收容伤病员和掉队人员，并组织其跟进，根据情况消除路标。

二、行军拉练的管理与指挥

行军拉练中，指挥员应加强观察，掌握行军路线、方向、队形和速度，及时了解沿途地形和道路情况，灵活、果断地克服各种困难，组织部队迅速前进。

（一）服从命令，准时出发

出发时，指挥员应按上级命令，率所属人员准时集合。行军时，应按上级规定的出发时间准时出发，通过出发线。

（二）严守行军纪律

行军拉练中，应严格遵守行军纪律，维护行军秩序。一是注意保持行进速度和规定的距离，听从调整哨的指挥。二是未经允许，不得超越前面的分队。三是在经过桥梁、渡口、隘路等难以通行的地点时，应严密组织、迅速通过，不准停留；通过交叉路口时，要看清路标，防止走错路。四是徒步行军的分队应主动给车辆、执行特别任务的分队和人员让路。五是夜间行军要严格灯火管制。

（三）科学组织途中休息

正确规定行军中大、小休息的时间和地点有利于缓解部队疲劳，达到顺利实施行军的目的。小休息应靠路边，并保持原来队形。大休息应离开道路，进入指定地区。休息时，应派出警戒。夜间休息时，人员不准随便离队，武器、装具要随身携带。出发前，应清点人数，检查装备，补充饮（用）水。

（四）合理区分行军路况

行军拉练会遇到各种不同的路况，需要合理区分，具体情况具体对待。

山林地行军时，当通过垭口和上下坡时，应适当减速行进，以避免后续部队跑步追赶或掉队。严寒地带行军之前，应准备好防冻的衣被、装具和物品，小休息时间忌过长，且禁止躺卧，以免冻伤。在炎热季节或热带山岳丛林地行军时，应尽量利用早晚时间实施，并带足饮用水和消毒、防暑药品，主动采取防暑、防虫害的措施。水网稻田行军时，应做好克服河流、沟渠和泥泞等障碍的准备工作，做好防雨、防滑、防陷等措施。江河地区行军时，应先派侦察组，查明渡口情况，了解江河的宽度、水深、流速和河底状况，明确各分队的渡河顺序、时间、渡口和渡河器材等，之后迅速组织通过。城市行军时，应详尽查明城区的道路情况，派出调整勤务在道路交叉路口执勤，负责分队通过时的调整勤务，并在调整勤务指挥下迅速通过城区。

（五）有效克服夜间行军困难

夜间行军拉练视觉度不良，容易迷失方向和走错路，造成人员疲劳和精神过度紧张，行军困难大，必须采取有效措施，克服行军拉练中的各种困难。一是夜间行军前，应标好行军路线图，便于行军中，随时进行图上与现地对照，准确判定所在位置，以保持正确的行军路线。二是夜间行军时，要适当缩小各单位之间距离，采用易于识别的信（记）号和路标。三是夜间休息时，人员不离队，确保人装安全。

三、越野行进

为了便于保持正确的行进方向，越野行进路线尽可能选择在方位物较多的地形上，转折点及其附近应有明显方位物。

（一）山林地行进

山林地地形起伏大、山脊重叠、纵横交错、林木丛生，像这种道路少，障碍多，通视不良，缺少明显方位物的地形，通行极为困难。故山林地行进时应注意以下四点。

一是图上选择行进路线。应按照"有路不越野，走脊不走沟"的原则，选择转弯点和方位物，并尽可能选择有明显特征的地形。点与点之间的距离一般在 1 公里左右，复杂地形可缩短到几百米。

二是量测方位角和准确计算行进时间。山林地行进需预先量出各段磁方位角，同时要判明出发点到目的地的总方向，对行军方向心中有数。

三是随时掌握好行进方向。每个行进阶段，在确立站立点后，要明确下段路线行进方向，并在行进方向上及其翼侧选择几个方位物。行进中边走边观察，记忆现地路线的方向变化，利用远方方位物结合地形特征保持行进方向。行进中尽可能沿山背、山脊、鞍部等明显地形行进，不要横越山背（谷），并尽可能避开悬崖、山壁和陡石山地段。

四是走错路或迷路时的处置。走错路或迷路时，应冷静细致观察对照，远近结合，判定出站立点。若站立点一时判别不出来，应按原路返回到开始走错的地方再走，一般不要取捷径斜插。当走错或迷路较多，经过多种方法判定还是找不出站立点，又不能返回原路时，应尽力判定现地方位，按原定总方向直插目的地。

（二）热带丛林地行进

部队在热带丛林地中行进，为防止蚊虫、扁虱、蚂蟥、毒蛇的叮咬，应穿靴子，并要扎紧裤腿和袖口，最好将裤腿塞进靴子里面，有条件还应戴手套。在鞋面上涂驱避剂或肥皂，可防止蚂蟥爬。为了防止毒蛇的袭击，行进中可用木棍"打草惊蛇"，同时应注意树上有无毒蛇。休息时，要仔细查看后再坐。

（三）沼泽地行进

遇到沼泽地，最好避开，因为通过沼泽地不仅困难，而且危险。如果沼泽地无法避开，应手持一根木杖探寻坚实的地面或泥水较浅的地点通过。通过沼泽地不要踏着别人的脚印走，因为漂浮层强度有限。若重复踩一个地方，就有可能陷落。如果必须走一条线路时，应彼此间保持一定距离。如果遇到有鲜绿色植物的沼泽地，应避开绕行。

（四）河流的涉渡

遇到河流不要草率入水，要仔细地观察之后再定渡河的地点和方法。山区河流通常水流湍急，水温低，河床坎坷不平。涉渡时，为了保持身体的平衡，可以用一根杆子支撑在水的上游方向。集体涉渡急流时，应当 3 人或 4 人一排，彼此环抱肩部，身体最强壮的应处在上游方向。涉渡石底河时，应当穿鞋，以免尖石划破脚，同时也更好地保持身体平衡。倘若山间急流水深过腰，则绝不可冒险涉渡。涉渡冰源河时，最好选择在早上通过。因为那个时候河水最浅。

（五）沙漠戈壁行进

在沙漠、戈壁地越野时，地形虽平坦开阔，但人烟稀少，行进时要集中精力，注意用地图与现地对照，关注那些明显而特殊的地形，如小块灌木丛、芦苇地、沙垄和沙丘、龟裂地，以及独立石土堆、干床等作为对照的目标。在沙漠戈壁中行进，白天要防止身体在太阳下暴晒，尽可能利用阴影遮蔽。衣服颜色最好是白色或浅色，头部应避免太阳暴晒，除了戴帽外，可用毛巾、衬衫、伞布等遮盖头部。

（六）高寒地区行进

冰川上裂隙很多，通过裂隙时，应数人结组行动，彼此间用绳子连接，相邻两人之间距离 10～20 米。在前面开路的人要经常探测虚实，后面的人一定要踩着前面人的脚印走，这样比较安全。通过裂隙的冰桥或雪桥时，要匍匐前进。攀登坡度很大的雪坡时，一定要两脚站稳后再移动。向前跨步时要用脚前掌踏雪，踩成台阶再移动后脚。如果不慎滑倒，应立即俯卧，防止下滑。

第三节　野外生存

野外生存是指在衣食无着的特殊环境中生存与自救的活动。现代战争所具有的残酷性、复杂性、连续性和参战人员所处的作战环境多样性的特点，要求参训大学生学习和了解在复杂条件下进行露营、野炊、识别和食用野生食物的方法，掌握一定的野外生存知识和各种危急情况下的求生技能，学会如何寻求解决突发事件的思维方式，能够有效应对和破解日常生活中遇到突发状况，提高生存和解决问题的能力。

一、野外生存基础知识

野外环境相对恶劣，情势复杂多变，存在诸多危险。全面了解野外生存基础知识，是提高野外生存能力的基础。

（一）野外生存的意义

野外生存知识比较广泛，概括起来，就是行、吃、住、自救四项。内容主要包括判断正确的方位和迷途处置、猎捕动物和采食野生植物充饥、就地取材和构筑简易露营遮棚、识别利用草药救治伤病员等。野外生存知识是每一个军人应当了解的基本知识，野外生存是侦察兵、特种部队及空勤人员必备的技能，尤其当无固定后方、无固定后勤保障的情况下，掌握野外生存的本领，更具有极其重要的意义。

（二）野外生存的环境

野外生存的环境指远离城市，缺乏安全保障、食物供应、完备的供暖供气等设施，以及健全的医疗服务体系的环境。野外生存环境往往比较恶劣，人类在恶劣的野外生存环境中，极易发生各种生理创伤、病变，丧失活动能力，存活可能性大大降低，只有通过专业的帮助和指导，才能够尽量延长生存时间，增强生存概率。

常见的野外生存环境主要有五种。一是森林环境，指林木面积、数量占据领域主要比例、主导地位的环境。它具有林木覆盖率高、大多与山地结合等特点。二是山地环境，指领域内土地表面起伏程度较大，最高海拔相对海平面有一定高度的环境。山地环境领域面积较广，山峰间落差较大，大多与森林、河流相互结合在一起。三是沙漠环境。沙漠的主要特征是空气干燥，终年少雨或无雨，气温变化剧烈，日温差可超过50℃，地面最高温度在60℃~80℃。沙漠生存对人威胁最大的是急性脱水。人体大约有2/3是由水分组成的。一个人如果消耗了相当于体重5%的水分，即可认为到了削弱体力的临界点。沙漠中急性脱水的主要原因是身体内消耗水分过多，或摄水不足。消耗水主要是出汗造成的。此外，沙漠中暑也是非常严重的病症，死亡率很高。四是海岛环境，指以岛屿、半岛为主要组成部分，气候相对恶劣，淡水供应较为缺乏，与海洋紧密联系、结合的环境。五是寒区环境，指在一年中相当长的时间内，区域内气温较一般环境低，并由此带来的各种不良影响的综合体现。

（三）野外生存的准备

野外生存的必备物品应视所处的生存环境、季节以及作战任务而定。事实上，在我们面临野外生存的挑战时，往往事先并没做好生存物资的准备。为防患于未然，应针对各种突发事件和陌生环境，科学合理地配备生存装具，以便尽可能长地延续生命，保持战斗力。

1. 简易装备

出发前应尽可能对任务地区的环境进行全面了解，尤其是相关地形、植被、气候等情况，做到心中有数，才能合理筹备相关装备，做好野外生存的准备工作。

一是背包。通常背包中装填的必备物品主要包括炉具、炊具、食物、雨具、帐篷、睡袋（必须用防水袋密封）、燃料油、头灯、地图、指北针、瑞士军刀等。一般重的物品置于顶部，让背包的重心高些，如此背负者于行进过程中腰才能挺直。然而，攀爬中级山峰时其重心须置低些，让身体能弯曲攒行于林木间，或是行进于裸岩崩壁的攀爬地形；攀登期间的背包装填重心接近骨盆位置，即身体旋转的中心点，以防止背包重量移到肩膀；健行过程，背包装填重心可高些贴紧背部。

二是地图与指北针。地图具有各种不同功能和种类，如县、市地图，街道图，游乐区简图，全球地图等。然而户外运动尤其是登山运动，最需要的地图是等高线图，此种地图能够显示地表的各种地形，如高山、溪谷、险或缓坡、悬崖或峭壁等都能表露无遗。指北针的基本功能是利用地球磁场作用，指示北方方位，必须配合地图寻找相对位置。

三是指北针归零操作。先将指北针水平放置，然后将环外的北方零刻度与环内的指针指示北方的位置重叠。

2. 物质准备

进行野外生存必须做好充足的物质准备。

（1）有计划的行装

准备的行装主要包括四大类物资。

一是基本用品。基本用品一般有八种，包括合适的鞋子，要求出发前进行试穿，以免行走时脚起水泡；合适的衣服，要求有一套换洗的衣服和一套休息时能增加保暖性的衣服，严寒天气应多带几件御寒衣服；用于雨季的雨衣；柔软、轻便、保暖性能好的被装；轻质材料做成的，以便于携带、可作为日常休息场所的帐篷；背着舒适而且结实的背包或者行囊，以便携带衣物和必要装备；易熟的食品；有充足的电能，并有备用电源的通信设备。

二是医疗卫生盒。基本用品一般有10种，包括有索米痛片、布桂嗪、罗通定等的镇痛类药；有神奇止泻丸、小檗碱、保济丸等的肠道镇静剂类药；有头孢、诺氟沙星、乙酰螺旋霉素等抗生素类药；有感冒清、感冒速效胶囊等的抗感冒类药；有藿香正气水、人丹、氯苯那敏等的防中暑和抗过敏类药；有蛇药片、百花油、风油精等的防毒蛇咬（蚊虫叮）伤药；有防疟疾1号片等抗疟疾类药品；有扶他林、三七片、云南白药等的跌打损伤药；有创可贴、风湿止痛膏、正骨水、红药水、冻疮膏等膏药类；有用来固定受伤部位，促使伤口愈合的急救包、绷带等。

三是百宝盒。基本用品一般有三种，包括生火用的火柴、蜡烛、打火石和放大镜；针和线；鱼钩和鱼线，鱼钩应挑选小号钩，鱼线尽可能多带一些。

四是工具包。基本用品一般有 5 种，包括刻度清晰、纽扣大小的指南针；手电筒；铝质的，既轻便又耐用的饭盒；能够减少热量散发，达到保暖救命的聚乙烯薄膜救生袋；刀具。

（2）携装

携装也叫着装或装载。行装的装载程序根据先用后装、后用先装、常用的物品装在最上面（或边袋）的顺序进行。为了方便，最好把所有东西分门别类地放在各种聚乙烯透明袋里。每件物品应有相对固定的存放位置，每次使用完后都必须放回原来的位置。

（3）意外情况下搜集和制造装备

当受困于荒野、孤岛时，面临恶劣的天气和时常出没的野兽，缺乏必要的工具和武器是非常危险的，有必要因地制宜，设法制作工具和武器，求得生存。

石头是大自然中最容易获取的材料，可以利用石头制作石器。各种形状的石头与木棒捆扎在一起，可以制作成狩猎和防身的武器；如果身处竹、木林地，可以利用竹、木制作竹、木器具。大口径的空心竹节可以制作成盛水和做饭的器具，竹片或小口径的竹子，经过烟熏火烤增强硬度后，可以制作成弓和箭；木材用处极多，木棍可以用作防身武器，用竹竿或木头捆扎在一起，是很好的渡河工具。如果身处海岛，可利用海螺和贝壳制作刀具；如果身处草原、林区，可以利用动物的骨头、犄角制作武器。

总之，要善于寻找和利用各种自然资源，加工制作成各种器具，为野外求生创造有利条件。

二、野外生存基本技能

野外生存时，只要充分利用随身携带装具，尽可能掌握其使用要领和技能，便可在野外生存中占据主动地位，保持一定的战斗力。

（一）野外判定方向

所谓判定方向，就是指现地判明东、西、南、北方向，明确自我所处位置以及周围地形和敌情。特别是在夜间，由于视觉不良，人的视听及各种感觉器官受周围环境的影响较大，极容易产生错觉。要保证夜间行动的准确、隐蔽和迅速，正确判定方向是首要条件。

1.观测天象判定方位

判定方位可以利用指北针和地图，也可以通过看太阳、月亮和星座等观测天象的方法来辨别方向。

一是观察北极星判定方向。在月暗星明的夜空中，首先找到大熊星座（俗称北斗星），沿着勺边 A、B 两星的连线，向勺口方向延伸，约为 A、B 两星间隔的 5 倍处，有一颗较明亮的星，就是北极星。它的正下方为正北，顺时针即是东、南、西三个方向。在北纬 40° 以南的地区，北斗星常会转到地平线以下，特别是冬季的黄昏，常常看不到它。此时，应根据与北斗星相对的仙后星座寻找北极星。仙后星座由 5 颗与北斗星亮度差不多的星组成，形成 "W" 形。在 "W" 字缺口中间的前方，约为整个缺口宽度的 2 倍处，即可找到北极星（见图11-1）。

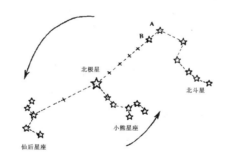

图 11-1 找北极星

在北纬 23° 以南地区，上半年可以利用南十字星座判定方向。南十字星座主要由 4 颗明亮的星组成，4 颗星对角相连成为 "十" 字。沿

A、B 两星的连线向下延伸，约在两星距离的 4.5 倍处即为正南方（见图 11–2）。

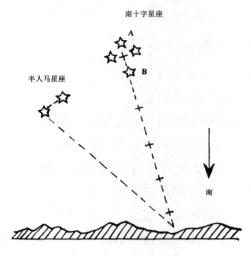

图 11-2　找南十字星

二是观察太阳与月亮法辨识方向。太阳是由东向西移，而影子则是由西向东移。例如，早晨 6 时，太阳从东方升起，一切物体的阴影都倒向西方；到中午 12 时，太阳位于正南，影子便指向北方；到下午 6 时，太阳到正西，影子则指向东方。因此，可用太阳和物体的阴影概略地测定方向。方法是：在平地上竖一根直棍（高 1 米），先在直棍影子的顶端做一个标记（石头）A，直棍的影子会随着太阳的移动而移动，10 ~ 60 分钟后，在棍子影子的顶端又做一标记 B，在 A、B 两个标记间画一直线，这条直线指向是东西方向。在这条直线的中间再垂直画一条线，这个"十"字就是一个方向标，将第二个标记点标注为"东"，而后顺时针依次标上南、西、北方。

夜间可以用月亮判定方向。月亮升起的时间，每天都比前一天晚 48 ~ 50 分钟。月亮"圆缺"的月相变化，也是有规律的。农历十五以前，月亮的亮部在右边，十五以后，月亮的亮部在左边。上半个月称为"上弦月"，月中称为"圆月"，下半月称为"下弦月"。月亮在每个月都是按上述两个规律升落的。此外，还可以根据月亮从东转到西约需 12 小时，平均每小时约转 15° 这一规律，结合当时的月相、位置和观测时间，大致判定方向。

2. 利用地物特征判定方位

在阴天和没有指北针、地图的情况下，我们还可以利用地物特征来判定方位。

自然界的地物地貌由于受阳光、气候等条件的影响形成了某种特征，可以利用这些特征来概略地判定方位。独立大树通常南面枝叶繁茂，树皮光滑；北面枝叶稀少，树皮粗糙，有时还长有青苔。砍伐后，树桩上的年轮线通常是南面稀、北面密。建筑物、土堆、田埂、高地的积雪通常是南面融化较快，北面融化较慢。农村的房屋门窗和庙宇的正门通常朝南开。

3. 迷失方向后的处置方法

在野外迷失方向时，切勿惊慌失措，而是要立即停下来，冷静地回忆一下所走过的道路，想办法按一切可能利用的标志重新辨别方向，然后再寻找道路，"迷途知返"，退回到原出发地。

在山地迷失方向后，应先登高远望，判断应该向什么方向走。通常应朝地势低的方向走，这样容易碰到水源，顺河而行最为保险，因为道路、居民点常常是濒水临河而筑的。

在沙漠戈壁或密林深处中行进，要依照一个确定的方向做直线运动。可利用长时间吹向一个方向的风或迅速朝一个方向飘动的云来确定方向。迎着风、云行走或与其保持一定的角度行进，可在一定时间内保证循着直线前进。也可使用"叠标线法"，即每走一段距离，在背后做一个标记（如放石头、插树枝，或在树干上用刀斧刻制标记），不断回看所走的路线上的标记是否在一条线上，便可以得知是否偏离了方向。

沙漠地区因风的作用，沙丘移动，道路不固定。寻找辨识道路可根据地上的马、驴、驼的粪便来辨认。如实在无路可走，可以沿着骆驼的足迹行进，依此常能找到水源。在固定和半固定沙丘和草原地区，道路少但比较顺直，变化不大。只要保持了总的行进方向，便可一直走下去。在有流沙的地区，个别路段会被覆盖，出现左右绕行的道路，这种绕行距离一般不会很远，应及时回到原行进方向上，切勿沿岔路直下而入歧途。

当遇到岔路口，道路多而令人无所适从时，首先要明确要去的方向，然后选择正确的道路。若几条道路的方向大致相同，无法判定，则应先走中间那条路，这样可以"左右逢源"，即便走错了路，也不会偏差太远。

（二）野外觅食

野外生存获取食物的途径主要有采集野生植物、猎捕野生动物两种。

1. 采集野生植物

我国地域辽阔，横跨寒、温、热三带，大部分地区属于温暖地带，适合于各种植物生长，其中能食用的就有 2000 种左右，主要包括可食的野果、野菜、藻类、地衣、蘑菇等。常见的可食野果有：山葡萄、黑瞎子果、茅莓、沙棘、火把果、桃金娘、胡颓子、乌饭树、余甘子等，特别是野栗子、椰子、木瓜更容易识别，是应急求生的上好食物。常见的野菜有苦菜、蒲公英、鱼腥草、马齿苋、刺儿草、荠菜、野苋菜、扫帚菜、菱、莲、芦苇、青苔等。野菜可生食、炒食、煮食或通过煮浸食用。不但野果、野菜可以食用，树皮有时也可应急食用，柳树、松树、白杨树新生代树皮或内皮（在硬树皮与树木之间的软皮）都可食。

采食野生植物最大的问题是如何鉴别是否有毒，一般人需要在专家指导下经过一定时间的训练才能掌握鉴别方法，可供紧急情况下使用的、最简单的鉴别野生植物有毒无毒的方法是：将采集到植物割开一个小口子，放进一小撮盐，然后仔细观察是否改变原来的颜色，变色的植物不能食用。

2. 猎捕野生动物

猎捕野生动物首先要知道动物的栖息地，掌握动物的生活规律，然后再采取压捕、套猎、捕兽卡以及射杀等方法进行猎捕。这种猎捕野生动物需要在专家指导下经过较长时间的训练和实践后才能真正掌握。以可食用昆虫的种类和食用方为例，目前，世界上人们在食用的昆虫有蜗牛、蚯蚓、蚂蚁、蝉、蟑螂、蟋蟀、蝴蝶、蝗虫、蚱蜢、湖蝇、蜘蛛、螳螂等。人们对吃昆虫虽然不习惯，甚至感到厌恶，但在万不得已的情况下，为维持生命，完成任务，不妨一试。但是应注意，一定要煮熟或烤透，以免昆虫体内的寄生虫进入人体，导致中毒或得病。

常见的可食昆虫的食用方法主要有：蝗虫浸酱油烤着吃，煮或炒也可；螳螂去翅后烤或炒，煮也可以；蜻蜓干炸后可食；蝉生吃或干炸，幼虫也可食；蜈蚣干炸，但味道不佳；天牛幼虫可生食或烤；蚂蚁炒食，味道好；蜘蛛除去脚烤食；白蚁可生食或炒食；松毛虫烤食。

（三）野外觅水

水是野战生存的重要条件，某种程度上，水比食物更重要。没有水，正常人难以维持 3 天的生存。因此，觅水训练是野战生存训练的重要内容之一。

1. 寻找水源的方法

一般来说，在没有发现地表水流，如小河、小溪和泉水等的情况下，可根据植物的生长分布和动物的出没活动的特点来寻找水源。

在许多干旱的沙漠、戈壁地区生长着柽柳、铃铛刺等灌木丛的地表下 6 ~ 7 米深就有地下水；有胡杨生长的地方地下水位距地表面不过 5 ~ 10 米；芨芨草指示地下水位只有 2 米左右；生长茂盛的芦苇，地下水只有 1 米左右；如果发现有喜湿的金戴戴、马兰花等植物生长的地方，向下挖不到 1 米也可找到地下水，并且一般都是质量不错的淡水。总之，不管在什么地区，只要是植被茂盛的地方，这里或近或远、或深或浅就有地下水。此外，还可根据动物的出没习性来判断有水的地方。泥土潮湿，蚂蚁、蜗牛、螃蟹等经常出没的地方，有地下水，并且埋藏较浅；在冬天，青蛙、蛇类等有冬眠习性的动物冬眠的地方，往往有地下水；在夏天，蚊虫通常成柱状盘旋飞绕的地方附近一般都有地下水。

2. 鉴定水质与水的净化

当野外水源水质浑浊有异味时，应首先辨别水中是否含有毒、腐烂的物质，当没有可靠的饮用水又无检验设备时，一般可以根据水的颜色、味道、温度、水迹来鉴别。纯净的水在水层浅时无色透明，深时呈浅蓝色。可以用玻璃杯或白瓷杯盛水观察。通常水越清水质越好，水越浑则说明杂质多。一般清洁的水是无色无味的，被污染的水则时常带有一些异味，浑浊且水色因受污而带有一些颜色和异味。例如，含有腐殖质的水呈黄色，含铁或锰的水呈黄棕色且带金属锈味，含硫化氢的水呈浅蓝色且有臭鸡蛋味，含硫酸镁的水有苦味，含有机物质的水有腐败、臭、霉、腥、药味。

还可以通过水温来鉴定。地面水（江河、湖泊）的水温随气温变化而变化，而浅层地下水受气温影响较小，深层地下水水温较低而且一般恒定不变。如果水温突然升高，多是有机物污染所致，同时工业废水污染水源后也会使水温升高。还可以通过把水滴在白纸上，晾干后观察水渍的方法来鉴定，清洁的水是无斑渍的，有斑渍则说明水中杂质多、水质差。

水质较差时，可进行净化处理之后饮用。一是药物净化。使用"漂白粉""饮水消毒片"处理浊水，可以起到澄清杀菌的作用；或使用明矾，可以使浊水变清。二是植物净化。将一些含有黏液汁的植物如榆树皮、仙人掌等，捣烂成糊加入浊水中，搅拌 3 分钟后，再静置 10 分钟左右，可起到类似明矾的净水效果。一般 7 千克水可用 2 克植物糊净化。

（四）野外取火

对于野外求生者来说，火不仅能使人保持体温，减少体内热量散失，而且可以烤干衣服、煮饭烧水、熏烤食品、吓跑野兽、驱走蚊虫、锻造金属器具等。野外求生者，不仅要懂得如何生火、用火，而且要懂得控制火焰燃烧，安全用火。

1. 摩擦取火

这种原始取火方法，在野战生存条件下仍然适用。取火前要准备好引火煤。引火煤可选用干燥的棉絮、纱线、草屑或撕成薄片的干树皮、干木屑等。常用摩擦取火的方法有两种。一是弓钻取火。用强韧的树枝或竹片绑上绳子或鞋带做成一个弓，将弓弦在一根 20 厘米长的干木棍上缠绕 2 圈，来回拉动弓使木棍迅速转动，钻出的黑粉末冒烟生出火花，点燃引火煤。二是藤条取火。找一段干燥树干，将一头劈开，并用东西将裂缝撑开，塞上引火煤，用一根长约 70 厘米的藤条穿在引火煤的后面，双藤夹紧树干，迅速地左右抽动藤条，使之摩擦发热而将引火煤点燃。

2. 击石取火

找两块质地坚硬的石头，互相击打，将其迸发出的火花落到引火煤上，当引火煤开始冒烟时，缓缓地吹或扇，使其燃起明火。

3. 凸透镜利用太阳能取火

用放大镜，如果没有放大镜可用望远镜或瞄准镜、照相机上的凸透镜代替，冬季可用透明的冰块磨制。用凸透镜将太阳光聚焦成一点，照射易燃的引火物，如腐木、布中抽出的线，棉絮、纸张、干树叶、撕成薄片的干树皮等，将其引燃取火。利用放大镜取火最为迅速的是照射汽油、酒精和枪弹的发射药或导火索，可在 1～2 秒点燃引火物。夏季雾气较大或者冬季阳光较弱时，可以等到正午阳光强烈时取火，然后保存火种以备使用。

4. 电池生火

电池放电产生的电火花可用来点火。在野外生存的环境中，可以利用的电池主要有汽车电池、手电筒电池、收音机和通信工具等的电池。

（五）野外露营

正确选择露营地，熟知如何搭建简便结实的帐篷，是野外求生者必须具备的技能。

1. 选择露营地
好的露营地需满足五个基本条件。

一是近水。露营休息必须选择靠近水源地，如选择靠近溪流、湖潭、河流边。但也不能太靠近水源，那样极易受到蚊虫的骚扰，而且流水声也会干扰对外界情况的判断，危险将至也不易察觉。

二是背风。在野外露营应当考虑背风问题，尤其是在一些山谷、河滩上，应选择一处背风的地方扎营。还要注意帐篷门的朝向不要迎着风向。背风不仅是考虑露营，更适用于用火。

三是远崖。露营时不能将营地扎在悬崖下面，一旦山上刮大风时，有可能将石头等物刮下，造成危险。

四是背阴。如果是一个需要居住两天以上的营地，在天气好的情况下是应该选择一处背阴的地方扎营，如在大树下面及山的北面，最好是朝照太阳，而不是夕照太阳。这样，如果在白天休息，帐篷里就不会太热、太闷。

五是防雷。在雨季或多雷电区，营地绝不能设在高地上、高树下或比较孤立的平地上，那样很容易招至雷击。

2. 搭建帐篷

搭建帐篷的方法：在地上铺好塑胶或者防水尼龙布，所铺的布的面积决定了帐篷的面积，要注意把地弄平；用钉子固定四个角落；竖起四根柱子，结好主绳；结好四角的角绳，结好其他部分的绳子。最后，再搭起防风避雨的帆布。

注意事项：为避免下雨时帐篷被淹，应在篷顶边线正下方挖一条排水沟。帐篷四角要用大石头压住。为防止虫子钻入，可在帐篷周围洒一圈煤油。

（六）使用就便器材和材料野炊

野营条件下应尽量用野炊的方法解决吃饭问题。野炊位置通常选择隐蔽条件好、附近有良好水源之地，如背风的山坡、沟坎、水渠、森林、居民地等。应注意避开独立明显的物体；卫生状况良好，避开厕所、粪坑和化学沾染地区；在冻土地挖灶困难或来不及挖灶时，如条件允许，可利用土、石块等就地垒灶。

常用的利用就便器材和材料野炊的方法如下。

一是在野外用石头做架，或以铁丝吊挂钢盔、铁盒等物，用火加热、烹煮食物、烧开水等。

二是将食物穿插缠裹在铁丝、木棍上，放在火上烧烤熟化。

三是将石板或石块烧烫以后，将食物切成薄片放在上面烙熟。

四是用和好的黄泥在地上摊成厚的泥饼，上面铺一层树叶，将野鸡或野兔、鱼等物除去内脏，不脱毛、不去鳞，放在泥饼上，用泥饼将食物包裹成团，放在火中烧熟即可食用。

五是选粗壮的竹子砍倒，每 2～3 节竹筒为一段，将竹节的一端打通，将米和水灌入竹节内，然后将竹节放在火中烘烤，即可做成熟饭。

（七）野外求救

在作战和野外训练中，因迷失方向，可能会出现与大队伍失去联系的现象，为摆脱困境，必须学会和掌握求救和联络的方法。

1. 利用烟火、光求救

在大漠、荒岛、丛林等处境遇险时，白天燃烟，在火上放上青草，就会冒出白烟，每隔 6 分钟放一次青草，这是世界通用的求救信号。夜间用火，向可能获救的方向点 3 堆火，用火光传送求救信号。白天还可用镜子、眼镜、玻璃片等借阳光反射，向空中救援飞机发出求救信号。

2. 利用声音求救

陷入低洼的地方、密林中、塌陷物内，或遇大雾、暗夜等情况时，间断性地呼救是十分必要的，也可通过击打树木发出声音与救援人员联络。

3. 利用求救信号求救

当前国际上最广为人知的国际通用求救信号是"SOS"，即"Save Our Soul"（救救我们）的缩写。在荒原、草地、丛林的空地上以各种形式写上"SOS"标记求救，往往能取得良好的效果。如没有可利用物，也可适时脱去与周围地物颜色相近的军装，露出白色或其他色彩鲜艳的衬衣做标记求救。

第四节　心理行为训练

心理行为训练是指运用心理科学理论和方法，创设相应的环境和条件，设置特定的训练科目，指导军训学生完成一系列动作，强化心理体验，有效提高心理品质的训练活动。

一、心理行为训练的主要内容

心理训练的内容主要是提高大学生的政治觉悟、对胜利的坚定信念，以及在任何艰难困苦的条件下冷静判断情况的意志品质。

（一）团队精神训练

军队作为一个特殊的社会群体，对团队意识的要求更加严格，培养大学生的团队意识就成为心理训练不可或缺的内容。加强团队精神的培养，一是要实现目标的认同。目标的基本功能是对团体和个体的激励作用，如果没有明确学生统一的、为团队所接受的目标，团队就会失去前进的方向和动力。二是要培养集体荣誉感。集体荣誉感是协调团队行为、产生团体内聚力的重要心理因素。团队精神训练，可采取"合力冲击""脱离险境""捆绑行动""海上求生"等科目进行。比如，"合力冲击"训练要求一个班的成员相互协作、合力翻越仅凭个人力量无法完成的 4 米高台，以培养大学生的高昂士气和团队精神。

（二）提升自信训练

提升自信训练是指受训人员对自身有一个良好的认识，能够客观评价自己，并根据需要制定出自己的目标、任务和奋斗方向，对实现目标具有很强的自信心。提升自信训练，可采取"自信呐喊""凌空跨越""飞越自我"等科目进行。比如，"凌空跨越"训练，就是要求受训人员爬上 8 米高的断桥，在 2 分钟内准确完成 9 孔穿针的作业，然后跨越断桥，再从原路跨越返回。经过反复训练，受训人员能够在高空顺利完成动作。当成为习惯后，恐惧就会被成功化解，从而增强面对困难的自信。

（三）耐受挫折训练

耐受挫折训练是指受训人员在执行任务时能够顽强地克服各种生理、心理、环境等方面的困难，在失败中经受磨炼，不怕险阻，坚持到底，不达目的誓不罢休。耐受挫折训练，可采取"勇闯天堑""攀峰越险""丛林绳桥"等科目进行。比如，"勇闯天堑"训练，要求受训人员先爬到10米高空吊索桥一侧，然后走过吊索桥到达另一侧，再原路返回。当受训人员走到吊索桥中间位置时，教练员要针对其急切快速通过的心理，有意设难，让其重新返回，造成期望成功与遭受失败的心理冲突，使其感受挫折，在多次受挫中增强心理耐受力，并激发进取心。

（四）拓展思维训练

拓展思维训练是指受训人员考虑问题时能够最大限度地发挥自身思维的广阔性、灵活性。战场上情况的变化是错综复杂的，经常发生思维方式不适应变化情况的现象。这要求受训人员不但要掌握情况变化的每一个细节，而且要随时抓住问题的广阔范围进行联系起来的创造性思考，不局限于旧有的、固定的思维方式，要尽可能地从多种角度考虑问题，确保任务的顺利完成。拓展思维训练可采取"突破雷阵""荆棘排雷""人体战车""走出困境"等科目进行。比如，"突破雷阵"训练，就是要求一个班的受训人员在10分钟以内，全部从雷阵图的一端穿过雷阵，力求减少"伤亡"顺利到达另一端集结。在训练过程中，受训人员每前进一步，都由教练员做出"触雷"或"通过"的提示，使指挥员不断调整"行军"方案。

（五）沟通协调训练

沟通协调训练，就是使用特定器材，使两名以上受训人员通力合作、克服困难，共同完成动作，以促进受训人员间的相互信任和有效交流，培养他们的团结协作意识。沟通协调训练，可采取"依存共渡""协力攀峰""同心同行"等科目进行。比如"依存共渡"训练，就是要求两名受训人员分别站在间隔1米、距地8米的两根钢丝上，掌心相抵，彼此倚重，保持身体平衡，通过语言和肢体动作相互沟通，协调一致地完成一个往返。

（六）激发潜能训练

激发潜能训练，就是让受训人员克服其身心极限的困难情境或障碍，激励受训人员挖掘潜力，开发体能、智能，增大心理容量，实现自我超越。激发潜能训练，可采取"绝壁攀岩""翻越电网""长途奔袭"等科目进行。比如"绝壁攀岩"训练，就是要求每个受训人员依次攀登陡峭岩壁，在垂直攀爬10多米后，要征服一个凸点，到达最高点，还须抓住岩点，躯体悬空坚持5秒钟。

二、心理行为训练的基本要求

心理品质的形成是一个由认知、情感、意志到行为、习惯的不断积淀的过程。依据这一规律，在心理行为训练中要强化"体验激发情感，行为改变认知，习惯积淀品质"的要求。

（一）体验激发情感

体验激发情感，就是在心理行为训练中，引导受训人员对特定情境和条件进行体验，激发其肯定的情感，调动受训人员参加心理训练的积极性。体验激发情感是心理行为训练的必要条件，也是受训人员心理品质形成的重要环节。在组织心理训练中应该把握好体验与情感的关系，注意处理好以下三个方面的问题。

一是创设体验情境。情感是在一定的情境中发生的。创设情境要真实可信、强度适宜，模拟情况应贴近生活实际，遵循人的生理和心理特点，做到难易适中、循序渐进。此外，创设情境要区分对象，有所侧重，根据心理行为训练的阶段性目标，有针对性地设置侧重于开发智力、培养情感、磨炼意志、强化团队精神等各类情境，使受训人员在不同的情境体验中，促进良好心理品质的整体发展。

二是注重自我体验。体验激发情感是以受训人员为主体的活动过程。在训练过程中，主要是通过受训人员对情境的体验，自己去感悟、判断和选择，其情绪的调动取决于体验的深刻程度，只有刻骨铭心的深刻体验，才能达到调动情绪的目的。

三是搞好情感引导。在心理训练中，要着力调动受训人员热情、乐观、自信等积极肯定的情绪，化解冷漠、失望、自卑等消极否定的情绪，引导他们积极体验适应后的轻松感、成功后的愉悦感、团队协作中的归属感和超越自我后的满足感。

（二）行为改变认知

认知是指个体认识和理解事物的心理过程。行为是有机体在各种内外部刺激影响下产生的活动。认知和行为是相互联系、相互影响的。认知是行为的起点，行为是认知的结果，正确的认知能够形成良好的行为，错误的认知则会产生不良的行为。贯彻"行为改变认知"的训练理念，着重注意以下三点。

一是在项目设置上，要有明确的目的性和针对性。要着眼改变受训人员认知的偏差，科学设置、合理编排训练项目，编排的动作要有利于冲击原有的认知模式，激发认知欲望，促进新的认知形成。

二是在组织训练中，要适时进行行为调控。在原认知的影响下，受训人员在训练过程中，往往容易产生紧张、畏惧、轻视等消极情绪，制约着规定动作的完成。教练员要善于把握受训人员的矛盾心理，适时地进行行为调控和行为引导。

三是在总结讲评中，要帮助受训人员把感性认知上升为理性认知。完成规定科目的训练，可以使大学生获得一定的经验，但要将这些经验上升为理性认识，就必须进行系统的总结讲评。

（三）习惯积淀品质

习惯是指个体在一定情境下自动地执行或完成某些动作或某种固

定活动模式的需要和倾向。心理行为训练就是通过一系列规定动作的反复练习，使之成为习惯，随着这种习惯的养成，逐步积淀内化为稳定的心理品质。在训练中，要注意养成独立思考、善于沟通、协作互助、克服困难等行为习惯，进而内化为大学生所需的各种良好心理品质。

第五节　电磁频谱监测

随着电磁频谱在各个领域的广泛应用，电磁频谱的监测已越来越引起各国的高度重视。

一、电磁频谱的基本知识

要了解电磁频谱，首先得了解什么是电磁波。

（一）电磁波其分类

电磁波也称为电波，是电磁场的一种运动形态，是时变的电场和时变的磁场互相耦合，并以一定的速度向前传播而形成的波。例如，手机之所以能够收到信号，就是因为基站发射的信号以电磁波形式传播到手机。

电磁波按频率分为长波、中波、短波、超短波和微波。电视机、家用计算机所发出的电磁波属于超短波，微波炉、通信类手机等在使用时所发射的电磁波属于微波范畴。

（二）电磁频谱及其在军事领域的运用

电磁频谱是电磁波的"家谱"。科学家们将电磁波按频率（或波长）的大小连续排列成为电磁波族，形成了电磁波的"家谱"——电磁频谱。电磁频谱在军事上广泛用于预警探测、情报侦察、指挥通信、导航定位、电子对抗、武器控制、气象测绘和"三战"等领域。

按照频率由低到高排列，电磁波主要有声频、射频和光频3个"兄弟"（波段），在这3个"兄弟"下面又派生出众多的"子孙"。

一是声频波段。声频波段的频率一般小于 $2 \times 10^4 Hz$（赫兹），这个波段主要应用于声学设备的探测和反探测。

二是射频波段。也叫无线电频段，频率在 $3Hz$ 到 $3 \times 10^{11} Hz$ 之间，是导航、通信、雷达、制导等设备工作的主要频段。这个波段又有以下6个"姊妹"，包括：超长波、长波、中波、短波、超短波和微波。其中，前三种波段是海上导航、广播、岸舰通信的工作频段，主要沿地面传播，其传播衰耗小，绕射能力强，能穿透海水和土壤，传播距离较远；但受雷电影响大，传输信息量小，发射设备和天线庞大。短波是远距离通信、广播的工作频段，主要通过电离层反射进行传播，其传播距离可达几千公里，其设备和天线较小；但受太阳耀斑和磁暴影响大。超短波是散射通信、卫星通信、雷达的工作频段。微波是微波接力通信、卫星通信、雷达、制导的工作频段。超短波和微波主要沿直线传播，其传播特性稳定、能穿透电离层、传输信息量大，但受地形、地物及雨雪雾影响大，地面传播距离只有几十公里，对空可达数万公里，主要用于卫星、雷达、导航、遥测、遥控、制导和移动、接力通信等。

三是光频波段。光频波段是夜视装备、光通信、激光雷达、光电制导等设备工作的主要波段，也是近年来发展最快的电子对抗领域。

（三）电磁频谱的特性

电磁频谱既是一种自然资源，又是一种无形的特殊资源，其具有独有的特性。

一是有限性。理论上，电磁频谱资源是无限的，但受科学技术发展水平的制约，频谱资源的使用受到了很大限制。如无线电频谱资源使用，目前只能在275吉赫以下，且绝大部分在20吉赫以下。

二是共享共用。电磁频谱资源为人类共同拥有，任何国家都可以开发使用。

三是三域分割。电磁频谱具有空间域、时间域、频率域的特性，可通过三域分割的方法，科学使用频谱资源。

四是无耗竭性。与矿产、石油等自然资源不同，电磁频谱资源可反复利用，永不耗竭。

五是易受干扰。电磁频谱易受自然、人为等电磁干扰。

六是无排他性。电磁场是一种特殊物质，它可以与有形物质共存于同一空间，电磁波可穿透某些物质。

（四）电磁空间

电磁空间是由各种电场、磁场和电磁波组成的物理空间，是渗透于陆、海、空、天各战场空间的无形战场，具有五个基本特征。

一是物质的。它由各种电磁设备发射的电磁波和自然界辐射的电磁波共同构成，这些电磁波可以用频率（波长）和场强进行度量。

二是无限的。总体而言，电磁波的频率范围可以从零到无穷，电磁波所覆盖的物理空间是无限的。

三是无形的。电磁空间中的绝大部分电磁波人类感官是感知不到的，人类能够直接感知的光波只占电磁频谱中很小的一部分。

四是可利用的。人类发明的各种电磁设备和光电设备可以利用电磁空间发射、传递、获取信息，也可以进行电磁攻击和防护。

五是易受污染的。随着信息技术的发展，辐射到电磁空间中的电磁波越来越多。对己方无用的电磁波就是对电磁空间的污染，这些污染对电磁设备或人体安全都可能造成不良影响。

（五）电磁环境

电磁环境是电磁空间的一种表现形式，反映具体事物与周围的一种电磁关系，体现了电子系统或装备在执行规定任务时可能遇到的各种辐射，强调在不同频率、时间、空间范围内的分布状态。电磁环境无处不在，如果处于战场之中，可能遇到的在各种频率范围内的电磁辐射或传导辐射的功率和时间的分布状况，这就叫作战场电磁环境。

二、电磁频谱监测

电磁频谱既是传递信息的一种载体，也是侦察敌情的重要手段，是战场交战双方争夺的"制高点"之一。电磁频谱本身还可以作为一种作战武器，例如高功率微波武器、激光武器，就是利用一定频段的电磁波所携带的能量来破坏电子与光电设备乃至杀伤人员的。

（一）电磁频谱监测及其主要内容

电磁频谱战是交战双方围绕制电磁权展开的争夺，目的是限制或剥夺敌方有效使用电磁频谱，保障己方有效使用电磁频谱。

1. 电磁频谱监测

电磁频谱监测就是运用各种监测设备和技术手段，对空中电磁信号进行分析、识别和参数测量的过程。它是电磁频谱管理的重要内容和不可缺少的重要环节，是保障频谱资源得到充分和有序使用的关键技术手段，并为干扰协调提供技术依据，为战时战场综合电磁态势的形成提供基础数据的技术支持。电磁频谱监测既是无线电通信的基础，也是电子系统发挥最大效能的关键，是信息畅通的重要保证。

2. 电磁频谱监测的主要内容

电磁频谱监测主要是在于对电磁信号的监听、测量、测向和定位，电台的识别和干扰查找。其主要任务包括：通过测量和识别空中电磁信号的技术参数和特征，验证和监督合法用频台站的技术参数和操作特性，识别、验证并查找非法用频台站、设备产生的干扰，确保各类用频装备及其使用符合相关规定；记录有关干扰源、噪声等电磁环境，测量空中电磁频谱的实际使用情况，进行有关发射频率、发射功率、调制类型、占用宽带、占用度、场强的测量与系统分析等；结合频谱工程和电磁兼容分析，为频谱规划、频率分（指）配，提供技术依据。

总之，电磁频谱监测是电磁频谱管理过程的重要环节，从技术上确保国家和军队电磁频谱管理法规的贯彻执行，维护空中电波秩序，防止有害干扰，确保各类用频装备正常运行，使有限的频谱资源得到科学、合理、有效的开发利用。

（二）电磁频谱监测分类

电磁频谱监测主要分为三类。

一是常规监测。常规监测是对频率指配表中已核准的用频台站的有关参数进行的监测，其内容主要包括监测已知用频台站发射信号；监测频谱使用情况；发现和查处非法信号；监测遵守电磁频谱参数安全保密规定的情况。

二是电磁环境监测。电磁环境监测是对指定区域内的电磁环境按照相关技术标准进行监测的活动，也称电磁环境测试，其内容主要包括无线电台站址选择的电磁环境监测；工、科、医及其他电气设备的电磁辐射监测；城市电磁背景噪声的监测；有害干扰的查找监测。

在电磁环境测试中，监测系统的选择、参数的设置、测试结果的分析等，必须根据用频台站的类别和属性，严格遵循有关技术标准的要求。如对机场导航台站电磁环境监测就必须遵守中华人民共和国国家标准《航空无线电导航台（站）电磁环境要求》，对雷达站电磁环境监测就必须遵守中华人民共和国国家标准《对空情报雷达站电磁环境防护要求》。

三是战场电磁频谱监测。战场电磁频谱监测是战时频谱监测部（分）队根据电磁频谱管理机构的指示、要求，为确保主战武器装备用频安全，规范战场用频秩序，全面掌握作战地域电磁态势而组织开展的频谱监测活动。其内容主要包括主战武器装备使用频率的监测、战场电磁态势的监测、战场用频秩序的监测。

第十二章

做好防范与 救护

与部队军事训练的实打、实爆、实投、实拉相比，尽管大学生军训安全系数要高得多，但是，军事训练本身的风险性要求大学生军训同样必须遵循训练规律，严守安全纪律。与此同时，还要掌握一定的安全防护知识和自护自救技能，才能确保大学生军训安全、高效。

第一节　训练事故的预防

训练事故分为外部事故和自身事故两种。为了预防各类训练事故的发生，大学生军训一定要提前做好各种准备工作。

一、训练外部事故的预防

训练外部事故指在大学生军训内容之外，因天气等自然情况而引发的事故。这些事故苗头虽然跟训练没有直接关系，但从时间跨度来讲，仍属于整个军训过程的一个方面。预防军训事故，首先应从军训的外部环境入手。

（一）加强军训乘车安全管理

大学生军训场所，除了校内，还有军事训练基地或部队院校。大学生军训乘车、上下车和行进路上的安全管理，是预防外部训练事故的"第一关"，具体应做好三个方面的工作。

1. 做好乘车前准备

组织乘车本身并不复杂，但由于时间节点恰好处于大学生即将参训或军训已经结束，内心比较激动，非常容易相互拥挤，发生磕、碰、扭伤、摔伤等事故。因此，乘车前，学校领导或带队干部应针对实际情况，对所属人员进行思想教育，提出具体要求，落实乘车规定，帮助所有人克服麻痹思想，消除事故隐患，确保乘车输送的安全。

2. 组织好登车、乘车与下车

登车时，带队干部将所属人员带到车尾列两路或四路纵队；车厢长、安全员、班干部的指挥位置在车尾左后侧 3～5 米处，以便观察人员登车情况和驾驶员动作；指派 2 名大学生充当安全员，站在车尾两侧负责保护。带队干部下达"登车"口令后，指挥所属人员依次登车，同时督促保护人员注意保护好学生。当所有人员全部登车后，应协同驾驶员关闭后厢板，固定牢靠后登车。

乘车时，担任车厢长、安全员、观察员的大学生负责观察全车人的乘车情况和安全情况，遇到情况及时报告。车辆行驶中，应检查、监督所有人员遵守乘车安全规定，全面掌握乘车运行情况，以便遇到情况能及时处理。

下车时，车停稳后，带车班干部先下车，与驾驶员协同打开后车厢板，然后站到指挥位置（同上车的位置）下达"下车"的口令。听到"下车"口令后，保护人员下车，在车尾两侧负责保护其他人员下车。下车人员自成四路纵队列队。待人员全部下车后，保护人员合力将后车厢板关闭。最后，组织所有人员集合，带到指定位置。

3. 把握好乘车安全的重点环节

登车时，带车干部应与驾驶员协同检查车是否停稳，以防在登车的过程中，车体移动而酿成事故。

下车时，应督促保护人员确实履行职责，防止由于保护人员的疏忽而使下车的同学发生扭伤、磕伤、摔伤等事故。

运行中，干部应检查督促所属人员坐稳、扶牢，全体乘车人员应自觉遵守乘车安全规定，禁止嬉笑打闹、左右或前后拥撞，严禁将身体、头、臂、腿等伸出车外。

在登车、乘车与下车过程中，组织所属人员保管好随身携带的背包、日常生活用品等，防止因摆放无序而丢失。

（二）加强军训中防雷电安全管理

大学生军训通常在暑假期间或秋季开学时进行，正处于雷雨季节，参训大学生应该有防雷电的安全意识，最好每天能通过电视、电台、报纸了解天气预报。当遇有雷电时，室外训练的人员应立即停止训练，就近到房屋内避雨。没有来得及回屋内避雨的同学，严禁在电线杆、独立树或山势较高的山顶停留。

（三）加强住宿点用电安全管理

防触电也是大学生军训期间的一项重要安全工作。大学生用插座充电的学习用品较多，要特别注意用电安全。

一是重点检查房间电线和插座的安全，遇有裸露电线的插座、开关要立即报告组训单位，进行维修。二是教育大学生严禁乱拉电线、乱装插座、乱用电器，特别是禁止用"热得快"、小电炉等。

（四）加强身体状况管理

大学生军训不同于日常的课堂学习，锻炼的是体力，磨炼的是意志，需要以良好的身体素质作为基础。本着"安全第一"的原则，除军训组训单位和学校在军训前对参训学生进行体检外，学生个人在每日训练前也要汇报自己的身体状况，由学生干部或骨干认真登记，注意观察同学军训期间的身体状况。对个别身体确实不适，但意志很坚强、积极参训的同学，要做好劝说休息、安排就医的工作，并及时予以报告。每位参训学生也要注意休息，加强身体管理。

（五）加强饮食卫生管理

学生军训时的饮食卫生极其重要。一方面，要求参训单位和学校、训练基地加强饮食安全管理，强化饮食卫生监督，建立饮食采购检查、验收登记制度。另一方面，要求所有参训学生自觉养成良好的饮食习惯，不喝生水，不购买不卫生的食物。

二、训练自身事故的预防

训练自身事故主要指大学生在军训时可能发生的、与训练相关的事故。这种事故的发生，究其原因，一方面有训练组织者组训不科学、不严密的问题。另一方面，也有参训大学生训练安全意识淡薄，违反训练操作规程的问题。因此，杜绝训练自身事故，要求参训大学生做一个防事故、抓安全的"明白人"，了解造成事故的原因，分析引发事故的隐患，把握预防训练事故的内在规律，主动采取消除事故苗头的有效措施。

（一）抓好训练防暑降温工作

因天气炎热，大学生军训多数会感到身体不适，严重者会出现中暑现象。军训的组织者要注重军训计划的科学性、实用性。训练活动尽量安排在上午 10 时以前和下午 4 时 30 分以后，遇有红色高温预警信号（35℃以上），军训内容可适当调整；凡遇有黑色高温预警信号（38℃以上），可在室内组织"三防"教育、国防教育和战斗精神教育等。

对野外或操场军训的大学生，要组织后勤人员在每天上、下午保障好防暑降温的"绿豆汤"或饮用水，采取增加训练小休息等方法，避免因军训组织的不科学而出现受训人员中暑现象。所有军训大学生应该对自身身体状况的适应程度有初步的预测。若自身体质较差，在军训时，要重点预防中暑，适当备些防暑降温的物品，防患于未然。

（二）遵循循序渐进的训练规律

由于长时间伏案学习，大学生的身体素质相对较弱。军训时，要注重循序渐进，防止超强度的训练引发身体的不适。

一是要掌握训练的方法。当教官将训练内容或训练动作讲完之后，参训大学生可根据动作的组合节奏，科学地将其分解成若干个前后衔接的"小动作"，先进行分解练习，在基本掌握分解动作后，再进行连贯练习。这样既能很快地达到训练效果，又不会造成身体疲惫而出现问题。

二是要把握好训练的强度。训练必须达到一定的强度，但每一个训练科目针对不同受训对象的训练强度是有区别的。大学生军训时，统一进行的体力或耐力训练，必然有强弱之分、优良之别。那种加大训练强度进行"齐步走"的做法，往往欲速则不达，甚至会给参训学生带来身体的不良反应。每位受训的学生要把握好自身所能承受的训练强度，按照由简而繁、由易到难的训练步骤，逐渐增强训练强度。身体确实难以适应较大训练强度的大学生，可书面提出申请，经老师批准和校方医护人员鉴定同意后可免训。

三是要注重训练中的寓教于乐。军训过程中，军训教官除了要注意因人施训、科学施训外，还应结合军训内容，针对大学生的兴趣特点，广泛开展寓教于乐的活动，使枯燥的训练内容变得有趣，使难以掌握的训练动作变得简单明了、易学易记，最大限度地缓解训练强度给参训学生所带来的压力。

（三）加强军训重点课目的安全组织

大学生军训易出现重大事故苗头的训练课目主要是野外实地操作，如实弹射击、野外识图用图和游泳训练等。对这些训练课目和内容，要周密计划、严密组织。

1. 组织好射击训练

射击训练不安全因素多，人员、枪弹安全的责任大，抓好射击训练极其重要，应重点做好以下四个方面的工作。

一是明确射击训练的安全要求。组织大学生进行射击训练，需要先讲解简易射击原理和武器常识，在讲解之前，教官应首先讲解确保枪支和人员安全的具体措施，要求每一位同学自觉做到：动枪前先验枪；严禁枪口对人和拿枪开玩笑；每次操作结束后要检查武器，并及时送交库房，统一保管。

二是实弹射击前，参训大学生要熟记信号。实弹射击靠指挥员的口令和信号指挥，参加实弹射击的大学生在射击前应明确指挥员下达口令或信号时所应做的动作；担负射击警戒或信号（观察）的大学生，要对指挥员的信号更加清楚。这样才能在自身隐蔽好的情况下，履行好警戒的职责。若发现问题，应立即发出信号，向指挥员或教官报告。靶场内的同学必须严格按射击信号做好报靶和检靶的工作。

三是加强射击动作的规范性练习，防止动作失误造成伤害。射击动作应该是严谨规范的，只要平时训练能严抠细训、熟练掌握，实弹射击时，就不会发生险情。个别大学生因动作不熟练，加之射击场上心里紧张，往往做错动作，对靶场后侧的人畜造成伤害。因此，一方面，要引导学生在射击训练中规范动作；另一方面，要加强对射击地线上每位射手据枪动作的检查，发现问题及时纠正。

四是射击完毕后，要认真组织验枪。实弹射击后，除了射手要在指挥员的统一指挥下组织好验枪外，射击结束后，还要再一次对校对过的枪进行验枪，以确保所有枪支膛内无子弹。

2. 组织好识图用图训练

识图用图的重点是按图行进，识图用图训练是军事地形学的一项重要内容。

一是要抓好按图行进前的安全准备。按图行进前，应该认真分析图上地形地貌和沿途复杂的地段，判断出哪些地方车流量大，哪些地方山高坡陡，哪些地方河流纵横，哪些地方易出现对人员有可能造成伤害的家犬等。针对不同情况采取相应措施，做到有备无患。

二是要抓好按图行进中的安全。行进中一般以班（组）为单位组织实施，不要单个人员行进。当遇到阴雨天地面坑坑洼洼、路面湿滑时，应注意对照选择好走的路。尤其是在夜晚按图行进时，要利用照明器材，选择好明显的地物，防止因边看图边走而滑入农田、掉入机井，或出现摔伤、磕伤。

三是要注意特殊地形上按图行进的安全。要注意判定好方位，在行进的路上增设地物标记，防止偏离行进方向或总是在原地"兜圈子"。走错路时，可边走边纠正，也可以退回原地，重新标定行进路线。在沙漠地段按图行进，要结合按方位角行进的方法组织实施；要注意掌握行进前、后的天气情况，尽量避开风沙同时还要备好粮食和饮用水。在遇有沼泽地按图行进时，应尽量选择绕行。在遇有旱蚂蟥地段按图行进时，要按照预防旱蚂蟥的方法，打好绑腿。

3. 组织好游泳训练

游泳训练不在大学生军训大纲的训练课目之内，但由于大部分学生军训正值暑假前后，有条件的承训单位在组织大学生完成军训内容的同时，为了消暑、降温，调剂学生的疲惫，丰富文体娱乐的方式，常额外增加游泳课。游泳安排在游泳池，但因大学生一次性入水人数多，且适应水性的程度不一，因此，游泳课的不安全因素明显增多，需要组织者和参训大学生群体认真对待。

一要积极报告个人适应水性情况，以便组织者合理编组。组织会游泳和不会游泳的同学进行训练编组，有针对性地制定游泳安全措施；参加游泳训练的大学生，应正确评估自身情况，在确保安全的基础上掌握游泳动作的要领。

二要认真地做好游泳前的准备活动。入池前活动好身体的每个部位，可以有效地防止入水后的身体不适及腿、脚抽筋。学生干部要认真地组织大家做好热身运动，防止身体出现意外状况。

三要加强入池后的水中管理。军训大学生的游泳课，不同于单个人在地方游泳池游泳。为了确保安全，必须加强水中管理，建立水中游泳者相互关心、相互帮扶的安全网络。具体可采取以3人为组，9人为班，互为结对，划分区域，既教游泳动作，又强调游泳安全的方式，使入池游泳的学生人人在组织中，个个都能确保安全。

四要安排好游泳池边上的安全观察员。为了确保游泳训练安全，除了教官正常安排的水上救生员之外，还应积极配合教官，确定水性较好或身体不舒服暂时不下水的同学，在不同的角度和位置上担负起安全观察工作。若发现险情，观察员和救生员能在第一时间发现情况并及时处理。

五要备好必要的游泳和救生器材。参加游泳的大学生可根据自己的情况，选择游泳圈、浮袖、浮板等不同的游泳安全辅助器材。同时，救生员、观察员也应准备好应急救生的长竹竿、救生圈等。另外，要建立医生到位值班制度和应急抢救机制，准备好摔伤、碰伤的药品及氧气袋等。

第二节　训练常见疾病与救护

训练常见疾病，也称为常见训练伤病，主要是训练不当所致。因而学会防范、掌握救护的方法非常重要。

一、擦伤

擦伤是皮肤表面受到摩擦而破损。

处理方法；轻度擦伤，伤口干净者一般只要清洁消毒即可自愈；重度擦伤，消毒后用绷带加压包扎止血，必要时辅以冷敷或抬高患肢。

二、鼻出血

鼻出血是指鼻部受外力撞击而出血。

处理方法：让受伤者坐下休息，头后仰，用口呼吸，用冷毛巾敷在前额和鼻梁上，如血流不止应到门诊部就诊。

三、肌肉痉挛

肌肉痉挛俗称抽筋，是肌肉发生不自主地强直收缩而不能放松，引起局部疼痛和活动障碍的现象。

产生原因：寒冷刺激；运动时大量排汗，电解质丢失过多；肌肉连续过快地收缩而放松不够；疲劳的肌肉往往血液循环和能量代谢有改变，肌肉中会有大量乳酸堆积，肌肉的收缩物质起作用。

预防方法：认真做好活动前的准备工作，冬季注意保暖，夏季注意电解质补充和维生素 B_1 的摄入；疲劳和饥饿时不宜做剧烈运动。

处理方法：保暖、牵引、按摩。

四、肌肉酸痛

肌肉酸痛是指长时间或强度较大的训练后，骨骼肌常伴随有酸痛现象。

产生原因：肌肉酸痛是乳酸堆积，刺激神经所引发的疼痛，属于运动中正常的生理现象。

预防方法：运动前做好准备活动的工作，逐步加大运动量。

处理方法：运动后用热水泡脚、洗澡、按摩，可尽快帮助恢复；牵拉肌肉；口服维生素 C，坚持一段时间后肌肉的疼痛会自然消失或不再出现。

五、运动疲劳

运动疲劳是指军事训练所产生的疲劳，是人体正常的生理反应。

产生原因：训练方法不对，运动量太大或训练时间过长，休息不充分等引起体力透支。

预防方法：注意劳逸结合，循序渐进，量力而行。

处理方法：严格执行作息制度，保证良好的睡眠；合理安排膳食，注意补充能量，尤其是补充糖、维生素 C 及维生素 B_1；出汗多时，应补充盐分和水；适当进行物理治疗，如按摩、温水浴或局部热敷；适当休息恢复体力，降低运动强度或减少运动时间。

六、肌肉韧带拉伤、扭伤、挫伤

肌肉韧带拉伤、扭伤、挫伤是指肌肉关节活动范围超过正常限度时，造成附在关节周围的韧带、肌腱、肌肉的损伤。

（一）肌肉韧带拉伤

产生原因：在外力直接或间接作用下，肌肉过度主动收缩或被动拉长，从而引起的拉伤，特别是准备活动不充分、动作不协调以及肌肉弹性、伸展性、肌力差者更易出现此状况。疲劳、负荷过度使肌肉机能下降；协调性差，肌肉发僵；动作不正确，用力过猛；气温过低，温度太高；场地不好，这些情况都容易造成肌肉拉伤。

处理方法：早期，受伤后即刻用冰块或凉水进行 15～20 分钟冷敷，局部加压包扎，抬高患肢。轻者 24 小时后可进行轻微穴位按摩治疗，瘀血者可热敷。中期，48 小时后急性炎症逐渐消退，但仍有肿胀、瘀血。此时可进行局部按摩和理疗等治疗，其主要作用是使新陈代谢加快，促进组织修复，使瘀血与渗出液尽快吸收。后期，肿胀、瘀血、压痛等局部症状消除后，但功能尚未恢复正常，此时的治疗目的是增强和恢复肌肉、关节的功能。治疗方法可用按摩、针灸、理疗等，同时应加强受伤部位的力量训练。如果肌肉已大部分或完全断裂者，在加压包扎急救后，固定患肢，立即送医院进行手术缝合。

（二）关节扭伤、挫伤

四肢关节或躯体部的软组织（如肌肉、肌腱、韧带、血管等）损伤，而无骨折、脱臼、皮肉破损等情况，表现为损伤部位疼痛肿胀和关节活动受限。训练中最常见的关节扭伤、挫伤主要发生在踝关节、膝关节等部位。

1.踝关节扭伤

主要症状：扭伤时会有"裂帛"样的撕裂感，局部肿胀，疼痛明显，患足不能负重行走，出现跛行，踝关节内侧或外侧有明显的压痛；内、外踝有明显肿胀，局部有皮下瘀血，踝关节活动受限，行走困难。

处理方法：伤后立即抬高患肢，进行冷敷或用凉水冲洗，这样可以减少局部瘀血，有利于损伤后的恢复。冷敷或用凉水冲洗时间一般为 10～20 分钟，但是也要根据个人的具体情况及体质的不同而有所不同，同时还要注意自身的感觉。冷敷或者用凉水冲洗之后，不能进行有痛感的练习。之后加压包扎，固定休息，使毛细血管收缩，防止肿胀。如果受伤程度比较轻，24 小时后即可拆除包扎，可采用热敷、针灸理疗，使毛细血管扩张，促进血液循环。这种方法是恢复踝关节功能的最有效途径之一。

踝关节扭伤后（一般在 2～3 天），为了恢复关节的活动范围、肌肉力量及正常的机能，应交替进行低温条件下的屈伸练习。踝关节的屈伸练习应当在自己能忍受的疼痛范围之内。中度损伤和严重扭伤应当直接送医院治疗。

2.膝关节挫伤

在正坐、屈膝、上下楼梯、上下坡道等需膝盖用力时，会有痛感。此外，在变换动作时，如活动后欲坐下，从坐姿变站姿时，也会有痛感。几乎所有的患者从膝盖前侧到外侧都有痛感，这是最典型的膝关节挫伤症状。

发生原因：膝关节在承受外力时，支撑髋关节的韧带发生异常的活动而产生挫伤（见图 12-1）。异常的活动是指股骨的胫骨有向外侧或者内侧移动的倾向，发生向内旋或者外旋、前方或者后方的错位，过度伸展和组合的活动。反过来，如果股骨面向胫骨活动，也会发生挫伤现象。

处理方法：膝关节的挫伤如处理得当，稍作休息即可好转。如处理不当，随着病情的发展，则该疼痛会难以祛除。轻度损伤不需特殊处理，经冷敷处理 24 小时后可用活血化瘀剂，局部可用伤湿止痛膏贴

279

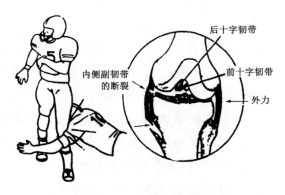

图 12-1　膝关节的挫伤

上，在伤后第一天予以冷敷，第二天热敷，约一周后症状可消失。较重的挫伤可用云南白药加白酒调敷伤处并包扎，隔天换药一次，并伴随理疗。

七、运动性腹痛

腹痛俗称"岔气"，多发生于于中长跑、长距离的武装越野训练时。

产生原因：呼吸与动作之间的节奏配合不好；膳食制度不合理，饮食上存在问题，如运动前过饱、空腹、饮水过多或饭后过早运动导致肝脾瘀血，表面被膜张力增加造成肝区疼痛；运动速度和强度加得过快或太突然。此外，呼吸肌或胃肠痉挛也会引起腹痛。

预防方法：膳食安排要合理，饭后须经 1 小时左右才可进行剧烈运动，运动前不宜过饱、过饥，也不要过多饮水；要充分做好活动准备，运动中注重呼吸节律，中长跑或越野训练时要合理分配速度。

处理方法：减慢运动速度，加深呼吸并调整运动与呼吸节奏，手按疼痛部位或弯腰跑一段距离，腹痛减轻或消失，否则停止运动。必要时口服解痉止痛药物。

八、跟腱、小腿肌痛、脚底痛

跟腱、小腿肌痛、脚底痛是指在训练或运动时出现从脚跟到小腿部位的肌腱等伤痛。

（一）跟腱炎

产生原因：跟腱的作用就是以足跟为支点发挥最大的力量，跑步及跳跃时身体向上，会给跟腱施加很大的外力，尤其在硬质运动场及体育馆里进行练习时，跟腱很容易产生疼痛。当冲击力过大时，负担过重也会引起跟腱炎。

表现症状：慢性损伤者，早期在踝关节后下部有酸、胀、不舒服或轻微的疼痛感，其规律是活动时发生，休息后减轻，活动少反应较轻，活动量大反应较重。随着病情的发展，可以变为持续性疼痛。刚开始活动时比较明显，活动开后明显减轻，而在休息以后又加重。由于这种疼痛有一定的规律性，所以患者的提踵和后蹬动作往往会受限。

处理方法：其功能恢复的主要目的是增加踝关节的柔韧性，强化小腿部的肌力，纠正跟骨的倾斜度及恢复标准的三点支撑。如果踝关节的三点支撑面得不到恢复，疼痛就不会消失。跟腱疼痛消失后要更换穿的鞋。长时间穿同一双鞋，鞋变形时致使三点支撑着地困难，这也是踝关节挫伤及跟腱炎恢复缓慢的原因。

（二）小腿肌痛

包括小腿的各种疼痛。一般集中在胫骨后部内侧的疼痛。肌肉时有疼痛感，也可能是后胫骨肌肉连接部发生了肌肉拉伤的原因。小腿的骨间膜因各种刺激也会引起小腿前部的疼痛，这种情况下的疼痛主要发生在更深的部位。

产生原因：过度锻炼所致。生长期的小腿骨和肌肉尤其承受不了过强的外力，还有因跑步姿势不对、足尖外翻或内翻，造成小腿骨的扭曲，在这种状态下进行训练必然会引起小腿前部的疼痛。

处理方法：尽可能恢复小腿肌肉的弹性，进一步提高其柔韧性。要想减轻对小腿部的外力，还必须收紧大腿及臀部的肌肉。为减轻炎症，在练习前后均要进行冷敷按摩。

（三）脚底痛

产生原因：经常提脚跟、脚底频繁受压、运动方式不当、鞋子底硬、平足等。

预防方法：运动前的准备活动要多伸展肌腱、小腿肌和脚部等部位，可以防止损伤和减轻疼痛。

处理方法：休息、按摩、热水洗脚，做伸展运动可消除疼痛。

九、半月板损伤

常见症状：膝关节活动时，时常会有"咔"的响声并伴有疼痛，上下楼梯、起立蹲下活动时明显受影响。

产生原因：训练或运动中落地不稳、转身跳起、跨步移动等，用力过猛致使膝关节负荷过大，极有可能引起半月板损伤。日常生活中挑、抬重物，骑自行车匆忙下车站立不稳之际，在激烈的足球、篮球等运动中运动员拼抢时，都可能发生半月板急性损伤。

预防方法：在运动前先做热身，尽可能减少膝关节同时旋、转、踢、跳等动作，运动起跳落地时注意缓冲。平时应加强膝盖的力量训练以提高其强度。

处理方法：对于急性损伤者，早期处理是局部冷敷，用厚棉花或其他软质物品垫于膝部，做加压包扎固定，抬高伤肢。急性伤情缓解之后，可以热敷、理疗、按摩等，或外敷消肿散瘀的中药。如果关节肿胀剧烈，尤其是出现明显积液或积血时，应尽早去医院进行穿刺，抽出积液或积血。

十、关节脱臼

关节脱臼也称关节脱位，关节脱位后，常出现畸形，因软组织损伤而出现炎症反应，局部疼痛和关节肿胀，并失去正常活动功能。关节脱臼可分为全脱位和半脱位两种。

产生原因：挤压、碰撞等直接的外力作用或扭转、跌扑、坠下、牵引等间接外力作用使关节面脱离了正常的连接关系。

预防方法：运动时动作要正确、协调，避免暴力运动。

处理方法：用长度和宽度相符的夹板固定伤肢。如没有夹板，可将伤肢固定在自己的躯干或健康肢体上，防止震动，随后及时送医院治疗。需要格外注意的是，如果没有把握做整复处置时，切不可随意做整复手术，以免再度增加伤害。

十一、骨折

骨折是骨的完整性破坏或延续性中断。

产生原因：直接或间接的暴力作用使关节面脱离了正常的解剖位置；积累性劳损，长期、反复、轻微的外力作用于骨骼的某一点上；骨骼疾病。

预防方法：科学训练，动作准确协调，避免强外力作用。

处理方法：应立即用医用夹板或简易树枝竹竿等物体固定断肢；有伤口时用无菌纱布或清洁布料包扎伤口，切忌把断肢残端放回伤口内，以免污染伤口，伤及血管神经。

十二、昏厥

昏厥是指因脑部暂时缺血引起供氧不足而产生的暂时性知觉和行动能力丧失的现象。

产生原因：精神过度紧张；长时间站立不动，吸气后憋气过久；剧烈疼痛、低血糖、中暑、心脏节律紊乱或心脏病等。

预防方法：坚持锻炼，提高血管运动技能水平；久蹲后不要骤然起立，快跑后不要立即站立不动，应继续慢跑，出现头昏、耳鸣、眼前发黑、面色苍白等症状时，应由人搀扶走一段路，防止昏倒；饥饿或空腹时不宜参加军体活动，进行超长距离运动时，应备有含糖饮料。

处理方法：让患者平卧或头部放在稍低的位置，解开衣领，放松腰带，用毛巾擦脸，做下肢的向心性按摩或掐其人中促醒；如有呕吐，应将患者头部偏向一侧，如果出现呼吸停止，要边做人工呼吸边呼救。（心肺复苏：患者仰卧硬地面，仰额提颏，拉直气道，胸骨中下 1/3 处连续心脏按压，频率 100 次 / 分，按压 30 次。捏鼻对嘴吹气 2 次，2 分钟内连续做 5 组。）

十三、低血糖

低血糖对人体是有害的，长时间或长期低血糖会导致严重疾病（如精神失常、心律失常、心肌梗死、脑卒中等）。

产生原因：精神紧张，空腹运动，训练时间过长，内脏疾病。

预防方法：主要是做好平时锻炼少、体质弱或有病者的预防工作。空腹饥饿时，不参加长距离、长时间的剧烈运动。

处理方法：急救时使患者平卧、保暖。神志清醒者可让其喝糖水，并吃少量食品，短时间可恢复。出现昏迷，应迅速请医生处理。

十四、中暑

中暑是长时间处在高温或热辐射中所发生的一种急性高温疾病。

产生原因：较长时间处于高温、高湿或通风不良的环境中，使人体的体温调节功能发生障碍而发病。

预防方法：炎热季节，特别是夏季中午，不宜进行体力消耗大、持续时间长的运动；天热运动时穿浅色服装；选择通风和卫生的训练场所；注意水、盐的摄入。

处理方法：将病人移至通风良好的阴凉地方，解开衣服平躺休息，使其呼吸通畅；给予含盐的清凉饮料或十滴水内服；额部冷敷和温水擦身，帮助散热。如中暑者病情仍不能缓解，并且发生呼吸困难时，要及时进行人工呼吸，然后立即将中暑者送医院治疗，中途还要不间断地给病人降温。

十五、溺水急救

先使其呼吸通畅，救上岸后，将溺水者平放在地面，清除其门腔和鼻腔异物，如淤泥、杂草等，使其呼吸通畅，再实施人工呼吸。若溺水者紧闭牙齿时，可用手捏揉其腰部肌肉，使其嘴张开，除找医生外，还应在现场实施人工呼吸，进行急救。如需要，现场急救后应马上送医院做进一步治疗。在进行现场抢救的同时，尽快拨打120急救电话。

十六、雷击急救

1.防雷击基本常识

尽量降低自身高度，避免站在高耸的物体附近，尽快转移到室内或汽车里，并关好窗户。不要站在高大孤单的树下避雨。室外执勤时不要打伞行走，带枪执勤时要收起枪刺，关闭对讲机、手机等无线通信设备。集体行动时，彼此要保持一定的距离，不要手拉手一起走，以避免导电。当感觉头发竖起或皮肤颤动时，说明身体已积聚电荷，这既是一种受到雷击的初期反应，也是更大危险的征兆，应双手抱头藏在两膝之间，使自己尽可能成为最小的目标，并减少与地面的接触。

2.雷击急救方法

雷击正在发生时，自身也可能受到雷击，因此不能莽撞行事。受雷击而烧伤或严重休克的人，身体是不带电的，抢救时不要有顾虑。如遇险者被烧伤，抢救时一定要保护好烧伤部位，衣服和皮肤粘在一起时不要撕下衣服，要以冷敷为主。对伤势较重者马上进行现场急救，并及时送医院救治。

十七、冻伤急救

1.迅速移离冷环境

做好全身保暖，给予热饮料，潮湿、冻结的衣履应迅速去掉，不易解脱时可剪开或连同肢体一并浸入温水中，待融化后再予以脱除。

2. 早期快速复温

将受冻肢体迅速浸入 42℃ 的温水中，实施一次快速复温，至皮肤发红温热为止。复温后用手巾擦干，棉垫保温包扎。颜面冻伤可用同样温度湿敷。无法快速复温时，将受冻肢体置于急救者怀中或腋下，也可达到复温的目的。

急救时，严禁用火烤、雪擦、冷水浸泡或捶打受伤部位。对全身性冻伤，尤其对体温明显下降、肌肉僵硬的病人，必须及时急救。搬运病人时，动作要轻慢柔和，用力稍猛或不当，易造成扭伤。

第三节　战场医疗救护

战场救护是在战斗现场对负伤人员实施的急救、隐蔽、集中和搬运等救护措施的总称。

一、出血与止血

受伤出血是导致伤员休克或死亡的重要原因，在救护过程中，必须迅速、准确地进行止血，才能有效地抢救伤员。

（一）出血的种类及症状

血液从体表伤口流出，称为外出血，容易被人们发现；体内深部组织、内脏损伤出血，血液流入组织或体腔内的内出血，不易被人们发现，更为危险。在各种出血中，以动脉出血最为危险，必须及时止血。

按照损伤血管的不同，出血可分为动脉出血、静脉出血和毛细血管出血三种。其中，动脉出血的特点是伤口呈喷射状搏动性向外涌出鲜红色的血液；静脉出血是指伤口持续向外溢出暗红色的血液；毛细血管出血是指伤口向外渗出鲜红色的血液。

成人的血液约占其体重的 8%，失血总量在总血量的 20% 以上时，伤员会出现脸色苍白、大汗淋漓、手脚发凉、呼吸急促、心慌气短等症状，脉搏快而细，血压下降，继而出现出血性休克。当出血量达到总血量的 40% 时，就有生命危险。

（二）止血的方法

1. 加压包扎止血法

静脉、毛细血管或小动脉出血时，用数层无菌敷料盖住伤口，再用绷带或折成条状的布带或三角巾加压包扎，其松紧度以能达到止血效果为宜。当伤口在肘窝、腋窝、腹股沟时，可在加垫敷料后，屈肢固定在躯干上加压包扎止血。需要注意的是，有骨折、可疑骨折或关节脱位时，不宜使用此方法。

2. 指压止血法

较大的动脉出血，临时用手指或手掌压迫伤口近心端的动脉，将动脉压向深部的骨头上，阻断血液的流通，可达到临时止血的目的。这是一种简便、有效的紧急止血法。

通常动脉流经骨骼并靠近皮肤的位置均为按压点。具体方法是将手指置于按压点上施以足够的压力，15 分钟后慢慢放开手指。如果再度流血，重复上述步骤。这种方法止血效果较好。需要指出的是，将伤口上部的动脉血管按压在骨骼上，可以减少上肢流向伤口的血量；压迫腹股沟间的动脉血管，可以减少流向下肢的血量。采用指压止血，救护人员必须熟悉各部位血管出血的压迫点。以下为常见身体部位出血的指压止血压迫点。

头部出血：一侧头部大出血，可用拇指或其他四指压迫同侧气管外侧与胸锁乳突前缘中点之间。此处可摸到一个强烈的搏动（颈总动脉），将血管压向颈椎止血，禁止同时压迫两侧。头顶部出血时，在耳前对准下颌关节上方，用拇指压迫颞浅动脉。

面部出血：用食指（或拇指）压迫同侧下颌骨下缘、下颌角前方约 3 厘米处的面动脉。面部如果发生大出血，常需两侧同时压迫，才

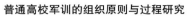

能起到止血的作用。

臂部出血：上臂出血，一手将伤臂抬高，另一手用拇指压迫上臂内侧的肱动脉。前臂出血，用拇指和其他四指压迫上臂内侧肱二头肌内侧沟处，将肱动脉压在肱骨上。

手掌和手背出血：一手压在腕关节内侧（拇指侧）的桡动脉上，即我们通常按脉搏的地方，另一手按在腕关节外侧（小指侧）的尺动脉上。

手指出血：使劲捏住手指根部。

大腿出血：屈起大腿，使肌肉放松，自救时用双手大拇指重叠用力，压住大腿上端根部腹股沟稍下方的股动脉；互救时可用手掌压迫，另一只手压于其上。

足部出血：在踝关节下侧，用两手拇指分别压迫足背中部近脚腕处的足背动脉和内踝与足跟内侧之间的胫后动脉。

肩腋部出血：可用拇指压迫锁骨上窝中部的搏动点（锁骨下动脉），将动脉压向深处的第一肋骨，可以止血。

3. 止血带止血法

止血带止血法适用于四肢较大血管的出血，在加压包扎不能止血时，才能使用止血带止血。

橡皮止血带止血：扎止血带前，先将受伤的肢体抬高 2 分钟，使血液尽量回流，然后在出血处的近心端用纱布垫或衣服、毛巾等物垫好，再扎止血带。方法是用左手（或右手）拇、食、中指夹持止血带头端，将尾部绕肢体一圈后压住止血带头端和手指，再绕肢体一圈，用左手食、中指夹住尾端，抽出手指系成一活结。

绞棒止血：在无橡皮止血带时，可将三角巾、绷带、手帕、纱布条、衣服等材料撕成布条，缠绕在伤口近心端，并在动脉走行的背侧打结，然后用笔杆、木棒、筷子等绞紧直至无出血为止。步骤：一提、二绞、三固定。使用此法止血时要注意，止血带与皮肤之间要加上衬垫；止血带每隔 1 小时（冬季 30 分钟）松开 1 次，时间 2～3 分钟，以改善血液循环。扎止血带的部位，要缠在创伤上方，上臂宜在上 1/3 处结扎，下肢宜在大腿上 1/2 处结扎，前臂及小腿双骨部位不可扎止血带，因血管在双骨中间通过，止血带达不到压闭血管的目的，还会造成局部组织的损伤。止血带不能直接缠在皮肤上，必须有衬垫。

扎止血带的松紧度要合适，应该以出血停止、远端摸不到脉搏为宜。扎止血带的时间长短要适当，原则上应尽量缩短，通常每小时放松一次，每次半分钟到 1 分钟，如需要再扎上。在放松止血带期间，可采用其他止血法。扎止血带的伤员要有明显的标记，并说明扎止血带的时间和部位，要尽快转送到能彻底止血的医院进行治疗。

二、战伤包扎

包扎伤口可以压迫止血，保护伤部，防止污染，固定敷料。包扎伤口的材料有三角巾、绷带、四头带，并配有敷料组成，均经过消毒灭菌后密封。使用时要保持敷料盖伤面的清洁。这里介绍最常用的三角巾包扎法。

（一）头面部包扎

1. 下颌包扎法

将三角巾由顶角折至底边成三四横指宽，取 1/3 处放在下颌前方，长端经耳前拉到头顶部，绕至对侧耳前与另一端交叉，两端分别经额部与枕部，在另一端打结。

2. 面部包扎法

三角巾顶角打一结，兜住下颌，盖住面部，然后拉紧两底角，在枕后交叉，绕到额前打结。包好后，在眼、口、鼻处的地方剪小洞，露出眼、口、鼻。

3. 风帽式包扎法

将三角巾顶角和底边中点各打一结，形似风帽，顶角结打在前额，然后将两底角拉紧包绕下颌至枕骨节下方打结。

（二）肩、胸（背）部包扎

1. 三角巾包扎单肩

三角巾夹角朝上，放在伤侧肩上，向后的一角压住并稍大于向前的一角；三角巾底边包绕上臂的上部打结，然后将三角巾的两角分别经胸、背拉到对侧腋下打结。

2. 肩部燕尾包扎法

两燕尾角等大，夹角朝上对准颈部，燕尾披在双肩上，两燕尾角分别从左右肩拉到腋下，与燕尾底角打结。

3. 三角巾包扎胸（背）部

三角巾盖在伤侧，两底角由胸前拉到背后打结，顶角过伤侧肩部到背部与底角余头打结。包背部时，三角巾放于背部，到胸前打结。

（三）四肢包扎

1. 三角巾包扎小腿、脚

脚趾朝向底边，把脚放在近一底角边的一侧，提起顶角与较长一侧的底角，交叉包裹小腿打结，再将脚下底角折到脚背，绕脚腕与底边打扭结。

2. 三角巾包扎肘、膝

根据伤情将三角巾折成适当宽度的带形，再将带子的中段斜放于伤部，取两端分别压住上下两边，包绕肢体一周打结，呈"8"字形包扎法。此法适用于四肢各部位的包扎。

三、骨折固定方法

（一）四肢骨折固定法

1. 上臂骨折固定法

在上臂外侧放一块木板，用两条布带分别固定骨折上、下两端，然后用三角巾或腰带将前臂吊于胸前。如无木板，用胶鞋代替也可。

无材料时，可用背包将上臂固定于本人胸部。

2. 前臂骨折固定法

用两块木板（或木棒、竹片等）分别放于手掌、背两侧（只有一块木板时，放于手背侧），用手帕或毛巾叠成带状绑扎固定，然后再用三角巾或腰带吊于胸前。

3. 大腿骨折固定法

将一块长度相当于伤员从腋下到脚跟的木板（木棒、竹片也可）用布带分别固定于伤肢外侧。在关节和骨突处加垫，用6～7条布带（或米袋、腰带等就便器材）将伤肢分段固定。

（二）锁骨骨折固定法

锁骨骨折的固定，可在骨折处垫上敷料后，将一块与背部尺寸相当的"丁"字夹板放在伤员的肩胛骨上，然后用绷带将左右两肩和腰部固定在夹板上。若无夹板，可用"8"字形带固定法，即先让伤员坐直挺胸、双肩向后，用毛巾或敷料垫于两腋前上方，将三角巾折叠成带状，两头分别绕两肩在背部呈"8"字形，拉紧三角巾的两头在肩部打结，尽量使两肩后张。

（三）骨折固定的注意事项

伤口有出血时，应先止血包扎，然后固定，固定时动作要轻巧；四肢骨折，应先固定骨折的上端，然后固定骨折的下端，并要露出指（趾），以便观察血液供给情况。冬季要注意保温。如发现指（趾）出现苍白或青紫现象时，应松开重新固定。固定材料不应直接接触皮肤，固定器材的上、下两端应垫以适量的棉花、衣物等，防止压迫皮肤引起损伤，有间隙处亦应填塞，防止松动。离体断肢有再植可能的（断端较整齐、污染较轻、时间较短），应包好随伤员迅速送达。

四、清理呼吸道

发生呼吸道堵塞，可引起呼吸困难甚至窒息，多见于头颅、颌面、颈胸部外伤的伤员，一旦发生堵塞会很快危及生命，必须尽早发现及时处理，其方法如下。

（一）排除异物

手指夹取法：此法只适用于昏迷病人。应以食指从颊侧插入，而不能从口腔中间插入，避免将异物推到更深处。

背部叩击法：此法一定要使头低于背部，在对丧失神志的病人抢救时，要注意侧卧取位。

掌掌冲击法：此法是救护者与患者面对面双掌重叠，冲击腹部或胸部，用力均匀，施力方向不能偏斜。

掌拳冲击法：救护者抱住患者腰部，一手握拳，另一手掌压在拳上，用力压顶腹部。

（二）人工呼吸和胸外心脏按压

将伤员移动至空气流通处，解开衣扣，取出口腔内泥土、血块、黏液等异物，保持呼吸道通畅；伤员仰卧。急救者俯于伤员一侧，一手托住伤员下颌，掰开伤员嘴，另一手捏紧伤员的鼻孔不使漏气，以便向口内吹气入肺。急救者深吸一口气，对准伤员的口内吹气，直至胸部明显扩张为止。吹气停止后，急救者头稍侧转，立即放开伤员的鼻孔，让气从伤员肺部排出。人工呼吸的频率以每分钟 12～16 次为宜。

胸外心脏按压是指伤员平卧，急救者一手掌压于病人胸骨下 1/2 处，另一手压在该手之上；利用上肢和身体力量，垂直压迫胸骨下段，使之下陷 3～4 厘米，每次加压后应迅速松开，使胸部得到扩张；胸外心脏按压为每分钟 60～80 次，应与口对口人工呼吸同时进行，密切配合，不间断地进行抢救。

五、搬运伤员

搬运伤员，要根据敌情、伤情和地形条件，灵活选用搬运方法。

搬运时多用徒手、拖、拉、背、抱等方法。

（一）匍匐背驮搬运法

救护者同向侧卧于伤员处并紧靠伤员身体，拉紧伤员上臂后再抓住伤员臀部，合力猛翻，将伤员转上身，低姿匍匐向前。

（二）侧身匍匐搬运法

救护者将伤员腰部垫在大腿上，将伤员两手放于胸前，右手穿过伤员腋下抱胸，左肘撑于地面，蹬足向前。

（三）徒手搬运

1. 单人搬运

适用于伤势比较轻的伤病员，采取背、抱或扶持等方法。

2. 双人搬运

一人搬托两下肢，一人搬托腰部。在不影响伤病员的情况下，还可用椅式、轿式和拉车式。注意不宜对脊柱伤或腹部伤员采用。

3. 多人平托搬运

对疑有胸、腰椎骨折的伤者，应由多人配合搬运。一人托住肩脚部，一人托住臀部和腰部，另一人托住两下肢，几人同时把伤员轻轻抬放到硬板担架上。

第四节　核生化防护

核生化武器是指核武器、生物武器和化学武器，又称为大规模杀伤性武器。了解核生化武器的基本常识，学会进行防护的方式方法，可以有效地减少伤亡，保存自己，消灭敌人。

一、核武器的基本常识及防护

核武器是指利用爆炸性核反应放出的巨大能量产生爆炸，从而造成大规模杀伤或破坏效果，起杀伤破坏作用的武器。核武器又称为原子武器，原子弹、氢弹和中子弹等，统称为核武器。

（一）核武器的基本常识

核武器的杀伤破坏效应，主要体现在以下五个方面。

一是光辐射。核爆炸时从火球中放出的光和热称为光辐射。光辐射能量大，热效应极高，可使钢铁表面熔化、地表融化、木制品炭化，人若处在同样位置，则直接被火化。

二是冲击波。这是指核爆炸产生的高速高压气浪，以超音速向四周传播，同时产生超压的挤压作用和动压的冲击作用。冲击波能把几十吨重的坦克掀翻，能引起工事、建筑物的倒塌、破坏，造成人员的直接或间接伤害。

三是早期核辐射。这是指核爆炸最初十几秒内释放出的、特有的γ射线和中子流。γ射线能贯穿人体，引起机体组织的原子电离，产生放射病。中子流能使本来没有放射性的某些金属物质，如钠、钾、铝、锰、铁等因感应而产生放射性。

四是核电磁脉冲。这是指核爆炸时产生的电磁脉冲，很像雷电产生的电磁脉冲，但强度要大几百倍甚至上千倍。能干扰几乎所有的电子设备，或直接烧坏电子元件和电子电路，让敌方的通信中断，指挥失灵。

五是放射性沾染。这是指核爆炸时产生的放射性物质对地面、水、空气、食物、人员、武器装备等所造成的沾染。放射性沾染虽不会使人立即丧失战斗力，但对人体的伤害却是极其严重和长久的。

（二）对核武器的防护

尽管核武器是一种大规模杀伤破坏性武器，但只要防护得当，仍可以有效地防止其对人员的杀伤。核爆炸时的防护行动可以简短归纳为"一个卧倒，三个利用"。"一个卧倒"，即在开阔地发现核爆炸闪光，应迅速背向核爆炸的方向卧倒，进行防护，减少暴露面积。"三个利用"是利用地形地物、工事和装具进行防护，在一定范围内，可减轻或避免核爆炸瞬间对人体的伤害。无论是哪种情况，只要有核爆炸发生，首先要做就是利用当时所处的自然环境或外部设施作为遮蔽，卧倒防护，依具体环境可分为如下三种情况。

一是隐蔽在露天工事内。发现核爆炸后，人员应卧倒在工事底部，闭眼、闭嘴、腹部微收，两手交叉垫于胸下，两肘前伸，避免或减少光辐射对暴露皮肤的伤害。在单人掩体内的人员可蹲下，姿势尽量低下，可用两手堵塞耳孔。

二是在工事外或开阔地。发现闪光后，应迅速利用就近地形地物卧倒（与露天工事内的卧倒动作相同）。卧倒的方向依核武器爆炸的方向和地形的特点而定。在开阔地面的人员应背向爆心卧倒；当地形地物较小时，应对向爆心卧倒，以重点防护头部。

三是在室内来不及外出隐蔽。此时应该避开门、窗，在屋角或靠墙下的床下、桌子下卧倒，以避免间接伤害。正在行驶的车辆，发现闪光后，应立即停车。车上人员在车上卧倒。不能卧倒的人员姿势要尽量低，并抓紧车厢或把手。

二、生物武器的基本常识及防护

生物武器，是一种利用生物战剂（病毒、细菌、真菌等），用以杀伤人、畜和破坏农作物的致病微生物、毒素和其他生物性物质的各种武器、器材的总称，也称细菌武器。装有生物战剂的各种炸弹、导弹弹头和气溶胶发生器等，统称为生物武器。

（一）生物武器的基本常识

生物战是因传染病在战争中流行受到启发而发展起来的。生物战剂的种类很多，大致可归为细菌、病毒、立克次体、衣原体、毒素和真菌六类。其在战争中的伤害作用，主要表现在以下几个方面。

一是致病力强，杀伤程度严重。生物战剂具有很强的致病能力，

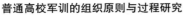

如炭疽杆菌、天花病毒、鼠疫杆菌等致死性战剂，少量病菌或病毒进入人体，就可引发疾病，以致死亡，其死亡率高达80%。

二是施放的方式不同，杀伤的范围和危害的时间也有所区别。如一般使用气溶胶方式施放，杀伤的范围大。

三是生物战剂的剂量、配伍和使用时机，直接影响到杀伤程度。大量使用生物战剂可缩短潜伏期，改变发病过程；两种或两种以上的战剂混合使用时，难以辨别其中的一种，影响及时诊断和治疗。

四是环境不同，杀伤效果也不同。生物武器的杀伤效果，与气象、地形、风向、风速、气温、湿度等条件密切相关。

（二）对生物武器的防护

由于生物武器危害极大，且不易发现，加强对生物武器的防护尤其重要。

一是提前预防接种。这是预防传染病的有效措施，能够预防和控制生物战剂对人体造成伤害，增强人体的抗病能力。只要接种相应的疫苗，就可防止由该种病菌引起的疾病。即使发病，也可减轻症状或缩短病程。

二是穿戴防护装具和涂抹驱避剂。当在生物战剂污染区内行动，要会识别污染区的标志，进行个人防护，遵守污染区内的行动规则。穿戴防护装具主要是用于防止生物战剂气溶胶通过呼吸道、皮肤、眼睛和黏膜进入人体。涂抹驱避剂可用来防止蚊虫叮咬，以免遭到病毒或病菌的侵害。

三是对污染人员和物体进行消毒。发现有污染人员时首先进行隔离，尽量与其他人脱离接触，并报告医务人员妥善处理。对污染区内的房屋、器具和环境要彻底消毒，实施群防群控，消除传染源，切断传播途径。离开染毒区域后，脱去污染衣物，及时进行清洗消毒。必要时应到医务部门检查或诊治。

四是根据不同类别的感染者，有针对性地展开医疗救治。生物战剂的类型繁多，受伤人员病情一时难以辨清，必须对症下药，才能有效地挽救受感染人员。

三、化学武器的基本常识及防护

化学武器是指以化学毒剂杀伤疲惫敌有生力量，迟滞敌军事行动的各种武器、器材的总称。装有毒剂的各种炮弹、炸弹、导弹、手榴弹、地雷、布洒器等，统称为化学武器。

（一）化学武器的分类及危害

化学武器不像核武器那样名声显赫，但它对人员和动物的杀伤作用毫不逊色于核武器，甚至超过了核武器。化学毒剂可概括分为杀伤性、纵火性和烟幕性三大类，其中杀伤化学战剂是最可怕的武器，主要有以下六种类型。

一是神经性毒剂。指破坏神经系统正常功能的毒剂，可通过呼吸道、皮肤、眼睛等途径使人中毒。

二是糜烂性毒剂。指使人组织细胞坏死，引起皮肤溃烂的毒剂，对眼睛也会造成严重伤害甚至致盲。

三是窒息性毒剂。指伤害人的肺部，引起肺水肿，肺部吸不进氧气也呼不出二氧化碳，使人缺氧而窒息的毒剂，如抢救不及时可导致死亡。

四是失能性毒剂。指使人的思维和运动机能发生障碍，暂时瘫痪人的精神与生理状态而失去战斗能力。此类毒剂无色无味，被感染者很难察觉。

五是刺激剂。指直接刺激眼睛、上呼吸道和皮肤的一类化学物质。许多国家用作警用武器，称为防暴剂。

六是全身中毒性毒剂。指能够破坏细胞组织的氧化功能，使全身缺氧。

（二）化学武器的防护

化学武器虽不及核武器的破坏能力大，但使用的可能性远高于核武器，具有杀伤途径多、杀伤范围大、作用时间长等特点，必须学会对其进行防护、消毒与急救。

1. 防护

防护措施有两种。一是集体防护，即进入有"三防"设施的民防工程掩蔽。二是个人防护，即戴防毒面具或用湿毛巾保护呼吸道和眼睛，穿防毒衣或简易器材保护身体。戴防毒面具时，先闭眼，左手握面具袋底部，将其转到身体的左前方，右手打开袋盖，取出面罩，抓住头带和罩体的上部，迅速把面罩移到胸前；用双手将头罩撑开，拇指在内，拉开头带，下颊微伸出，用面罩套住往下顺，接着双手由下向上，由前至后移动头带，用力呼出一口气，睁开眼睛。脱面具时，左手大拇指插入头带垫，握导气管，上端和通话器的下部，由后至前，由上至下脱下面罩，整理面罩，整理面具，装入面袋中。

2. 消毒与急救

当毒剂液滴溅到人员身体上时，应立即脱去染毒服装，由外向里用棉花吸去皮肤上的毒剂滴液，并用棉球蘸专用消毒药液擦拭消毒。没有专用消毒液时，可用小苏打水、肥皂水或大量清洁水冲洗。紧急情况下，可用大量清水或2%的小苏打水冲洗眼睛。对染毒服装，要在远离居民区的下风方向，用纯碱煮沸1～2小时消毒。对暂时不用的衣物制品，可在下风方向吹晒，进行自然消毒。

对有包装的染毒罐头食品，只需对表面消毒后，就可食用。没有包装的食品，一般应销毁。当自来水系统被破坏后，在水中加入适量的漂白粉和混凝剂，然后搅拌，待沉淀后过滤，并经检验后方可饮用。

急救通常需要先自救再互救。互救时，先把中毒伤员移出毒区或让其戴上防毒面具，并及时送往医院，或让医生前来救护。使用急救药物前应先确定毒剂种类。

参考文献

1. 杜力，王雪婷 . 国防教育：第 2 版［M］. 北京：机械工业出版，2012.

2. 刘建奇 . 军事常识与军事训练［M］. 保定：河北大学出版社，2010.

3. 文若鹏，徐文贵 . 军事理论知识与军事训练［M］. 北京：军事谊文出版社，2008.

4. 马静，王玲 . 国防生体能训练理论与实践［M］. 武汉：武汉大学出版社，2012.

5. 李雷，苏运宗 . 学生军事训练［M］. 北京：中国商业出版社，2010.

6. 胡晓加，朱勇 . 大学军事教程［M］. 北京：国防大学出版社，2012.

7. 许金根、杨新 . 普通高等学校军事课教程［M］. 北京：国防工业出版社，2015.

8. 李国强 . 新时代 大视野——大学国防教育教程［M］. 北京：航空工业出版社，2019.

9. 贾云生，廖树宝，潘文生 . 大学国防教育教程［M］. 北京：国防大学出版社，2014.

10. 李海 . 大学生国防教育与军事训练教程［M］. 北京：北京理工大学出版社，2016.

11.张珍.军训指导手册［M］.北京：人民邮电出版社，2013.

12.炮兵学院军训办公室组.当代大学生军训读本［M］.合肥：中国科学技术大学出版社，2011.

13.刘冀蜀.电磁利剑［M］.合肥：安徽教育出版社，2011.

14.杨松涛.野外生存指南［M］.北京：军事科学出版社，2004.

15.《未来军官之路丛书》编委会.野外生存：军事基本技能应用［M］.北京：世界图书出版公司，2009.

16.邓光辉.军人体验式心理行为训练指导教程（初级）［M］.北京：第二军医大学出版社，2014.

17.陈凯，陈波，许鹏.中外国防教育和学生军事训练工作比较研究［M］.北京：时事出版社，2018.

18.玛雅.家国大义——共和国一代的坚守与担当［M］.北京：北京人民出版社，2016.

19.姜春英.强军梦与高校国防教育［J］.陕西学前师范学院学报，2013（3）.

20.王安.一部61个字的军事法规［J］.通信士官杂志，2004（4）.

21.陕西师范大学教育研究所.陕甘宁边区教育资料：教育方针政策部分》（上册）［M］.北京：教育科学出版社，1981.

22.克劳塞维茨.战争论［M］.盛峰峻，译.武汉：武汉大学出版社，2013.

23.马静，王玲.国防生体能训练理论与实践［M］.武汉：武汉大学出版社，2012.

24.李雷、苏运宗.学生军事训练［M］.北京：中国商业出版社，2010.

25.胡晓加，朱勇.大学军事教程［M］.北京：国防大学出版社，2012.

26.许国彬，何传添.当代大学生国防教育与军事训练教程［M］.广州：广东人民出版社，2009年.